本丛书为云南大学
"双一流"建设民族学一流学科建设项目成果

编委会

主　任：林文勋

副主任：何　明　关　凯　赵春盛　李志农　李晓斌

委　员（按姓氏笔划为序）：

　　　　马居里　马翀炜　马雪峰　马腾岳　王文光

　　　　王越平　牛　阁　龙晓燕　朱　敏　朱凌飞

　　　　庄孔韶　李永祥　李伟华　李丽双　何　俊

　　　　张　亮　张　赟　张海超　张锦鹏　陈庆德

　　　　陈学礼　周建新　郑　宇　赵海娟　高志英

　　　　谢夏珩

云南大学民族学与社会学研究生研究成果文库

认同与调适
缅北社会文化研究

高志英 主编

教育部人文社会科学重点研究基地
云南大学西南边疆少数民族研究中心文库

学苑出版社

图书在版编目（CIP）数据

认同与调适：缅北社会文化研究／高志英主编． —北京：学苑出版社，2020.11

ISBN 978-7-5077-6072-9

Ⅰ．①认⋯ Ⅱ．①高⋯ Ⅲ．①民族社会学–研究–缅甸 Ⅳ．①C954

中国版本图书馆 CIP 数据核字（2020）第 222198 号

责任编辑：李蕊沁　战葆红
出版发行：学苑出版社
社　　址：北京市丰台区南方庄2号院1号楼　100079
网　　址：www.book001.com
电子信箱：xueyuanpress@163.com
联系电话：010-67601101（营销部）　010-67603091（总编室）
印　刷　厂：北京建宏印刷有限公司
开本尺寸：710 mm×1000 mm　1/16
字　　数：299 千字
印　　张：26.75
版　　次：2020年11月第1版
印　　次：2020年11月第1次印刷
定　　价：98.00 元

总序

故家乔木　薪火相传

何　明

　　培养高素质创新型人才，是教育的最高境界与理想追求，是人类社会可持续发展的动力和保障。

　　云南大学的民族学、人类学和社会学的人才培养和学科建设始于20世纪30年代末。1938年，吴文藻先生应熊庆来校长之邀来到云南大学创办社会学系，进行民族学、人类学和社会学的人才培养和学术研究，不仅会聚了费孝通、许烺光、陶云逵、林耀华、杨堃、江应樑等一批享誉世界的学术精英，创作了《乡土中国》《生育制度》《云南三村》《祖荫下》《昆厂劳工》《个旧女工》《芒市边民的摆》等一批学术经典，而且培养出田汝康、张之毅、刘尧汉等一批综合素质高、创新能力强的优秀人才。20世纪60年代初，开始培养中国民族史研究生。在20世纪80年代初国家恢复重建学位制度过程中，云南大学成为全国最早培养中国民族史硕士研究生和博士研究生的高校。随着国家学科体系和研究生培养体系的不断完善，云南大学先后获准设立民族学、社会学、人类学的硕士学位授权和博士学位授权以及社会工作专业硕士学位授权，为民族学、人类学和社会学的教学和研究以及社会各界培养了一大批优秀人才。

2017年国家启动"双一流"建设，云南大学荣膺"双一流"建设高校，民族学学科进入"一流学科"建设行列。作为"一流学科"建设重中之重的目标和任务，民族学、社会学和创新人才培养被推到前所未有高度。云南大学根据国内外形势的变化、国家重大战略、地方重大需求、民族学学科创新人才成长规律，确立围绕铸牢中华民族共同体意识和构建人类命运共同体"两个共同体"的人才培养目标，坚持"立维护民族团结之德，树促进民族团结之才"的人才培养理念，实施"校园＋田野＋语言（周边国家语言／少数民族语言）＋应用技术（影像技术／信息技术）"的"四维"人才培养模式，全方位提升学生的综合素养、知识层次和创新能力。

本套丛书呈现的是云南大学民族学和社会学研究生在导师汲引忘疲指导下完成的部分成果，从中可以窥见超群绝伦之一角，希望他们及其同学堪当船骥之托，传承并创新云南大学民族学与社会学的优良传统，成长为国家乃至人类文明建设大厦的栋梁。

2020年4月22日午夜
草于白沙河畔寓所

目 录

编者的话/1

曼德勒华人的宗教实践研究……林小楚/1

 一、绪论/3

 二、曼德勒华人的移民历史与社会处境/12

 三、"外缅内华"——曼德勒华人的传统宗教及其实践/41

 四、"佛祖保佑"——曼德勒华人的南传佛教实践/67

 五、入乡随俗——家庭与个人的南传佛教实践/109

 六、结论/121

中缅北界A村"弱势群体"的灵性资本与社会支撑研究……沙丽娜/129

 一、绪论/131

 二、A村弱势群体的形成、生活现状与宗教诉求/135

 三、基督教与A村弱势群体/159

 四、基督教在弱势群体中的社会功能/190

 五、结论/199

跨境缅甸克钦族人的宗教生活
——基于瑞丽市帕色基督教堂的研究……孙　睿/203

　一、绪论/205

　二、缅甸克钦族人在瑞丽的生活/230

　三、跨境缅甸克钦族人的主要宗教生活形式/245

　四、跨境缅甸克钦族人的宗教生活解析/276

　五、结论/300

曼德勒云南籍华人华侨
之华文教育及其功能变迁研究……李敏君/303

　一、绪论/305

　二、曼德勒云南籍华人华侨历史与现状/317

　三、曼德勒华文教育发展的历史与现状/332

　四、曼德勒华文教育发展过程/355

　五、曼德勒华文教育的社会功能/391

　六、结论与讨论/407

编者的话

借云南大学民族学与社会学学院结集出版近年硕士论文之机，将2015届到2019届4位研究中缅跨境民族的硕士生学位论文结集出版。4篇论文皆出于4位作者在缅及中缅边境扎实的田野调查，资料丰富而翔实。尽管关注的重点分别是缅甸华人华侨、克钦族、傈僳族、怒族与白族支系勒默人跨境共享的基督教、南传佛教、中国传统的儒释道与民间信仰，但有一个主线贯穿始终，即跨境流动，从中国流动到缅甸又返流，从缅甸流动到中国台湾又返流，呈现出中缅跨境民族生产生活、教育、宗教与社会文化认同等动态全景图式。对于了解中缅跨境民族在国家建构与全球化背景下跨境民族的文化调适、社会融入与跨境迁徙的特点等方面有重要价值，同时对于推进缅甸，特别是上缅甸地区众多跨境民族的人类学、宗教学、历史学、社会学与教育学等学科研究具有重要的基础性研究意义。

（一）论文主题

林小楚的论文《曼德勒华人的宗教实践研究》的研究对象为缅甸

曼德勒的华人，作者通过对曼德勒华人宗教实践的调研，分析和探讨宗教与社会的互动关系。论文强调宗教实践的切入视角，因为作者认为，曼德勒华人的宗教生活并不只与信仰有关，他们的宗教生活要放在华人的移民历史、缅甸的宗教和政治环境、华人的社会地位等背景下进行理解，从宗教实践的角度去发现曼德勒华人是如何借助宗教力量为自己争取更好的生存和发展环境的。

沙丽娜在论文《中缅北界 A 村"弱势群体"的灵性资本与社会支撑研究》中以高黎贡山东面怒江州泸水市 A 村无户籍"缅返人群"作为研究对象，并将这一人群称作弱势群体，但这种界定不完全等同于以往学界、政界对"弱势群体"的定义，该文所谓"弱势群体"兼具跨境民族、边疆民族、缅返、无户口、无土地、无生活保障、享受不到任何惠农政策等特征的人群，这一界定丰富了"弱势群体"的内涵。确定了研究对象后，该文基于宗教人类学学科理论，运用人类学、民族学的田野调查方法，梳理了当地弱势群体的形成原因、生活现状，并将研究主题聚焦于当地弱势群体的基督教信仰，关注弱势群体的宗教诉求。

孙睿的论文《跨境缅甸克钦人的宗教生活——基于瑞丽市帕色基督教堂的研究》以跨境到云南省德宏傣族景颇族自治州瑞丽市的缅甸克钦人为研究对象，通过对他们的宗教生活的分析，解答关于基督教信仰与跨境流动、社会与文化适应、宗教认同与国家认同，以及多元文化背景下的个体间的互动方式以及社会组织方式等问题。

《曼德勒云南籍华人华侨之华文教育及其功能变迁研究》一文，作者李敏君通过在缅甸曼德勒当地具有悠久办学历史的华文学校担任志愿者老师的身份进入田野，融入当地的华文教育系统中，运用教育人类学及教育民族志的研究方法，探索不同时期缅甸曼德勒当地云南籍华人华侨在华文教育功能变迁中的作用，搜集有关曼德勒华文教育发展的历史资料，通过与当地缅甸华人华侨的交流以及笔者的田野情景体验，获得更多关于当地华文教育的第一手资料。

（二）分篇述评

《曼德勒华人的宗教实践研究》一文以缅甸曼德勒的华人为研究对象，探讨宗教与社会的互动关系。云南籍华人、福建籍华人和广东籍华人是曼德勒华人的主要组成部分，研究主要通过对这三个省籍华人社团、家庭及个人的宗教实践的分析，来展示曼德勒华人在异文化中，如何通过对传统宗教的相关实践以及对南传上座部佛教的相关实践争取更好的生存和发展环境的动态过程。本研究分为三部分，第一部分是对曼德勒华人的移民历史和社会处境的分析，作者认为，盛行的南传上座部佛教信仰、华人不完全的公民身份和作为外来移民的无力感等都是影响华人宗教实践的因素，对这些因素的探讨有利于厘清华人宗教实践的本质。在第二部分中，作者从华人的传统宗教相关实践出发，阐释华人如何维护华人的族群和文化差异性。在曼德勒，观音和祖先是华人宗教生活的重要组成部分。观音庙是华人寺庙的标志，也是华人文化的象征，在早期，观音庙承担着华人同乡会内的角色，随着华人社会的发展，观音庙仍扮演着重要作用，曼德勒的华人会在观音诞辰、观音出家日和观音成道日这三天到庙里拜观音和聚餐等，观音信仰为华人提供互动的时间和空间。祖先崇拜是曼德勒华人社会另一重要的文化标志，华人通过家堂、节日祭祀、丧葬来维持独特的族群文化，对华人身份认同与身份延续有着重要的意义。第三部分是本论文最重要的一部分，作者从华人社团、家庭、个人的角度分别阐述了华人如何"以佛的名义"进行宗教实践以维护华人社会的发展的。"佛""寺""僧"是缅甸的重要文化内容，华人通过供佛、布施寺庙和僧人来寻求庇护以及文化融入，在这一过程中，华缅不断融合的同时，华人对华人的族群认同也在不断强化。总之，南传上座部佛教是华人建构华人社会的重要资源。作者从华人传统宗教和南传上座部佛教两部分梳理了曼德勒华人的相关实践，通过对华人宗教实践的展示以及分析，阐述华人如何通过宗教实践回应缅甸社会，改变缅甸社会中不利于华人社会发展的因素，并通过宗教实践，做到既融入主流社会，又在融入的时候寻求族群和文化差异性。

学界对缅甸华人的宗教研究主要集中在对华人的传统宗教信仰方面，华人的观音信仰、妈祖、大伯公、关公、保生大帝、城隍等是研究涉及的主力。从华人传统宗教信仰的社会功能、华人性和华人社会认同这几个角度对华人宗教信仰进行分析，而对华人与南传上座部佛教的互动、华人如何理解和践行当地宗教文化的相关研究不多。作者强调从宗教实践而非宗教信仰的角度研究华人宗教的重要性，看到了曼德勒华人宗教生活的社会性的一面，华人作为缅甸社会认为的"客人"，不能拥有完整的公民身份，在这样的背景下，华人通过传统宗教的实践来维持族群认同，也通过对南传上座部佛教的实践，来寻求融入主流，塑造良好华人形象，争取良好生存发展环境的路径。总结来说，本文独特之处在于，全文以"实践"为论述的入口，以宗教实践而非宗教信仰为研究重点，从社会性而不是灵性的角度去理解华人的宗教生活，将华人宗教置于缅甸宗教环境、政治环境以及华人移民历史等社会框架下进行探讨。

《中缅北界 A 村"弱势群体"的灵性资本与社会支撑研究》以翔实的田野材料给我们呈现了一群生活在中缅边境山区村落的"无中国户籍"弱势群体的生活现状与基督教信仰生活。在 2017 年 4 月之前，由于没有中国身份证，A 村弱势群体面临温饱难、落户难、就医难、上学难、外出打工难、结婚难、建设家园难等"多难"处境。在此背景下，当地村委会、乡政府及相关部门关注了 A 村弱势群体，并给予了一定的物质帮助，但因当时政策受限而没能解决弱势群体的户籍问题。此时，A 村各教堂负责人与信徒，以及村外的教友或基督教组织给当地弱势群体提供了一定的帮助，除了提供衣物、大米、现金等物质帮助外，还通过祷告、唱诗、聆听等方式安慰当地弱势群体，让弱势群体得到心理慰藉。此外，每周 5 场的教堂礼拜与教友间的相互交流、倾诉，也能让信徒找到某种归属感。

作者结合田野材料，分析了当地弱势群体的形成原因，认为经济贫困、土地资源有限、"生养众多"的基督教传统观念、缅北战乱等多重因素导致"缅返人员"成为弱势群体。在弱势群体村落调查期间，作者注意到了这群人的基督教信仰情况，并考察了基督教传入 A 村的历史与发展现状，认为当地弱势群体的生产生活、生活习惯、待人接物、人生礼仪等事项都与基督教信仰有着紧密的联系，可以说弱势群体的生活似乎离不开基督教信仰，生活中处处有基督教文化烙印，因而作者将此概括为"宗教生活的日常化与日常生活的基督教化",凸显了基督教的傈僳化、区域化特性。作者在 A 村不同村民小组村落与教堂中观察了弱势群体的日常生活与宗教活动后,讨论了基督教对当地弱势群体的功能与影响,同时对跨境民族弱势群体基督教发展与国家安全的关联性做了思考。

沙丽娜完成论文《中缅北界 A 村"弱势群体"的灵性资本与社会支撑研究》的时间为 2015 年 6 月。2017 年 4 月,我国相关部门解决了中缅边境地区原本为中国人但因种种原因丧失中国户籍的"盲流人群"的户籍问题,落户之后,他们享受到了"脱贫攻坚"相关扶贫政策,在政府的帮助与自身的努力下,这群弱势群体正在建设自己的家园。正如作者所言,虽然这部分人群的户口问题已经得到解决,但他们今后的社会适应问题成了当前急需关注与研究的论题,望学界、政界、社会继续关注跨境民族地区弱势群体的社会适应等相关问题。

《跨境缅甸克钦族人的宗教生活——基于瑞丽市帕色基督教堂的研究》一文的独特之处在于,作者注意到缅甸克钦族人这一群体的身份同中国景颇族是同源民族,所以从缅甸跨境到中国瑞丽生活的克钦族人并不完全等同于移民的概念。跨境而居的景颇族/克钦族人世代生活在同一块土地上,繁衍生息,直到中、缅陆地边界勘定后,事实上居住在一起的民族才变成了跨境民族。即便如此,由于陆地交通便利,语言相通,宗教、文化、习俗相似,跨境民族互往向来频繁。云南省的跨境民族在境外普遍有亲戚和朋友。他们互相间的联系与交往则通过跨境婚姻、边民互市、参与节庆和宗教活动等方式得以实现。然而,虽然中国景颇族和缅甸克钦族人相互间具有超越国界的同胞情谊,但由于居住在不同的国家，各自在发展的道路上就有了不同的境遇，其中包括分化的语言文字、经济生产方式、风俗习惯，以及宗教信仰。因此缅甸克钦族人和中国景颇族又并非是完全相同的一个民族。跨境生活在瑞丽的缅甸克钦族人依然经历着移民的社会融入、宗教信仰与国家认同等方面的困境。

因此，本文的主要贡献在于不仅将缅甸克钦族人视为跨境民族，而且将跨境流动到中国的缅甸克钦族人视为短期移民来加以考量。突出缅甸克钦族人的跨境流动的特征，解析移民对新环境的适应过程，同时也并没有忽略跨境民族在文化和习惯上的相似性。在此两种不同因素的作用下，对跨境到中国生活的缅甸克钦族人的解读既不能完全套用对于移民研究的相关理论，也不能将其同质化为对中国景颇族或者对缅甸克钦族人的单一研究，而是应当采取一种多维的视角进行分析。

学界目前就云南跨境民族宗教问题的研究集中有两个方面的讨论：一是跨境民族的宗教信仰所带来的国家认同与民族认同的问题；二是跨境民族的宗教交往可能导致的宗教渗透与国家安全的问题。在回应以上问题的基础上，作者以缅甸克钦族人基督教信仰的文化内涵为导向，以缅甸克钦族人在瑞丽的宗教活动为切入点，重点阐释了宗教生活对于跨境而居的缅甸克钦族人的意义。作者通过对在瑞丽生活的缅甸克钦族人的生计方式、社会交往、个体互动的方式等的叙述，展现出他们生活中经常出现的不确定性。比如大部分缅甸克钦族人所从事的玉石毛料生意需要他们定期到缅甸的帕敢将玉石毛料亲自带回瑞丽出售，而这一过程有时甚至会威胁到生命安全。宗教在其中则发挥了正向功能，起到了缓解缅甸克钦族人在流动中所必将经历的焦虑与不安，并且重塑缅甸克钦族人在异乡打拼中所必然缺失的归属感和集体感。

除了基督教宗教信仰的内容之外，宗教实践的仪式是文章关注的另一个重点。通过呈现祈祷、礼拜、团体活动、家庭祷告会、婚礼这五项宗教仪式的重要场景，文章探讨了缅甸克钦族人如何通过教会组织在异乡构筑起社会交往，跨境流动的不同原因以及个人生活境遇的差异，对基督教信仰的多层次理解、对民族观念的认识以及对不同主权国家的看法等话题，力图与云南跨境民族研究的主流趋势以及移民研究的相关理论形成对话。作者认为跨境缅甸克钦族人的宗教生活实则阻碍了他们融入瑞丽的主流社会与文化。因为瑞丽本身是一个多元文化交织的边境县市，缅甸克钦族人在瑞丽并不会感受到强烈的异文化冲击，加之基督教在克钦族人群体内部的整合作用，缅甸克钦基督徒在瑞丽似乎形成了一个相对孤立的团体。

一方面基督宗教信仰是跨境生活的缅甸克钦族人维持民族身份的必要条件，在异乡找寻归属感和群体认同感的重要平台，另一方面独具特色的宗教生活实践使得在瑞丽生活的缅甸克钦族人群体内部的民族宗教认同感和共同的价值观念得以强化，并且形成了他们赖以生存的社会资本和情感依托。关于跨境民族的宗教生活互动与国家认同和民族认同的问题，作者的结论是：在某种程度上，国家、民族认同是相对固定的社会形态，基于个体层面的宗教互动对跨境民族的国家、民族认同影响甚微，不足以构成跨境宗教渗透或威胁国家边境安全。

《缅甸曼德勒云南籍华人华侨之华文教育及其功能变迁研究》一

文认为,中国与邻邦缅甸的交往历史悠久,位于中国西南边陲的云南省,凭借与缅甸独特的区位优势,云南籍华人华侨群体在缅甸繁衍生息并经历着缅甸的历代社会变革,尤其是缅北的华人华侨,以云南籍为主,缅甸曼德勒具备研究云南籍华人华侨的独特优势。曼德勒华文教育的变迁历程与缅甸社会局势密切相关,当地的云南籍华人华侨虽然已经在缅甸繁衍生息数代,但依然保存着自己所认知与认同的中华传统文化,当地的华文教育在其中发挥着重要作用。本研究调查发现,缅甸曼德勒华文教育在学校教育、家庭教育以及当地的华人华侨社会组织中,对于中华传统文化的实践进行着调适:学校教育是教育的一种特殊形式,与家庭教育、社会教育三位一体地形塑着其社会所需求的人,但是作为社会组织机构的学校,不仅仅是传递知识的地方,还承担着诸多社会功能,与当地其他社会组织有着密切的关系。其中,当地云南籍华人华侨透过华文教育,获取当地华人华侨社会所需要的资源,通过与祖籍国与祖籍地的联系,延续着当地华文教育,从而达到传承中华传统文化的目的。缅甸曼德勒当地的云南籍华人华侨们对于与自己祖籍地所连接的历史,具有自己的记忆与解读,并作为自己与祖籍地建立联系的纽带。具备相应物质基础与群体数量基础之下的云南人在当地获得一定经济地位,并将对祖籍地的怀念与对中华传统文化的传承转化为在当地华人华侨组织之间的联系,为当地华人华侨的文化事业尤其是华文教育的开展提供可能性,同时,也为当地华文教育依靠当地社会组织进行创办与发展的思维模式奠定了重要基础。笔者认为分析华人华侨对于华文教育变迁过程中"不变"与"变"、传统与变迁的选择,有助于挖掘其中所蕴含的当地云南籍华人华侨的生存智慧。

综观缅甸华人华侨社会与华文教育的相关研究,将缅甸华文教育的研究置于缅甸当地华人华侨社会的历史发展背景之下进行探索是十分必要的。以往的相关研究已经从人类学、民族学、历史学、社会学、经济学等多个角度为本研究提供了丰富的参考资料,但在华文教育的研究中缺乏缅甸华人华侨的"在场性",缅甸华文教育的实践同时也是缅甸华人华侨社会的教育实践,其中蕴涵着华人华侨在当地以及与祖籍国、祖籍地密切相关的社会关系网络与社会资源配置;其次,华文教育与缅甸的社会历史背景结合度依然不够,单纯地以教育论教育,很容易忽略缅甸华人华侨社会背景下华文教育的变迁以及华人华侨对于华文教育的能动性作用;此外,华人华侨等概念的界定直接影响到对缅甸华人华侨社会发展的历史与现状了解的全面性。

《曼德勒云南籍华人华侨之华文教育及其功能变迁研究》一文尝试运用域外民族志的田野调查为华文教育及其功能研究提供个案,对于云南籍华人华侨的研究更重于概况性与历史性的描述与分析,充分利用不同历史时期蕴涵的丰富文献资料与口述史资料,在研究方法与研究视角上有所突破。文章中当地云南籍华人华侨将华文教育功能在当地社会文化中能动地进行调适,在华文教育的变迁中形成当地云南籍华人华侨自身独有的文化,在中国大力倡导"一带一路"倡议的时代背景下,这样的文化具有强大的竞争力。笔者通过"功能分析"的视角对域外群体的生存智慧及其意义进行探析,认为这样的生存智慧对于"一带一路"倡议的实施与中华民族传统文化的传播,具有一定的借鉴作用和意义,同时对当地华人华侨形成自身文化价值和文化生命力的文化自信具有一定探索价值。

（三）学术价值与现实意义

跨境民族、宗教和华人是本论文集的主题，在学术和现实中都具有重要的意义。

跨境民族地区弱势群体的研究与"人口流动"研究密切相关。A村弱势群体的研究可归到边民回流的研究范畴，《中缅北界A村"弱势群体"的灵性资本与社会支撑研究》的研究对象"边民"或"弱势群体"，涉及全球化背景下人口流动的社会历史、政策、经济、宗教等多重因素。在该文中提到"边民"（弱势群体）回返带来的社会问题，这与中缅边境民族地区的社会稳定、社会治理、国家安全等内容息息相关，为我们研究全球化背景下的弱势群体论题提供了新的思路与田野实证案例，有助于相关部门处理中缅边境地区边民问题、宗教问题、国家安全问题等，从而建设稳定、和谐的边疆。

宗教在构成社会体系、维系或阻隔社会的团结、融合和平衡方面都起到了重要作用。宗教问题与民族问题历来关系紧密，特别是在边疆少数民族地区，宗教往往对民族的社会经济发展和精神生活具有深厚的影响。跨境民族的宗教问题往往与民族团结和国家统一的政治问题相联系。对跨境民族的宗教生活互动与民族、国家认同的研究不仅是关系到民族学、宗教学学科发展的理论建设问题，同时也是涉及中华民族多元一体发展的现实问题。总而言之，对跨境民族这一大课题的研究对促进民族文化发展、维护祖国统一和社会稳定、更好地制定民族政策和实现国家睦邻友好意义深远。在此基础上，依托宗教社会学和宗教人类学（民族学）的研究方法则能自下而上地解析民族、国家、宗教之间相互层叠的关联，突出民族学田野调查工作的核心要义。

华人华侨为人类学的人口流动研究提供了丰富的案例。陈志明教授认为："生活于世界各地的华人为关于社会适应、文化再生产、族群认同的文化研究提供了极好的契机。"① 他将在民族文化领域内开展的全球华人社群研究称为"华人民族学文化圈"（Chinese ethnological field）。② 在华人文化圈内展开对中国与海外的华人之比较研究。这对人类学关于文化传承、文化转型、华人象征、宗教、文化与经济行为，以及文化和族群认同等问题的研究大有裨益。③ 因其历史和地域的特殊性，华人华侨的认同问题一直是学者们关注的重点。

---

① 陈志明：《迁徙、家乡与认同——文化比较视野下的海外华人研究》，段颖、巫达译，北京：商务印书馆，2012 年版，第 2 页。
② 陈志明：《迁徙、家乡与认同——文化比较视野下的海外华人研究》，段颖、巫达译，北京：商务印书馆，2012 年版，第 2 页。
③ 陈志明：《迁徙、家乡与认同——文化比较视野下的海外华人研究》，段颖、巫达译，北京：商务印书馆，2012 年版，第 11 页。

曼德勒华人的宗教实践研究

作　　者：林小楚
指导教师：高志英
写作时间：2018 年

一、绪论

中国曾形成多次向外迁出的移民浪潮，现居海外的华人已达6000万人之多。① 同时，华人的重要性不仅仅是体现在数量上，一直以来，海外的华人对中国的经济建设和民族文化传承和复兴都起到了重要的作用。所以，华人研究的重要性和特殊性是不言而喻的。

在华人研究中，关于缅甸华人的研究很有必要。首先，在东南亚的华人研究中，关于缅甸华人的研究成果相对较少。虽然近几年缅甸华人受到的关注有所增加，但相比较东南亚的其他国家如新加坡、马来西亚、泰国等，关于缅甸华人的研究还处于弱势。再有，缅甸华人作为沟通中缅的一个重要族群，能在公共外交上发挥无可替代的作用。所以不管是学术上还是现实中，对缅甸华人的研究都很有意义。

宗教生活在缅甸拥有举足轻重的地位，缅甸作为一个主流社会信仰和推崇南传上座部佛教的国家，宗教在其社会中的影响是显而易见的。在这样的背景下，笔者便对缅甸华人的宗教产生了兴趣。华人作为外来的少数族群，他们在宗教生活中是如何表现的？他们是如何看

---

① 张秀明：《华侨华人相关概念的界定与辨析》，《华人华侨历史研究》2016年第2期。

待缅甸南传佛教的？又是如何处理祖籍国的传统宗教信仰的？具体来说，本研究的聚集点在于华人的宗教实践，以往关于缅甸华人的宗教研究多以宗教信仰为角度，少有缅甸华人的宗教研究是从宗教实践的角度出发的，本研究希望为缅甸华人宗教研究提供新思路。

本论文的主题是曼德勒华人的宗教实践，意在从曼德勒华人宗教实践的角度来探讨宗教与社会的关系。具体来说，本论文在分析华人移民历史、缅甸佛教文化以及华人政治环境的基础上，通过展示曼德勒华人的宗教实践来探讨作为外来移民的华人是如何借助其宗教力量与当地社会进行互动，并为自己争取更好的生活和发展环境的。

1. 走进曼德勒

在确定了要去缅甸之后，笔者与导师最终选定了曼德勒省的曼德勒市作为田野点。选择曼德勒市的原因有二，一是曼德勒市是缅甸第二大城市，也是华人大量聚集的城市。在一定程度上以曼德勒市为田野点的华人研究具有代表性，本论文关于缅甸华人宗教的研究能为缅甸华人研究增加新的个案；二是在尚未踏入缅甸国土进行田野调查之前，笔者在胞波网和缅华网上经常能看到关于曼德勒华人社团布施的新闻报道，在感叹曼德勒华人宗教活动之频繁的同时，笔者也看到了曼德勒华人宗教实践的丰富性。

曼德勒市位于缅甸中部伊洛瓦底江江畔，是缅甸的第二大城市。倚靠其优越的地理位置和历史条件，曼德勒成了沟通上缅甸和下缅甸的交通枢纽。曼德勒面积约 65 万平方千米，人口约 170 万①。在民族上，除了有缅甸的主体民族缅族以及缅甸少数民族外，还有印度裔、华人等移民。在文化上，曼德勒曾经是雍籍牙王朝的都城，是缅甸的文化古都之一。全市共有大寺院、佛塔 250 多座，小庙宇 1000 多座。② 除了有南传上座部佛教的佛塔、寺院外，还有基督教堂、天主教堂、清真寺、观音庙等宗教场所。总体来说，曼德勒市是一个民族与文化多元并存的地方。

近年来，曼德勒市的华人数量一直在不断地增加，是华人比较集中的区域。华人多经营各类商店，从事土产、旅游、医院、建筑、餐馆、制糖、宾馆、家具制造、金银珠宝、玉石宝石加工及开采、水泥、化工、进出口公司等行业。③

虽然华人从事的行业多样，但华人通过组建社团将彼此联系在一起。曼德勒的华人社团主要有寺庙、同乡会、宗姓团体、商会、互助团体、文娱团体这几种类型。

华人寺庙是华人重要的社团，具有塑造文化形象、提供活动空间等功能。在早期，寺庙并不仅仅是宗教场所，更是先侨联络同乡和落脚的地方，具有同乡会的作用。曼德勒的华人团体多设在华人庙宇内，即使不在庙内，也会在所在的办公处供奉释迦牟尼佛祖，并都以佛堂对外宣称。以此可见华人寺庙在缅华社会中的作用有多么重要。曼德勒的华人寺庙有金多堰、洞谬观音寺和各同乡会的会所所在的寺庙。

---

① 资料来源于曼德勒云南同乡会内部资料《缅甸曼德勒（瓦城）云南会馆史略》。
② 资料来源于网络 http：//mandalay.chineseconsulate.org/chn/mbly/mandalay/t214249.htm
③ 资料来源于曼德勒云南同乡会内部资料《缅甸曼德勒（瓦城）云南会馆史略》。

曼德勒的华人同乡会有云南同乡会、福建同乡会、广东同乡会和多省籍同乡会这四大同乡会。省籍同乡会下又有县邑级的同乡会，如云南同乡会下又分成和顺、龙陵、清水、潞西、中和等12个同乡会；福建籍华人除了有福建同乡会，还有县邑级的永靖同乡会、福州同乡会；广东籍华人除了省级的广东同乡会还有潮州同乡会、客属群治同乡会等。同样具有同乡会性质的社团还有公司，在曼德勒，此类公司有和胜公司和建德堂。和胜公司是广东籍华人组织的社团，因为自20世纪60年代的排华事件发生以后，曼德勒的广东籍华人越来越少，所以目前和胜公司因管理层相继去世的原因已经不复存在了；而建德堂现在已经不再与和胜公司争抢地盘，但是建德堂作为一种象征还是具有很重要的地位的——福建同乡会的管理层骨干都入建德堂。① 建德堂是早期福建籍华人来到瓦城的历史缩影，建德堂见证了早期的华人如何通过组织谋求生存的经历。不仅如此，建德堂二楼供奉的福德正神也反映了福建籍华人对传统文化的保持，建德堂具有社会组织和宗教方面的双重意义。②

曼德勒的宗姓团体主要是姓氏馆，是由福建籍华人和广东籍华人所建，他们因沿袭在国内时候的宗族观念，所以到曼德勒时也积极组建姓氏馆。姓氏馆主要有朱家馆、陈家祠、曹氏馆、李家馆、颍川堂、李陇西堂。姓氏馆名义上是不分省籍的同姓华人的社团，但事实上只有本省的华人才会去登记。在一年中，姓氏馆的活动主要是聚餐和祭

---

① 成员加入建德堂的过程也同样充满电影色彩，八仙过海的表演、在福德正神面前发誓、歃血为盟、斩筷子等都让人目不暇接。
② 关于建德堂的资料来源于笔者2017年3月20日在曼德勒的参与观察；2017年5月17日笔者在建德堂的访谈及观察。

祖，目前曼德勒的宗姓团体影响范围有限，几乎只对在本馆登记的华人家庭有影响力。曼德勒大部分的姓氏馆每个馆中登记的华人户数最多几十户，少则十几户，许多姓氏馆的会所已经租借他人当仓库使用。

除了以上提及的社团，曼德勒的华人社团还有华商商会、华人互助中心、妇女联谊会等社团。曼德勒的华人社团在种类和数量上都不在少数，在这些纷繁的社团中，当以华人寺庙和华人同乡会影响力最大，比如金多堰、云南同乡会、福建同乡会。

2. 研究方法

本文以缅甸曼德勒华人的宗教为主要关注点，以其宗教实践为线索，关注在缅甸异文化中华人关于传统的宗教实践以及关于南传上座部佛教的实践。主要的方法有两个：

第一，文献法。查阅相关文献能为笔者理解缅甸从而完成更高质量的田野做准备，所以查阅文献资料是本论文研究的重要工作之一。笔者重点查阅了东南亚华人宗教文化、缅甸佛教与社会、缅甸华人、缅甸华人宗教文化等相关文献，同时注重对人类学及社会学的实践论等文献的梳理。

第二，田野调查法。笔者在曼德勒进行了为期半年的田野调查，并运用参与观察法、深度访谈法和网络分析法对曼德勒市的华人的宗教实践进行考察。首先是参与观察，笔者在田野中有两种身份，一是云南大学的来写毕业论文的学生，二是孔子学院的老师。第一次来曼德勒是在 2016 年 10 月份，笔者在曼德勒待了 20 天，那个时候笔者住在离华人会馆很近的旅馆里，每天都去会馆里转悠，希望能通过地毯式搜索找到研究的关键人物。第二次进入缅甸的时间是 2017 年 2 月 24 日至 2017 年 8 月 5 日，为了能够顺利进入田野并在田野中安顿下来，笔者选择在一所华文学校任教，以获取在异国他乡的住所和微薄的资金补助。同时，在学校任教也为笔者更顺利地进入田野提供了便利——学校老师和工人总在笔者需要的时候提供帮助，笔者作为华文学校教师的身份也让笔者与访谈对象更有亲近感。在此基础上，笔者通过参与各个宗教节日以及日常生活中的华人宗教活动观察了解曼德勒华人的宗教生活。再有是深度访谈，笔者对曼德勒的华人进行关于华人移民历史、宗教生活、传统宗教信仰相关实践以及关于南传佛教相关实践等方面的深度访谈。在访谈对象的选取上注重多样性，不同省籍、不同年龄层、不同性别的华人都有涉及。最后，笔者在本次研究中运用了都市人类学的研究方法——网络分析法。由于此次研究是在城市而非村庄，因此为了能够顺利地进行田野调查，笔者在寻找研究对象时注重从社会网络入手，由点到线。在初次进入田野时，先到华人会馆、华文学校调查，接着在会馆和学校的基础上将研究视线拓展开来，通过会馆以及学校里的华人的社会网络以滚雪球的方式接触到越来越多的华人。

3. 概念界定和理论支撑

（1）概念界定

曼德勒华人。改革开放以后的 30 多年中，华人华侨在文化、经济和政治等方面的影响越来越受到学界的关注。在学界，华人（Chinese overseas）一词经常与"华侨"（overseas Chinese）一词紧密相连。在

20世纪50年代以前，学界习惯用"华侨"一词来涵盖从中国移居海外的所有群体和个人。① 因为20世纪50年代以前，移居海外的中国人大部分并未加入移居国的国籍而是仍然持有中国国籍，所以是侨居在外的状态。但由于1955年之后中国否定双重国籍政策的实施以及东南亚民族国家的建设，东南亚的华侨能入籍的都尽量入籍了，传统的侨居已经变成了永久的定居，侨居已不再是移居海外的群体及个人的主要状态，所以用"华侨"来指代这些人并不贴切，学界注意到此变化后便用"华人"一词加以代替。

根据中国华侨华人历史研究所的张秀明的梳理，华人是指"已加入外国国籍的原中国公民及其外国籍后裔；中国公民的外国籍后裔"。② 华侨是指"定居在国外的中国公民"③。根据以上的分析，是否仍持有中国国籍是区分"华人"和"华侨"的标准。就笔者在曼德勒的田野调查而言，既持有中国国籍但以长期定居生活在曼德勒为目的的华侨并不是普遍的现象。④ 本论文将研究对象集中在主动或被动放弃了中国国籍并长期定居在曼德勒的移民一代及其后裔，所以本论

---

① 庄国土：《世界华侨华人数量和分布的历史变化》，《世界历史》2011年第5期。
② 董传杰主编：《涉侨法规政策文件汇编》（2014年版），广州：暨南大学出版社，2014年，第16页。转引自张秀明：《华侨华人相关概念的界定与辨析》，《华侨华人历史研究》2016年第2期。
③ 《保护法》第二条规定，转引自张秀明：《华侨华人相关概念的界定与辨析》，《华侨华人历史研究》2016年第2期。
④ 值得注意的是华侨不同于留学生、跨国务工人员等跨国群体，不是所有海外公民都是华侨，华侨在是否定居还有迁移的目的性上与留学生和跨国务工人员等群体有相当大的差别。笔者接触过许多生活在曼德勒的中国人，他们是跨国公司的员工、做生意的老板、留学生等，在曼德勒持有中国国籍而长期生活于曼德勒的是这样一群人，但他们并不是传统意义上的华侨。

文的研究对象主要是曼德勒华人。

需要强调的是，是否为华人的标准并不涉及民族，也就是说，华人既可以包括汉族（曼德勒的福建籍华人、广东籍华人以及大部分云南籍华人都是汉族），也可以包括少数民族即从云南边境移居曼德勒的傣族、佤族、景颇族、回族等。① 除了以上法律上的界定，在华人研究中，华人对中华文化的保留和延续也是非常重要的一点。

总结来说，在本论文中，曼德勒华人是指在不同历史时期移居缅甸并定居于曼德勒的群体和个人及其后裔，他们主动或被动放弃了中国国籍，同时对中华文化和华人族群身份有一定的认同。结合笔者的田野调查以及本论文的主题，论文中所涉及的调查对象主要有云南籍、福建籍和广东籍这三大省籍的华人。

宗教实践。实践指的是人类自觉自我的一切行为，宗教实践就是指关于宗教的人类自觉自我的一切行为。在本论文中，华人关于传统宗教信仰的实践主要指的是华人与汉传佛教以及传统民间信仰有关的实践；关于南传佛教的实践指的是华人践行有南传佛教文化内涵的宗教行为和宗教活动。

（2）理论支撑

本文主要是在人类学的实践论的指导下进行的分析：

实践论是 20 世纪 80 年代以后，人类学领域兴起的一股思潮。"实践论寻求的是解释人类行动及其与系统（社会或文化）相互适应的关

---

① 范宏伟：《缅甸华侨华人史》，北京：中国华侨出版社，2016 年，第 251 页。

系"①。"社会结构"与"行动者的主观能动性"的关系和对立一直是学科争论的问题。社会决定论者和文化决定论者强调社会和文化对个体行动者的决定作用。而关注行动者能动性的人类学家则强调个体的主观能动性以及其对社会和文化的形塑作用。以涂尔干、拉德克里夫·布朗等人为代表的社会决定论和以利奇、巴特为代表的主观能动性理论者分别强调了结构和能动性的重要性。② 而在这样的背景下，实践论者对这两种倾向进行了反思。实践论者认为"结构"和"能动性"是相互作用的，一方面，人们并不是被动的、消极的社会产物，相反，社会是具有主观意志和能动性的人们互动的产物，行为者有能力塑造自己的行为；另一方面，人的主观能动性不能脱离结构的制约。③ 实践论是同时关注"结构"和"能动性"，并认为二者互为一体的理论。

华人既非完全受缅甸结构的制约，也非完全按照自己的意愿而不受缅甸社会的影响，笔者通过对华人宗教实践的阐释，来展示华人如何在现有的结构的制约下发挥其主观能动性。华人既没有被完全同化，也并没有完全不受缅甸社会的制约，这种缅化却不同化的状态就是结构与能动性互动的结果。

---

① 谢丽·奥特纳：《20世纪下半叶的欧美人类学理论》，何国强译，《青海民族研究》2010年。
② 参见杨德爱：《试谈人类学理论中的实践理论———以布迪厄〈实践理论大纲〉和萨林斯〈历史之岛〉为例》，《重庆文理学院学报》（社会科学版）2011年第5期。
③ 刘超祥：《浅述人类学理论对结构与能动性关系的讨论》，《贵州民族学院学报》（哲学社会科学版）2011年第6期。

二、曼德勒华人的移民历史与社会处境

华人作为缅甸的外来族群,对其移民历史的梳理有助于我们理解华人的现状。同时清楚地认识曼德勒华人在缅甸社会中的处境和遭遇,是正确分析华人宗教实践的前提。所以在这一章中,笔者从曼德勒华人的移民历史、华人所处的宗教环境以及政治环境这三部分来分析,为接下来理解曼德勒华人的宗教实践做铺垫。

1. 曼德勒华人的移民历史

中缅作为一衣带水的邻居,二者在历史上的交流与联系是非常频繁的。中国古籍中最早的关于缅甸的记载是在《史记》卷一一六四西南夷列传中,"及元狩元年……于是天子乃令王然于、柏始昌、吕越人等,使间出西夷西,指求身毒国",① 此处的西夷西指的就是缅甸和印度等地。这说明,早在西汉时期,中国与缅甸已有往来。

早在汉朝,中国就有商人前往缅甸经商,因此形成了人口流动,但从明代开始,缅甸的华人社会才逐渐形成。当时,云南边境流行

---

① 余定邦、黄重言:《中国古籍中有关缅甸资料汇编》,北京:中华书局,2002年,第1页。

"穷走夷方",到夷方经商,这里的夷方就是指缅北地区。因为"穷走夷方"的流行,所以从明代开始,云南人入缅贸易渐渐发展起来,也因此出现云南籍华侨在缅北聚居的现象。朱孟震在《西南夷风土记》中记载"江头城外有大明街,闽、广、江、蜀居货游艺者数万"[①],从中可以看出,当时缅北出现了华侨聚集的贸易街。经商、朝贡等都是影响中缅人口流动的重要因素,明清的中缅战争更是加速了中缅人民的交往和流动。到了清代,中国史籍关于缅甸的相关记载呈现大幅度的增长,余定邦和黄重言编的《中国古籍中有关缅甸资料汇编》总共有上中下三册,而清朝的资料汇编就有两本之多,这在一定程度上说明,从清朝开始,中缅之间的交流越来越频繁。

曼德勒是沟通上缅甸和下缅甸的中心城市,也是缅北地区的经济、文化和曾经的政治中心,因此吸引了大量的华人在此定居。曼德勒的华人主要有云南籍华人、福建籍华人和广东籍人三类,其中华人入缅的路线有陆路和海路两种,云南籍华人以陆路为主,而福建籍华人和广东籍华人以海路为主。

(1) 曼德勒的云南籍华人

中缅国境线长约 2185 千米,其中云南与缅甸的边境线就长达约 1997 千米。云南与缅甸有四处接壤的地方:云南的保山、普洱、德宏和怒江与缅甸的克钦邦、掸邦、果敢特区、佤邦。毗邻而居为云南人入缅提供了便利条件。云南人比福建人和广东人更早进入缅甸北部谋生,而且在成分上也比福建和广东人复杂得多。

---

① 曾少聪、赵永胜:《缅甸华人及其文化特点》,《玉溪师范学院学报》2016 年第 2 期。

经商的云南腾越人。清朝时,经商的云南腾越人在曼德勒已经有了一定的规模,在清光绪二年(1876)云南商人就开始在缅王所赐的地皮上动工建造同乡会馆,历时5年,于1881年建成,取名迤西会馆。会馆主要设有正副会长以及财务人员的相关职位,由殷实商号的成员担任。① 在陶思曾的《藏輶随记》中记录:"宣统元年四月初六……初九日,往游迤西会馆,云南商人公建者也;内祀孔子,规模阔大,建筑十余万;其地址乃前缅王所与者;滇人经商于此乃分往各地者不下十余万人,以腾越人居多。"② 云南腾越人虽然在曼德勒经商聚居,但仍断不了与家乡的联系,所以他们仍游走于家乡与缅甸之间,直到在缅甸独立以及中华人民共和国成立以后的发展中,他们渐渐实现了从华侨向华人的转变。

近代入缅的云南人。传统华人社会的曼德勒云南人多是因经商而移居曼德勒的腾越人。但就目前的曼德勒云南人而言,中国远征军以及因社会主义运动而移居缅北的云南边民这两部分也是曼德勒云南人的组成部分。③ 中国远征军有三次入缅的历史,虽然之后入缅部队撤出了缅甸,但仍有一部分士兵留在了缅北地区。关于云南边民,虽然从20世纪40年代末以后,从中国流向缅甸的大规模移民因国家独立、国家划界与民族国家建设等原因而骤减,但中国土改后,出于对新政

---

① 资料来源于云南会馆的内部资料《缅甸曼德勒(瓦城)云南会馆史略》,第66和67页。
② 余定邦、黄重言:《中国古籍中有关缅甸资料汇编》,北京:中华书局,2002年。
③ 对近代入缅的云南人的历史梳理参见段颖:《城市化抑或华人化——曼德勒华人移民、经济发展与族群关系之研究》,《广西民族大学学报》(哲学社会科学版)2012年第3期。

策的怀疑，大批云南边民出走缅北。同时，从中华人民共和国成立后，因社会主义运动而移居缅北的人一直存在。这些云南人就是日后迁入曼德勒的主力军。寸先生家就是因土地改革移民缅甸的例子。

  寸先生是第二代华人，53岁。家中有8个兄弟姐妹，大姐出生于中国，寸先生出生于缅甸黑猛龙，其他6人都出生于缅甸贵凯。原来在中国时，寸先生家是地主，在土地改革期间，寸家经常被斗，生活非常的贫苦。所以寸先生的父亲就一个人先偷渡到了黑猛龙投靠亲戚，等到稳定了，寸先生的母亲便带着寸先生的大姐也偷渡到了黑猛龙。之后，又因生活的需要，先是迁徙到了贵凯，接着再定居东枝。寸先生由于做生意从东枝来到了曼德勒。①

在20世纪70年代和20世纪90年代，从缅北迁徙至曼德勒有两次大规模的移民。20世纪70年代，中国远征军的残余部队留在缅北之后，曾得到过缅政府的允许成立自卫队。缅政府原本是希望以自卫队的力量来抗衡缅共，但没想到自卫队不仅在缅北做贩毒等非法的生意，甚至控制了掸邦。所以在70年代中期，缅政府解散了自卫队，这些人中经济条件较好的便移居到了曼德勒城市里来。20世纪90年代，原本生活于缅北叛军地区的云南人涌入了曼德勒。从90年代以后，曼德勒的云南人急速增加，根据云南会馆的统计，1987年登记的云南人

---

① 资料来源于2017年6月14日于曼德勒新城区笔者对云南籍华人寸先生的访谈笔记。

户数是933户，① 而到了2007年，户数登记达到了5000户。②

新旧瓦城人的区分。在曼德勒，云南人有"老瓦城人"和"新瓦城人（从山上下来的人、山芭）"的区分。关于"旧"和"新"，一方面是从进入曼德勒的时间来看，一般从20世纪90年代之后才从缅北移居曼德勒的云南人就被称作"新瓦城人"。另一方面从文化融入的角度，"老瓦城人"在心理上比"新瓦城人"有优越感，因为"新瓦城人"进入曼德勒的时间不长，与"旧瓦城人"相比对缅甸文化不了解，经常因高调、铺张浪费等行为招到传统华人和缅人的批评。有一位受访者这样评价"新瓦城人"："缅北的情况是很复杂的，这些华人都是从山上比较封闭的社区下来的，对缅甸文化也不了解。而且没有信仰，不信佛教，所以就造成这种反华的情绪。"③ 一部分"老瓦城人"认为这些"新瓦城人"拖了曼德勒华人形象的后腿，"新瓦城人"不融入缅甸的生活方式、不懂缅甸文化，导致缅甸人对所有的华人都不喜欢。所以有时候，"老瓦城人"不客气地叫他们"从山上下来的华人""山芭"。

相比许多福建人和广东人对到会馆去登记的不热衷，云南人都会非常积极主动地去云南同乡会处登记自己的家庭信息，所以云南会馆的关于曼德勒华人的统计数据是相对完整的。根据云南会馆的统计，目前在曼德勒云南人有8500户，以每户平均6人为基准，大约有5万人左右。主要的姓氏是寸、李、段、王、尹等182个姓氏。

---

① 资料来源于曼德勒云南会馆内部资料《曼德勒（瓦城）云南会馆史略》。
② 资料来源于曼德勒云南会馆的内部资料《瓦城华人通讯录》。
③ 资料来源于2016年10月9日于福庆学校对云南籍华人李先生的访谈。

（2）曼德勒的福建籍华人

在19世纪以前，福建人还没有成规模地进入缅甸，他们因海上贸易从厦门等港口经新加坡来到仰光等下缅甸地区。福建人在缅甸的大规模移民与英国殖民缅甸时所实行的移民政策有很大关系。1824年到1885年间，英国先后三次对缅甸进行侵略，经过三次缅英战争，缅甸彻底沦为了英属印度殖民地。并且英国分别于1852和1864年颁布了外侨条例，鼓励外来移民以补充开发缅甸所需要的劳动力。特别是在1893年清政府解除海禁后，在成为英国殖民地的缅甸需要大量劳动力的背景下，福建人只需办理简单的手续便可南下缅甸讨生活。因此，在19世纪90年代左右，仰光等地已经聚集了一定规模的福建籍华侨。1899年仰光庆福宫的重建能从侧面体现出当时仰光地区福建人在财力和人数上的发展。

移民早期，福建人多在下缅甸地区生活，曼德勒的福建人的出现比起下缅甸的则较晚，根据曼德勒福庆宫福建同乡会会馆刊物的推断，在大约100多年前，在仰光等下缅甸地区的部分福建人进一步迁徙来到曼德勒①。关于早期曼德勒福建人人数方面的史料难以挖掘，笔者只能以曼德勒福建同乡会的历史发展的过程来反映早期曼德勒福建人的大概状况。曼德勒最早的关于福建人的建筑是位于曼德勒30条街、82条和83条街之间的福庆宫。福庆宫具体的建成时间并没有明文记载，根据同乡会的推测，大约建成于1879年。直到1924年，曼德勒的福建人才组建了第一个福建人的社团——福建公司，福建公司后改

---

① 资料来源于曼德勒福建同乡会内部资料《福庆宫福建同乡会史略》。

名福建公会，主要负责同乡之福利事业、观音事务等具有同乡会性质的一切工作。然而在1942年，日本入侵缅甸之后，福建公会的所有事务暂停，福建人逃散各地（有的回到了中国），直到1945年"二战"结束，福建人纷纷复员，翌年福建同乡会、华侨学校等社团成立，一直到20世纪60年代，福建人都成增长趋势。在缅甸"6·26"排华事件发生后，曼德勒的福建人有所减少，但20世纪70年代和20世纪80年代，仍有少部分福建新移民从陆路进入曼德勒。自战后海路被封锁以后，福建人的数量就没有成规模地增长了，但是仍有一些迫于生计的福建人取道云南，从云南边境走陆路进入曼德勒。下面案例中的林先生是福建新移民的典型代表。林先生是第一代移民，1952年出生于福建泉州市南安市，65岁。他20多岁时由于在家乡经济困难，便留下妻子和两个女儿只身来到曼德勒投奔曼德勒的亲戚。那时已经是20世纪70年代了，不能像以前一样走海路，所以林先生取道瑞丽进入缅北。关于进入缅甸的过程，林先生这样回忆道：

  那个时候，来到云南边界要检查，要有公安局的证明，在到保山那里有座桥，要检查。那个时候我们就申请来瑞丽会亲，我们缅甸有亲人，他们给我们发电报让我们来瑞丽见面。到了瑞丽，我们要去缅甸，我们那个边防就闭眼睛，你去就去了，我们也不管你了，他也不是叫我们过来，不管你来不来，我们就偷渡过来了，我们那个时候是偷渡。①

---

① 资料来源于2016年10月9日笔者于曼德勒福庆宫对一位福建籍华人林先生的访谈笔记。

福建籍华人有"新番薯"和"旧番薯"之分别。因为福建人传统上习惯吃番薯粥，所以在缅的福建籍华人就打趣自己是"番薯"，根据到达缅甸的时间的不同，称之为"旧番薯"和"新番薯"。划分新旧番薯的重要时间节点是20世纪50年代，他们习惯称20世纪50年代以前来到缅甸的人为旧番薯，而称20世纪50年代以后到达缅甸的人为新番薯。20世纪50年代以前，福建人主要走海路由福建出发，经新加坡来到仰光等下缅甸地区。20世纪50年代以后，缅甸独立，像以前一样走海路已经不可能了，而贫困的生活环境使得许多福建人不得不向外谋求生路，于是他们便从福建途经广东等地，坐车到达云南边境，再从边境来到缅甸。因为20世纪50年代前后两个时间段内福建人到达缅甸的方式不同，所以用"新番薯"和"旧番薯"进行区分。当然，这只是习惯上的新旧划分标准，如何区分与自己的认知有关，因为有人认为，只要比自己来得晚，都算是新番薯。

目前曼德勒的福建人主要有闽南人、福州三山人和永靖人。其中闽南人最多，福州三山人次之，永靖人最少。现曼德勒福建同乡会共有1194户登记在册，约8000人。① 根据福建同乡会办公室的工作人员和同乡会董事的看法，一些曼德勒的福建人并不来同乡会登记，在生活习惯上已完全缅化，所以实际上曼德勒的福建籍华人可能比登记的还要多一些。

（3）曼德勒的广东籍华人

大约于两三百年前，广东先侨已经进入缅境贸易和谋生，曼德勒

---

① 来源于笔者对福建同乡会办公室工作人员的访谈。

广东人的移民经历大体上与福建人相同，早先到达曼德勒的先侨，为了寻求更好的经济发展，便由仰光等下缅甸地区乘船沿着伊洛瓦底江到达曼德勒，当时的广东人多以工商、土木工程为业。曼德勒广东同乡会设在仁济古庙内，广东同乡会由四、五邑、客属、潮州多邑等监事会组成，根据广东同乡会的统计，来同乡会登记的曼德勒广东籍华人有350户，有1500人左右[①]。在曼德勒，广东籍华人经常被其他华人与福建籍华人联系在一起，因为二者在传统文化上和缅化程度上都很接近。在1966年缅甸仰光发生排华事件之后，曼德勒的华人纷纷离开缅甸，而其中以广东籍华人最甚，他们离开缅甸前往中国澳门、香港，以及美国等地，所以目前在曼德勒的广东籍华人并不多。[②] 在曼德勒华人中影响力远远比不上云南人和福建人，而且即使是现在，广东籍华人也一直在向外迁徙。笔者在曼德勒遇到的广东人中，即使自己不移民，也一定会有亲戚已经移民或正在移民。

总体来说，20世纪50年代以前，云南人多走陆路到达缅甸而福建、广东人多从海路进入下缅甸地区。在曼德勒，云南籍华人占华人的比例越来越高，这是因为福建和广东籍华人主要是通过海路来到缅甸，而随着战争和缅甸国家的独立通过海路入缅的可能性可以说是没有了；而云南与缅甸毗邻，云南人入缅主要以陆路为主，至今陆路仍然存在。

在曼德勒，云南籍华人在经济实力以及人口数量上都占据了主导地位。一位华人同乡会的会长举了这样一个例子来说明曼德勒华人社

---

① 资料来源于2016年10月笔者在曼德勒广东同乡会的调查。
② 资料来源于曼德勒广东同乡会内部资料《广东同乡会简介》。

会的基本情况：每当有什么活动需要曼德勒的四大同乡会（云南同乡会、福建同乡会、广东同乡会和多省籍联合同乡会）出钱出力的时候，云南同乡会出百分之五十，剩下的百分之五十由其他三个同乡会承担；而在福建、广东和多省籍联合同乡会中，相对于广东和多省籍同乡会，福建同乡会的实力更强大，所以，在他们三个组织共同承担的资金中，福建同乡会负责一半，剩下的一半由广东和多省籍联合同乡会负责。虽然目前并没有具体的调查数据表明各省籍华人的数量到底是多少，但是从他们任务分配的情况中也可以感受到曼德勒华人社会中各省籍华人的力量分布。

2. 曼德勒华人的宗教环境

曼德勒华人所处的宗教环境是理解曼德勒华人的宗教实践的重要背景。缅甸是一个给予南传上座部佛教特殊地位的国家，了解缅甸的佛教文化以及相关宗教氛围是正确分析曼德勒华人宗教实践的前提。

（1）缅甸的佛教文化

缅甸联邦共和国（The Republic of the Union of Myanmar），位于东南亚，是地处中印两大文明古国之间的国家。说到缅甸文化，宗教无疑是其引人瞩目的关注点之一。缅甸的主体民族主要信仰南传上座部佛教，同时缅甸是一个存在多元宗教信仰的国家，除了南传上座部佛教，还有印度教、基督教、伊斯兰教、缅甸本土神祇崇拜等各种文化。[①] 南传上座部佛教作为缅甸主流的宗教信仰，其传入缅甸已经有

---

① 姜永仁：《缅甸华侨华人与缅甸社会与文化的融合东南亚》，《东南亚》2003年第4期。

很长的历史了。这里有几个重要的时间节点，分别是：公元前后、6世纪以后以及11世纪中期。学界认为，在公元前后，缅甸和印度南部以及斯里兰卡有海上贸易的往来，也正是通过海上贸易的交往，佛教文化沿着这条海路被传入了缅甸。而到了6世纪前后有明确的碑文记载，阿利耶教在这个时候传入到了缅甸。11世纪中期，统一后的缅甸在阿奴律陀王的带领下整顿教派，之后南传上座部佛教在缅甸广泛传播。① 在此之后，南传上座部佛教便融入缅甸社会文化中了。

在缅甸，政府承认的民族有135个之多，虽然民族众多，但是据缅甸政府统计，将近百分之九十的缅甸人信仰南传上座部佛教。对于佛教与缅甸的关系，美国学者麦尔福·史拜罗（Melford E. Spiro）将南传上座部佛教划分成涅槃佛教、业力佛教、消灾佛教三种体系，而这三种体系的佛教思想都存在于缅人的意识中，并影响了缅人的世界观和宗教观。② 更细致地说，在缅甸社会，南传上座部佛教以社区佛教、禅修佛教、慈善佛教和教育佛教这四种方式影响着缅人的生活方式和世界观。③ 直到今天，缅人的法律规章、文化、生活方式、艺术和人们的思维方式都吸收融合了佛教文化，可以说，只有懂得南传上座部佛教文化才能够懂得缅甸文化。在这样一个"只有是佛教徒才是缅甸人"的社会中，佛教的教义已经渗透入了缅甸人的生活，缅甸社会是一个由佛教形塑的社会。

---

① 林锡星：《解开缅甸的神秘面纱》，广州：广东人民出版社，2006年，第32—33页。
② 麦尔福·史拜罗：《佛教与社会——一个大传统及其在缅甸的变迁》，台湾：香光书乡出版社，1976年。
③ 钟小鑫：《缅甸南传佛教形态及其嵌入社会方式——对四个缅甸寺庙的人类学考察》，《学术探索》2017年2期。

(2) 缅甸佛教民族主义的盛行①

南传上座部佛教信仰是缅甸的主流文化，虽然在缅甸多宗教信仰并存也是一个不可忽略的事实，但佛教的绝对主导地位是不容置疑的。更有甚者，许多学者②都已经提到了缅甸存在佛教民族主义的问题。笔者认为，要理解缅甸华人的宗教实践，需要对缅甸存在佛教民族主义的产生、发展以及现状有一定的认识，要在缅甸佛教民族主义的背景下来分析曼德勒华人的宗教生活。

所谓佛教民族主义，也叫作佛教极端主义，是指缅甸南传上座部佛教与缅甸大缅族主义相结合的情况。在缅甸，南传上座部佛教被当成了民族形成的基石，佛教与民族主义结合紧密，因此导致缅甸社会将宗教信仰上升到了民族的层面上，佛教民族主义者认为没有南传上座部佛教就没有缅甸的民族。想要了解缅甸的佛教民族主义这一现象，需要从历史和政治两方面来分析。佛教在反抗殖民统治中的作用以及在随后的发展中，政客的操纵及政治上的需求是让缅甸的佛教民族主义长期存在的原因。

佛教民族主义与缅甸的民族解放运动有很大的关系，1885年英国统治缅甸之后，在宗教上采取打压佛教并以基督教取而代之的政策，

---

① 参见钦佐温：《佛教与民族主义——缅甸如何走出民族主义的泥淖》，《南洋问题研究》2016年第1期；黄夏年：《现代缅甸佛教复兴与佛教民族主义》，《东南亚研究》1992年第2期；宋立道：《佛教民族主义在南亚、东南亚的发展》，《佛学研究》1996年；李晨阳：《现代缅甸民主运动中的佛教》，《佛学研究》1997年；宋少军：《缅甸佛教民族主义的产生、发展及其实质——兼论对当代缅甸政治转型的影响》，《南亚研究》2017年第1期；钟小鑫：《缅甸佛教极端主义的历史根源及其当代展演——入世传统、民族主义与政治修辞》，《东南亚研究》2017年第5期。

② 缅甸学者钦佐温、黄夏年，1992、宋立道，1997、李晨阳，1997, Fred Von Der Mehden, 2016、宋少军，2017等中外学者。

缅甸佛教受到了严重的破坏。在1885年以后，佛教丧失了其缅甸国教的地位。然而，佛教遭受打压这一事实更激发了缅甸人民特别是政治精英对佛教的坚持。在反抗殖民战争到独立这段时间，佛教民族主义是缅人的精神支持，是鼓舞他们反殖民的武器。而在缅甸独立后，南传佛教更被缅人推崇为传统文化重要的组成部分。缅甸独立后的第一部宪法写道："国家承认联邦绝大多数公民所信奉的佛教的特殊地位。"① 因为南传上座部佛教在缅甸反抗殖民斗争中的作用，使得佛教文化成为缅人的一种强烈的自我意识的一部分，这是佛教民族主义产生的背景。

而缅甸国内的民族主义者利用佛教与缅甸不可分割的属性推行一系列政治主张，是佛教民族主义在缅甸愈演愈烈的重要原因。现代缅甸的佛教是政治的手段，佛教民族主义与独立以来的缅甸政治发展密切关联。缅甸独立后，从吴努和吴奈温时期的佛教国教地位的争斗，到新军政府时期佛教民族主义的发展，再到2011年政治转型以来弥漫的反穆斯林情绪，近年来许多激进的社团大力推崇佛教的地位，希望能够恢复佛教为国教，并向政府施压打击其他宗教信仰。同时，佛教民族主义的抬头与各时期政府在国内族群关系治理上推行"大缅族主义"有关。总结来说就是缅甸现存的佛教民族主义被政治化了，在经过政客们大力地宣扬之后，持"只有佛教徒才是缅甸人"观点的普通人还比较普遍。

学者们认为，历史遗留与现实政治需求造就了当前缅甸社会的佛

---

① 宋少军：《缅甸佛教民族主义的产生、发展及其实质——兼论对当代缅甸政治转型的影响》，《南亚研究》2017年第1期。

教民族主义。南传上座部佛教与民族主义的结合在缅甸反抗殖民斗争中发挥过积极的作用，但在缅甸独立以后，因在政治上不断被利用，导致了佛教民族主义程度的加深和极端化。佛教民族主义在当代是导致宗教矛盾、族群冲突的原因之一，其消极作用是远远大于积极作用的。通过缅甸佛教传入历程、佛教对生活各方面的渗透以及在特殊历史背景发展中形成的缅甸民族主义的相关文献的梳理可知，了解缅甸社会的佛教发展历程和现状，有助于我们从更深层次去了解缅甸华人的实践活动，加深我们对在缅华人的生存策略的认识和理解。看到缅甸存在佛教民族主义的事实也有助于我们理解处于缅甸社会中的华人的行动逻辑。

关于近年来佛教民族主义言论甚嚣尘上的现象，笔者在田野调查中也深有感受。在曼德勒，2014年伊斯兰教徒和佛教徒发生过激烈的流血事件。2016年10月，笔者第一次到曼德勒，住在83条街、27条和28条街中间的宾馆内。从宾馆房间往外看，刚好是清真寺。2016年10月9日开始，从深夜12点左右到3点左右，附近的伊斯兰教徒就开始集会。他们所有人都穿着黑袍，大声唱歌，喊口号，并抬着他们的圣物游行。因为已夜深人静，所以他们的歌声和口号显得特别响亮。聚会持续到第三天的时候，伊斯兰教徒的活动突然被警方阻止，那天凌晨，一辆辆的警车尾随伊斯兰教徒并遣散了前来聚会的人。接下来的日子（笔者10月24日离开曼德勒）为了防止暴力事件的发生，每天100多位警察在清真寺附近巡逻，警车直接停在清真寺门口。警察的解释是"为了安全着想"。同时笔者的华人朋友叮嘱笔者："为了安全着想，你们最好不要去看这些伊斯兰教的事情，知道不？你们最好不要去看哦。"

经过半年的田野调查，笔者最大的感受就是：宗教对于生活在曼德勒的人来说就像是空气和水一样必要和自然，但也像是钢铁一般缺乏弹性。虽说缅甸社会存在佛教、伊斯兰教、基督教等宗教是事实，但佛教无疑是缅甸主流社会推崇的宗教文化，甚至笔者认为缅甸并不提倡宗教多元。总体来说，缅甸人的谚语"首先是佛教徒才能是缅甸人"很准确地概括了缅甸的宗教生活。

总结来说，经过发展和沉淀，南传上座部佛教的文化已经渗入了缅甸人社会生活的方方面面。首先，不了解南传上座部佛教文化就无法了解缅甸社会；再有，缅甸佛教民族主义的盛行使得宗教在缅甸社会的影响力更加巨大和深远。缅甸以佛教为主流文化的事实以及佛教民族主义的盛行影响着华人的宗教实践。华人清楚地意识到了佛教在缅甸社会的重要作用，一位华人对笔者说道："缅甸有大民族主义，华人跟着缅甸人信佛教，所以相处得比较融洽，像穆斯林那些就……"[①]

3. 曼德勒华人的政治环境

曼德勒华人所处的政治环境是理解华人宗教实践的另一个重要背景。关于华人的相关政策以及华人的法律身份地位，甚至是经历过一系列的政治运动之后，华人的自我认知以及缅人对华人的看法，这些都是影响华人宗教实践的因素。所以在本节中，将重点阐释曼德勒华人的政治环境。

---

① 资料来源于 2017 年 6 月 9 日笔者在曼德勒对陈先生的访谈。

(1) 华人的法律身份地位

根据范宏伟对缅甸政治历史分期的梳理，可以将缅甸的政治历史分为缅甸独立以前、自由同盟时期、吴奈温政府执政的"缅甸社会主义"时期和新军政府时期。不同时期不同的政治政策影响了华人的社会地位以及公民权利的获得。在吴奈温政府执政以前的自由同盟时期，华人生存环境没有出现过多的挫折，是缅甸华人发展的黄金时期。而在奈温政府执政的20多年间（1962—1988），华人经历了缅华发展史上最黑暗的时期。首先是对华人入籍的限制，再有是国有化使缅华社会全面萎缩，还有在此期间发生的排华事件，这些都让缅甸华人经历了前所未有的打击。这段时期的入籍政策仍然影响着现在的华人。

①入籍政策

缅甸政府不认为华人是缅甸合法民族之一，而把华人当作是外来移民，华人要取得缅甸国籍只能以移民的身份申请规划入籍。① 政府关于外来移民的政策条例是影响华人的身份和地位的最直接的因素。关于华人身份地位的重要时间节点是1982年，决定华人是否能取得公民身份的相关法令是吴奈温政府颁布于1982年的缅甸《公民法》（1982年人民议会第4号法令）②，此缅甸公民法规定，缅甸公民分为三种：公民、客籍公民和准入籍公民。在1989年缅甸使用新的身份证时，缅甸政府为了将三种公民加以区分，分别发放给不同公民身份的人以不同颜色的身份证。公民、客籍公民和准入籍公民的身份证颜色

---

① 缅政府认为华人只是外来移民，而果敢族、傣族、景颇、佤族是缅政府规定的合法的少数民族。

② 资料来源于网络 http://www.mhwmm.com/Ch/NewsView.Asp?Id=1433

分别为粉红色、蓝色和绿色。

《公民法》中也规定了成为公民的条件。1823年就已在缅甸定居的八大民族及其支系生而是缅甸的公民；在1982年的《公民法》生效之前取得公民身份的公民在此法生效后仍然是缅甸公民；父母双方或者一方为公民（另一方是客籍或准入籍公民）的生而是缅甸公民。除了上述情况外，其他所有人的公民身份都需申请且由缅甸政府进行判断，同时宪法规定此法是外侨申请入籍的唯一依据。

根据这一宪法，除非华人能在1982年以前就取得公民身份，否则华人只能是客籍公民或者准入籍公民，客籍和准入籍的华人得到他的第三代才能申请成为真正的缅甸公民，也因此华人在申请获得身份证时需要走比缅人更复杂的程序，他们需要提交三代人的相关资料，用曼德勒华人的话来说就是"查三代"。根据此《公民法》第三章："根据1948年缅甸联邦公民法令申请公民证者，如果符合所规定的条件和资格，中央小组有权批准他为客籍公民"。① 第四章"1948年元月4日之前已在缅甸居住者，或该居民之子女，可以根据尚未申请之理由，以确凿的证据，向中央小组申请成为准入籍公民"。② 也就是说，不管是成为客籍公民、准入籍公民，法律规定都得是1948年就已经移居缅甸的人才有资格申请。其实根据此法，许多缅甸独立后才移民到缅甸的华人连客籍公民和准入籍公民的身份都无法取得。

②华人身份证的取得

部分华人其实并不符合以上的入籍资格，而且即使符合《公民

---

① 资料来源于网络 http：//www.mhwmm.com/Ch/NewsView.Asp？Id=1433
② 资料来源于网络 http：//www.mhwmm.com/Ch/NewsView.Asp？Id=1433

法》规定的入籍条件，相比缅人，华人身份证的取得过程也更加复杂。笔者与笔者的缅语老师逛曼德勒皇城的时候，在入口处，缅人门卫直白地说："你们华人现在拿不到身份证了，政府现在都不发给你们。"虽然这个缅人所言未必完全准确，但是可以体现出华人难拿身份证是大家都感受到的事实。即使符合入籍条件，有时候华人也很难拿到身份证，因为申请过程中充满了不确定性。

小杨，1983年出生于曼德勒省的一个小镇。从父亲这边算是第四代华人，爷爷的爸爸从厦门同安来到缅甸，来的时候没有结婚，与当地缅甸人结婚了。外公外婆都是从厦门来的第一代华人，所以从母亲这边看小杨是第三代华人。虽然小杨的父母都已经拥有身份证，但是她和妹妹申领身份证的过程却非常曲折。

小杨和她的妹妹都分别在10岁的时候申领了儿童身份证。因为父母都持有粉红色的卡，所以她们10岁的时候申领的也是粉红色的儿童身份证。按理说，到18岁的时候，小杨和妹妹只需要去相关部门换取成人身份证即可。然而小杨到24岁的时候才拿到成人的身份证。之所以这样，是因为换取成人身份证需要交当时申请10岁儿童身份证时候的档案，不巧的是办公室被水淹了，找不到当时的材料。而且帮她们做10岁身份证的相关人员搬到别的区去了，所以也没有证明人。并且因为找不到小杨奶奶的身份证号码，所以即使现在申请身份证，也只能拿到绿色的卡，也就是"准入籍公民"身份证。小杨的父亲不能接受10岁的时候拿到的是粉红色的身份证卡，换成成人身份证却变成绿色的卡这样的事情。同时官员们也无法说清楚，为什么父母都已经是公民，而孩子只能拿"准入籍公民"的身份证。小杨说："他们看到华人来想要钱，而且要高一点，我们那时候钱也不那么多，所以我爸就说不做了，灰心了，一次去也不行，两次去也不行，三次去也不行。"小杨的父亲认为官员无故刁难，所以他赌气地不再去帮女儿申请换成人身份证。

而她们现在能够拥有身份证，源于一次偶然的机会。当时，小杨的妹妹已经从医科大学毕业并成了医生，在一次聚会中，她向朋友说起自己都已经参加工作了还拿不到身份证的事情时，刚好其中一个朋友的父亲是办身份证的官员，最后小杨和妹妹通过朋友父亲的关系，重新登记和提交好多年前交上去的材料，并交了一些"手续费"，之后，她们如愿拿到了粉红色的身份证。①

小杨并非个例，身份证难办是华人的共识，甚至有因为认为身份证难办而迟迟不去办身份证的华人。笔者曾在云南会馆认识了一位从缅北来的云南籍华人，她已经20多岁了，但一直没有办身份证，因为她觉得一定办不到。她说她的表哥办了几年了也拿不到身份证，所以她虽然很想要身份证，但是觉得那是在做无用功，所以迟迟不肯去尝试着办理身份证。

因此，部分华人会借用少数民族身份入籍。缅政府认为华人只是外来移民，而果敢族、傣族、景颇族、佤族等是缅政府规定的合法的

---

① 资料来源于2017年6月17日在曼德勒福庆宫内笔者对福建籍华人杨女士的访谈。

少数民族，所以有些华人虽然是汉族，但也以少数民族的身份申请身份证。有的华人直接就用少数民族的身份来登记，有的华人会承认自己汉族的身份，但是在民族成分上再加入少数民族的身份，比如说傣汉族、傈僳汉族等。傈僳族、傣族、果敢族、勐稳等是汉族华人经常借用的民族身份。

一位将要去台湾留学的云南籍华人（成年但没拿过身份证）为了能赶在留学前拿到身份证，她的父母通过找关系，用傈僳族加汉族的民族成分申请身份证，她说：

> 在这边办身份证很难，特别是华人，如果是少数民族或者缅族，他们办不是很难，但是我们汉族华人就很难。我的找了熟人办，20多天就办下来了，给了20万。帮忙办的那个人是摆夷，妈妈的朋友，他缅语很熟，是在政府上班的。也是要每天都去催他，说我要去留学，得快点把身份证办好。我的身份证写的是汉族加傈僳族。少数民族会好办一点。我们住的镇，傈僳族比较多，我们户口上也是写着傈僳。就是要砸钱啊。①

借用少数民族的身份，除了有容易拿到身份证的原因外，还是因为部分华人想借此得到更高的社会地位。因为不管怎么样，少数民族至少是被缅甸政府承认的具有合法地位的民族，而华人却不具有合法的民族身份。缅甸的身份证是分颜色的，如果第一代华人以德祐的身

---

① 资料来源于2017年5月14日在曼德勒笔者与一位到金多堰挂单的师父的聊天。

份入籍，那只能得到蓝色或者绿色的身份证，而到他的孙辈才可能有机会拿粉红色的身份证。不同的颜色意味着不同等级的公民身份，有些华人是很在意自己的身份证颜色的。一次笔者在与一位华人聊天时，借机拿着他的身份证看，而一旁的果敢人说："你的身份证是绿色的啊？我的是粉红色的。"那位与笔者聊天的华人顿时尴尬了起来。

在曼德勒华人中调查关于身份证的事情并不是一件容易的事情，他们秉持的是多一事不如少一事的原则，习惯性地拒绝谈论他们的身份证取得的过程。即使他们是根据宪法通过合法的途径（资料上并没有任何的造假）获得身份的，部分华人也不愿意介绍更多的信息，如一位受访者说的："不想惹什么麻烦"①，对于华人来说，身份证算得上是一个敏感的话题。而且，在曼德勒，极少数华人能够完整地说出入籍到底是怎么一回事，因为在实施的过程中充满着随意性和暗箱操作。

（2）排华运动之后华人的自我定位

对缅甸华人来说，影响最大的社会事件无疑是发生在20世纪60年代的排华事件。虽然打砸抢杀的局面只持续了几天，但关于排华运动的记忆却不断地影响着华人的思考和实践。对排华运动的记忆让他们的行为更加谨慎也倍感珍惜来之不易的生活。福建同乡会的会长在与笔者聊天时向笔者感慨道："一切都来之不易我们很珍惜，也很害怕可怕的事情会再次发生。所有华人都想知道的就是反华的事情会不

---

① 资料来源于2017年8月4日笔者在曼德勒于曼德勒福庆宫与福建籍华人林先生的闲聊。

会再次发生?"①

①排华运动对华人自我定位的影响

1967年6月26日缅甸（主要在仰光）发生了排华事件，华人被杀害、华人商铺被打砸抢烧。虽然这种剧烈的局面只持续了三天，但是给缅甸华人留下了抹不去的伤痛，同时也改变了许多华人的生活方式。许多广东籍和福建籍华人纷纷逃往其他国家和地区，如美国、新加坡，中国香港和中国澳门。而留下来的华人不敢承认自己华人的身份，不敢讲中文，他们学缅人穿纱笼、吃缅餐和讲缅语，自1967年的排华事件之后，仰光的华人逐渐缅化。短暂而激烈的排华运动给华人留下了不可磨灭的伤害。亲历了排华事件的几个受访者跟笔者讲述了当时的情形，总结受访者的表述，20世纪60年代缅甸排华事件的发生有缅甸经济低迷以及华人不当言行等多方面的原因。首先是缅甸社会方面，当时缅甸正处于经济低迷的时期，缅甸由"米仓变米慌"。当局政府为了转移缅甸人民的注意力，就将矛头指向了华人；再有，排华的直接导火索是仰光南洋中学和华侨中学的学生戴毛主席像章以及反抗缅文校长及老师事件的发生。1947年出生于下缅甸的第二代华人林先生说：

> 这个挂毛主席的徽章，要闹革命，可能讲给你们听你们都不相信，但是当时大家都盲从啊。当时怪不得他们，缅甸政府收归国有之后，把学校也国有化了，不准教中文，只准教缅文，所以

---

① 资料来源于2017年5月在曼德勒福建同乡会笔者与福建同乡会会长的聊天。

大家很不甘愿给他们学习缅文，把学校收掉了对他们怀有敌意，所以大家要挂毛主席的头像在胸前。挂起来缅甸老师看见了很不乐意，南洋中学和华侨中学这两所学校虽然变成了缅文学校，但是学生还是以前的学生，中国的学生很团结，当时也有学生会的。当时是中文到缅文的更换，所以大家很不甘心，结果老师说脱掉，不脱掉的话就不能上课，学生还是不脱。后来校长说不脱就开除，学生说开除就开除，校长就慌了，劝学生回来上课。结果来上课，他们就借故打领导。老师把牵头的学生叫过来惩罚，但是学生是很明白的，就闹起来。

示威了，示威了军政府就来压制啦，就开始杀华人了。那时候侨联教师联合会要开会，瓦城这边收到消息说政府准备要开杀戒，让他们不要开会，但是仰光的那些人说你们曼德勒上缅甸胆小鬼，我们是排除万难去争取胜利……争取革命的胜利，争取徽章的胜利。结果人（教师联合会）全部被杀，他们从房顶往下面浇汽油，想把他们烧死，但是他们不甘愿这样被杀，所以有的老师披上中国国旗跳楼自杀，很壮烈啊，这个心都是赤子之心啊，视死如归啊。①

从学校师生开始，仰光的华人接连受到反华人员的攻击，一直持续了几天。不只是学校的老师和学生，即使是普通的华人，也会受到攻击。刚巧碰上反华运动的云南籍华人向笔者讲述了当时他经历的紧

---

① 资料来源于2017年6月18日笔者于曼德勒福庆宫对福建籍华人林先生的访谈。

张压抑的氛围：

> 1967年我身临其境，当时摆夷山政府选我们做代表去仰光打篮球。我们差不多都打赢了，但是最后停掉了，把我们关在昂山体育馆内。外面在示威，太危险了，看见中国人就打，我们哪里敢出去！那时候篮球队里面也有几个左派，他们就是爱共，就是那些南中、华中的学生，天天拿个收音机在听北京的广播电台，去骂缅甸政府。我说你们不要干咯，现在老命都不保了躲在这里面。如果人家听见了这里面有中国人，他们打进来我们连命都没有了，天天晚上收（笔者注：听广播）。我就把他们的收音机拿去丢掉了。我们宿舍几个他们都是听广播，就我一个不听。我们在体育馆待了一个礼拜，最后拿飞机送，送到腊戍。我妈妈哭得要死，以为我死掉了。①

因为仰光及周边地区反华行动的激烈，即使并没有发生大规模打砸抢杀的曼德勒也开始人心惶惶，华人们做好了保护自己的准备。总之，虽然反华集中在下缅甸地区，但是对整个缅甸华人的影响都是深刻的。一位曼德勒华人餐馆的老板跟笔者讲了他当时的经历：

> 排华，从仰光开始，打得很惨，那时候我们还小，兄弟姊妹有4个，都在这个家里面，没办法，磨刀、汽油也买好了，辣椒

---

① 资料来源于2017年7月30日在曼德勒孔教学校新城区笔者对一位云南籍华人的访谈。

粉啦什么乱七八糟的,如果他们进来就跟他们大干一场。后来没有进来,没有进来就是我去出家的那个和尚庙派出10个和尚帮守我们家。我们瓦城的中国人,信佛教的比较多,他们帮我们守,我们以前当过7天的和尚,泼水节的时候。①

排华对华人的影响是巨大的,特别是对那些亲身经历过排华事件或者对排华事件有所耳闻的老一辈华人。那位曼德勒华人餐馆的老板在刚认识笔者的时候一直强调自己是在曼德勒出生的,而随着彼此之间信任感的加深,他跟笔者说:"我是6岁的时候随着父母过来的,但是你不能跟别人说,他们缅甸人不喜欢。"② 虽然他清楚地记得自己是如何随着国民党的父母从昆明迁徙到曼德勒的,但是他对外宣称自己是出生在曼德勒的华裔,是土生土长的缅甸华人。20世纪60年代的排华事件无疑影响了华人对自己的社会定位。

②华人认为自己是缅甸的客人

作为不被当地政府承认的族群,生活在缅甸的华人总有"我们只是客人"的无力感。所以华人们总是小心行事,"他们缅甸人喜欢""他们缅甸人不喜欢"是不同年龄层的华人都会说的话。不仅是年纪大的人有"我们是客人"的感受,现在十几二十岁的年轻人也有这样的感受。笔者的缅文老师说,以前在学校读书的时候,当缅人和华人吵架,缅人便会说华人是外来者这样的话:

---

① 资料来源于2016年10月16日在曼德勒笔者与一位福建籍华人的访谈。
② 资料来源于2017年3月21日在曼德勒笔者与一位福建籍华人的访谈。

我们也是这样，只跟华人玩，如果缅人好的话我们也跟他玩，但是吵架的时候就不了，兵分两路，他们用缅文骂，我们也用缅文骂，然后我们用中文骂，他们什么都听不懂，他们用缅文骂我们什么都听懂。所以他们就说"你们汉人来我们缅甸"什么什么都说的他们。然后我们也说"没有我们华人，你们吃什么"，说说，不久我们就和好了。①

虽然总体来说大家能够和平相处，但是华人外来者的身份总会在激烈争吵的时候被提及和强调。除此之外，一些微小的差异也会在某些场合被放大，不断提醒华人的"客人"身份。笔者的缅文老师在给笔者上课的时候，经常给笔者讲她发生在学校里的事情。她讲过关于她的父母以及身边的华人同学、朋友因为缅文名字闹出的笑话。

上学的话要用一年级的时候写的名字，不能随便改，他们当时上身份证的时候就直接用汉人名字音译的，幸好我们不是那个时代的人。爸爸妈妈的名字直接用缅文讲就变得很奇怪。妈妈的汉人名字叫郑舒珍，缅文就不知道是什么意思了。老师一看妈妈的名字都说这是什么？爸爸的名字郭林华，林字缅语的音是丈夫的意思，华字缅语的音是乱的意思，有些老师就很无聊，上课的时候就不叫我的名字，故意叫郭林华的女儿起来回答问题。还有一个朋友的爸爸名字用缅语说出来就是暖暖的屎的意思。很多汉

---

① 资料来源于2017年6月19日笔者于曼德勒与笔者的缅文老师的聊天。

人同学的名字就是这样的,有些山区来的更好笑,果敢的也是看了就很想笑。①

除了名字直接音译带来的笑话,有些华人在给孩子取名字的时候是以华人的思维来取的,比如笔者缅语老师的堂姐的缅文名字的含义是"发财"的意思,虽然华人并不觉得奇怪,但缅人经常都会对这样的名字表示惊讶。

(3)缅人对华人的印象

缅语中的中国人和缅甸华人都可以用"德祐"来笼统指代,从这个侧面也可以看出,缅甸人把华人跟中国人混为一谈,当成了外国人。华人来源是具有复杂性和多样性的,华人内部会进行区分,华人认为"从山上下来的云南人"的各种行为都太不了解缅甸文化,所以总是想把这部分人排除在华人的归类里面。总是强调我们跟他们不一样。但是在缅人的眼中,他们根本不会去具体区分是什么华人,而是把华人当成一个整体加以看待。而且"从山上下来的云南人"的行为影响到了整个华人的形象,缅人对华人的印象是做非法生意、很有钱、不融入佛教文化。

有缅人跟笔者说过:"华人为了钱什么都会做的。缅甸人不会,适不适合他们会想。卖毒品,百分之六十都是,做玉石的后面就是卖毒品的。"还有缅人评价华人时说:"是从哪里来的不知道,怎么挣这

---

① 资料来源于2017年6月19日笔者于曼德勒与笔者的缅文老师的聊天。

么多钱的也不知道。"①

缅甸人都认为华人很有钱，"有大楼，房子盖得很好的大部分都是华人""他们是天天向上，钱钱钱，我们缅甸人就是有吃的就够了。缅甸人不喜欢中国人，一路上的车，贵贵的全都是中国人的，缅甸人穷一点。"因为被认为在经济上具有优越地位，所以华人办事总是要付出比其他人更多的金钱。华人也经常被要求捐赠一些财物，《缅甸曼德勒（瓦城）云南会馆史略》中记载，在1979年5月27日，曼德勒五所第嘎大和尚圆寂治丧委员会曾要求云南会馆派人参加治丧委员会并捐赠二百五十套袈裟，记录着"为了搞好睦邻关系，加强中缅亲善"，决定捐袈裟一百零八套。这种有点逼迫性质的布施其实经常发生。一位华人校长在一次教师早会上讲道："我们华人挣的钱分成三份，一份生活，一份给孩子读书，一份给政府。"② 另一位华文学校的校长也曾对笔者表达过这样的看法："他们请我们去参加他们的活动其实就是要我们捐钱，但是我们不去不行，不去的话他们会觉得我们不融入。"③

在宗教方面，一些缅人认为华人是不信仰佛教的，"华人在宗教方面，很少啊，他们比较尊重的是他们的老祖宗，他们供'天地'那个牌，他们关于佛教念经的是很少很少的，我没有见到"。④

事实上，华人内部成分复杂，大部分华人并不像以上的缅人说的

---

① 资料来源于2017年7月4日笔者于曼德勒新城区孔教学校对一位缅人的访谈，受访者是缅族和傣族混血儿。
② 资料来源于2017年3月7日孔教学校新城区学校早会时校长的讲话。
③ 资料来源于2016年10月6日笔者于曼德勒福庆宫对李先生的访谈。
④ 资料来源于2017年6月25日笔者于曼德勒新城区对一位缅人的访谈。

那样做非法生意和不信奉佛教,相反,大部分华人安分守己,在宗教上也积极融入当地社会。但是由于一部分华人的反面形象,再加上总体上华人在经济上的优势,使得缅人形成了对华人群体的刻板印象。

  在本研究中,华人的宗教实践是不能脱离社会结构的制约的,所以在展开关于曼德勒华人的宗教实践的分析之前,有必要对曼德勒华人所处社会的宗教环境、政治环境有清楚的认识。缅甸是一个佛教国家,目前缅甸社会佛教民族主义的盛行、华人作为外来移民的历史以及华人拥有的不完整的公民身份是理解华人宗教实践的背景知识。

三、"外缅内华"——曼德勒华人的传统宗教及其实践

从中国移居曼德勒之后,华人把中国民间的宗教信仰带到了当地,在与当地社会文化环境的交融中,选择性地实践中国传统的民间宗教信仰。在曼德勒,华人传统的宗教信仰主要可以分成汉传佛教和民间信仰两部分。① 对曼德勒华人来说,关于传统宗教的实践不仅有精神层面的作用,同时更是凝聚华人社会、传承和延续华人身份的重要因素。关于传统宗教信仰的实践是曼德勒华人使自己不易被同化的重要原因。

1. 此佛非彼佛——曼德勒华人的汉传佛教

华人到达曼德勒的早期,所建的华人庙宇基本上就是观音庙,观音庙是华人宗教信仰的标志,信仰观音是早期曼德勒华人汉传佛教信

---

① 曼德勒的华人信仰具有多元性,同时存在汉传佛教、传统民间信仰、一贯道、基督教和伊斯兰教等多种信仰类型。但是华人主流群体多信仰汉传佛教和传统民间信仰,因为情况复杂,无法在本论文的框架下全部进行探讨和分析,所以本论文主要阐释汉传佛教和民间信仰两部分的内容。

仰的主要内容。目前在曼德勒能看到的观音庙还有几处，有洞谬观音庙、金多堰内里的观音庙、福庆宫的福建观音亭、仁济古庙（不是专门的观音庙，但有供奉观音，广东华人会在观音节日时去拜观音）、广东会馆的旧址——观音古庙、广东和福建籍华人一些县邑级的同乡会的会馆也以观音庙示人，如潮州同乡会的所在地观音古庙等。

曼德勒最古老的观音寺是洞谬观音寺，也称阿瓦观音寺。位于曼德勒南部，建于1773年，距今已有244年的历史。在这200多年中，因为经历了火灾、战争等的摧毁，所以已经历了数次重建和扩建。观音庙内有观音殿和财神殿，建筑类型是中国的传统建筑。由于位置的偏远，现在观音寺所承担的职能不多，但在早期，洞谬观音寺兴办小学、为华人聚会提供场所和为华人停棺提供场地，承担了早期华人会馆的职能。①

除了洞谬观音庙，金多堰内的观音殿、福建观音亭（福庆宫）、仁济古庙是华人在观音节日时崇拜观音的主要场所。观音信仰是华人区别于缅人的文化标志之一。

（1）观音节日里的宗教实践

笔者在田野调查中发现，华人对观音的崇拜分为观音节日里的和日常生活中的两部分。跟观音菩萨有关的重要节日有三个：观音诞辰（农历二月十九日）、观音出家日（农历九月十九日）和观音成道日（农历六月十九日）。在这三个日子里，曼德勒的同乡会都会在会馆内摆素宴招待同乡华人。云南籍、福建籍、广东籍华人都会庆祝这三个

---

① 资料来源于云南会馆内部资料《缅甸曼德勒（瓦城）云南会馆史略》，第42页。

观音节日。

①观音节日里华人的一天

笔者有幸在 2016 年 10 月 19 日（观音出家日）、2017 年 3 月 16 日（观音诞辰）和 2017 年 7 月 12 日（观音成道日）这三天参与观察了曼德勒华人的宗教实践。虽然是观音菩萨的三个节日，但是曼德勒华人并不会细分，所以这三个节日的活动内容都是一样的。在这里，笔者以福建人在观音节日里的宗教实践为例来进行描述。

福建籍华人观音节日的活动是由福建同乡会组织和承办的。根据曼德勒福庆宫福建同乡会会馆的刊物记录，福建同乡会的宗旨是："遵承先辈供养观音菩萨，弘扬中国佛教、维护传统优良风俗习惯及文化古物胜迹，发扬中华固有道德文化民族精神，而发展同乡团结互助互爱、福利事业、主持传统节日及宗教佛教种种事务、完成重整未完成工作和决议、促进同乡感情、协助同乡办理婚丧喜庆等事务。"①而观音节日的活动是福建同乡会关于传承民族文化，支持宗教事务的重要内容。

具体来说，观音节日的统筹安排由当年值班的炉主和妇女慈善会负责，在节日来临之前，妇女慈善会逐一通知已在同乡会登记的各华人家庭，询问是否愿意来参加节日当晚的聚餐。来参加的华人每人需交一定的费用（每年有可能不一样，2017 年是每人交 8000 缅币），不来参加的也可随喜功德金。除了通知各华人家庭，妇女慈善会也会邀请其他华人社团如金多堰妇女慈善会、华侨妇女联谊会等共同参加晚

---

① 资料来源于曼德勒福建同乡会内部资料《福庆宫福建同乡会史略》。

宴，有时中国驻曼德勒总领事馆领事也会来。在观音节日的当天，除了上午来观音庙里拜观音，最重要的两件事就是早上的早斋和下午的晚宴，在观音节日开始之前，慈善会就会确认是否有华人施主愿意认供这两餐素食的费用，从以往的经历来看，几乎每次早斋和晚宴都有施主阖家捐献。

在节日头一天，今年当值的炉主们要准备好观音节日需要的贡品：鲜花、葡萄、芒果、香瓜、凤梨、苹果等，由观音亭的工人洗净摆好。华人来拜观音也会准备这些水果，与缅人不同，缅人供佛最喜芭蕉。

节日当天，早晨6:30左右就有华人到观音庙里烧香。她们带着香、水果、鲜花、观音金和求财保平安的纸钱等来到观音殿。来拜观音的华人中以妇女居多，有的是由家中缅佣接送自己单独前来的，有的是带着媳妇和未读书的孙子孙女来的，全家男女老少一起来的也有，观音节日当天也偶尔有年轻情侣前来拜观音，但并不多见。小孩子把今天当成外出玩乐的经历，他们在庙里面跑跳玩耍，而奶奶试图让自己的孙子拜观音，让观音能保佑自己的孙子平安健康。年轻妇女们许多都身着缅装，但烧香拜佛烧纸的程序非常娴熟，手势到位，一点也不陌生。男人们则帮忙摆放贡品，到观音殿边上的火炉旁烧纸，或者是陪小孩在一旁逗乐玩耍。笔者通过三次观音节日里的参与观察发现，妇女在其中起到了最大的作用。笔者观察询问过一些没有老年妇女陪同前来的华人，他们往往是因为母亲去世前每到节日都前来拜观音，现在母亲去世，他们也按照以往母亲的习惯前来福庆宫，因此，观音节日承载着两代人甚至是三代人的记忆。早斋从早上7:00左右开始提供，早斋一般是炒米粉或者是带汤的米线，只要来观音殿拜观音的华人都可以免费享用早餐。拜完观音之后，华人就在殿外的餐桌上边享用早餐边与其他同来的华人聊天。整个早上，来拜观音的人最多的时候是在8:30到11:00这段时间，超过中午12:00，就几乎没有人再拿着鲜花水果等贡品前来观音殿拜观音了。

下午6:00左右观音节日的晚宴就开始上菜了，所以5:30开始华人就陆陆续续到达礼堂等待就餐。每一年，福建同乡会的观音节日晚宴都在45桌到50桌之间。来参加晚宴的华人多是以家单位的，家人和熟悉的朋友坐在一桌，极少有单独前来而无亲戚朋友陪同的。到达晚宴现场的华人一边等待一边聊天，看见熟悉的朋友还会走过去寒暄一番，而华人侨领们也趁此机会相互引荐，谈论事务，仿佛这是联谊会一般。晚宴正式开始的时候，先由妇女慈善会主持开场白，接着请同乡会会长做简短的致辞，之后大家就吃了起来。来吃斋的华人大多穿着缅甸服装，讲着缅语，连妇女慈善会上台的致辞也是用缅语发言的。福建籍华人穿着缅装讲着缅语来参加观音成道日的聚餐，显得特别有地方性。一个小时不到，参加晚宴的华人就餐完毕之后就各自散去了。这些来参加晚宴的人，如果早上没来拜观音，有些也会趁着晚宴开始前到观音殿里烧香捐功德金。但是下午来的时候，华人一般不会拿花和水果来，就只放功德金。

云南同乡会与广东同乡会也大抵如此——烧香、早斋、晚宴。在人数上也接近，每到观音节日，云南会馆和广东会馆会摆60桌左右的宴席。广东同乡会因地方有限，只能摆60桌，但经常因为来吃斋的人太多而不得不在走道上再勉强地加桌子。广东籍华人不仅自己来吃，有些也会带着自己的缅族朋友来吃。看着携老带幼的吃斋饭的情景，笔者感受到，观音信仰是牵引着华人血脉的绳子，在日常生活中，也许他们是缅化程度很高的华人，但是在观音的节日这一天、这个地点、这个时间给他们创造了一个仿佛与缅甸社会隔绝的只属于他们自己的空间，他们可以尽情地置身于华人的传统文化当中，一点点地回忆和建构自己关于华人的记忆。

②日常生活中的观音崇拜

除了观音节日以外，华人在传统节日如春节时，也会到华人寺庙烧香祈求阖家平安。对于华人来说，如果为了追求心灵的宁静，他们会倾向于去缅人的寺庙打坐听经，如果是为了世间的名利追求，他们更倾向于拜观音，观音对于他们来说，除了是传统文化的象征，也是一个能解答疑惑、满足愿望的偶像。

不管是福建籍华人、广东籍华人还是云南籍华人，大多数华人家中都会供观音菩萨或者挂观音菩萨像。华人并不会像中国人那样会念观音菩萨的名号或者咒语，他们主要的实践就是问卦和祈祷。华人常说观音菩萨很灵，1984年的时候，曼德勒曾经发生过祸及半个城市的大火（84条街和36条街处起火，一直蔓延至81条街和25条街），当时，福庆宫旁边的建筑大都被火烧了，而唯独观音殿毫发无伤，所以福建籍华人认为福庆宫的观音非常灵。金多堰的观音殿、云南会馆大雄宝殿内的观音、金多堰的观音殿等地都是华人们求签问卦的地方。

求签。在曼德勒的华人寺庙里，只要有供奉观音的地方就会有掷筊、求签的签筒、观音灵签签诗供华人求签问卦。有受访者曾经说过，考试压力大的时候也会来求签问观音菩萨。求签打卦是观音信仰里面一个重要的实践，福庆宫至今靠求签打卦的方式选择炉主，华人们也会来求观音菩萨指点迷津。观音菩萨能为华人解开心中疑难的这一特点，是部分华人在有困难或疑惑时愿意来观音庙的原因。

求签打卦的步骤是：

首先烧香，下跪，双手合十，拿起掷筊问观音菩萨"观音菩萨我可以问……吗？"

接着，如果掷出来的是一面阴一面阳（即"圣杯"或"圣筊"），那么信徒就可以问出自己的问题，如果掷不出一面阴一面阳，就说明观音菩萨不同意信徒接着问，如果是这样就只能起身离开不能再问。

最后，问的方式有两种，一种是掷筊、一种是求签。选择掷筊的话，信徒默念自己的问题，然后如果连续扔出三次一面阴一面阳，那么就是肯定的回答，如果不是就一直问。求签，默念自己的问题，然后摇出签筒里的签的序号，根据序号找出对应的签诗。

祈求保佑。观音菩萨之所以叫观世音，是因为她能观世间疾苦，有求必应。所以，除了求签打卦，向观音菩萨祈祷也是常见的宗教实践之一。笔者在田野期间，只要有空，晚饭过后便会到福庆宫与同乡会的理事一起看电视聊天，笔者也经常能够看到来福庆宫运动散步的华人会在运动和散步之余到观音殿内拜拜观音，即使心中无事，也可以拜一拜求个心安理得。

③观音信仰之于华人

首先，从华人内部来说，观音信仰是曼德勒华人汉传佛教信仰的重要内容，且是华人主流社会接受的宗教文化，而华人内部其他不同的宗教信仰，在一定程度上会被边缘化。比如曼德勒华人中有一部分人信一贯道①，信观音的人对信一贯道的人是不太能够接受的。一位华人评价道：

> 一般我们啊，对一贯道不敢碰，我们都歧视它，我们好像都是表面之交，不深交啊，因为一贯道说一样做一样，他是嘴上阿弥陀佛，做就不一定。进入一贯道的教里面就终身不可退出来，一旦你要退出来，就会有人来找你，他的成员很多，会来找你麻烦，别人都不敢跟他们来往。②
>
> 他们就混淆缅甸人，他们不说自己是道，就说自己是佛教。他们说自己是五戒，缅甸人很相信五戒，佛教里面有不杀生啊这种。但是实际上写着五戒的都是一贯道……完全不一样，汉传佛教是真正的佛教，他们的是假的，他们又自己搞了一个，就像一种邪教嘛。现在非法事情就少了吧，就有了汉传佛教的味道，他们一定要吃素，但是鸡蛋又能吃，所以他很多又跟我们汉传佛教不一样。所以你说他是道，他也不是道，是一种独立的宗教体制吧。③

笔者接触过一个华人，有点羞于承认自己是信一贯道的这件事，他一直强调，他是信佛教的，直到别人当着他的面对笔者说他是信一

---

① 在曼德勒，一贯道的道场有道基五戒佛院、常德堂。一贯道自我定位为华人佛教的一种，他们供奉的是未来佛——弥勒佛，他们的宗教场所也自称为佛堂。对于部分不信一贯道的人来说，一贯道是古怪且难以接受的。
② 资料来源于2017年6月2日笔者于曼德勒福庆宫对福建籍华人林先生的访谈。
③ 资料来源于2016年10月6日笔者于曼德勒福庆宫对云南籍华人李先生的访谈。

贯道的时候，他都没有承认，只是低头不说话。信一贯道的华人算是华人宗教信仰圈中的边缘群体。

再有，从华人与缅人的角度来说，在缅人佛教的系统中，并不承认观音的存在，所以观音也是区分华人佛教与缅人佛教的标志。曼德勒华人的观音信仰有以下的特点：

第一，是一种代代相传的习惯。就如笔者在观音节日观察到的现象，年青一代的人愿意来观音殿拜观音是因为长辈要他们跟着来，久了之后就成了一种习惯，即使长辈去世了，年青一代的华人也会按照惯例来拜观音（当然也有偷懒懈怠的时候）。笔者向不同年龄层、不同省籍的华人都问过"为什么来拜观音"这样的问题，他们的回答出乎意料的一致"跟着（妈妈、奶奶）来拜的""没想过为什么，就是父母信，自己就跟着信了"。华人通过节日中的宗教实践以及日常生活中的耳濡目染实现了观音信仰和相关实践的代际传承。

第二，华裔不如第一代华人那么热衷。不管是福建籍华人、广东籍华人还是云南籍华人，第三、第四代甚至有的第二代华人不会像第一代华人那么虔诚。在曼德勒，来拜观音的人大部分是第一代或者第二代还在世的家庭。可能有的家庭已经有了第四代华裔，但是第一代或者第二代华人还在世，所以年轻人就会陪着老人家来拜观音，如果这些老人不在了，那么许多人就来得不勤快了。有一位福建籍华人，以前她的妈妈没去世的时候，早上5点半左右就会一起来拜观音，现在她的妈妈去世了，她来得就迟了，11点半左右才到观音庙，而且只是简单地拜一下，十分钟不到就走了。福建同乡会办公室的工作人员说："我从2005年开始在这里工作，到现在12年了，感觉人就慢慢地少了,从 2011 年左右开始,有些身体不好不能来,有些送的人没有。有些年轻人就是奶奶提醒的话要来的,但是不提醒的话就忘记掉了。有些人就是知道,但是不想去,这个就是她奶奶以前来的,她在旁边陪着,但是自己来拜就不想来。以前这里都挤满了人"。①

第三,观音信仰除了宗教方面的意义,还有保留华人文化核心和维系华人社会交流与团结的作用。福建同乡会几乎每次观音节日都可以接收到来自华人家庭的布施,但同乡会仍然向来就餐的华人收取就餐的费用:"他们提议不要,说既然有人捐献了素餐,那来吃饭的人就不要交钱了,但是慈善会的人不同意,因为他们觉得,如果华人来捐钱,不收的话,一次两次,慢慢关系就会疏远了。"② 从这件事情可以看出观音节日对于联络华人情感与维系华人联系的重要功能。

第四,对观音的崇拜不仅具有宗教方面的意义,也是华人的身份认同能够代代传承的重要因素。在中国大陆,每当观音节日时,信众多在寺庙师傅的带领下放生做功德,而在曼德勒,华人并没有在观音节日放生的习惯。曼德勒的华人在观音节日里的最重要的实践就是到庙里烧香、聚餐等,观音节日更多的是为华人们提供了一个联络的时间和空间。通过对比大陆与曼德勒社会同一个宗教节日下的不同的宗教实践,我们其实可以发现,在不同的环境和需求下,宗教实践是如何被形塑的。

(2) 与中国的汉传佛教互动

随着交通的便利以及通信技术的发展,曼德勒华人与中国的联系

---

① 资料来源于 2017 年 7 月 12 日在曼德勒笔者与福建籍华人杨女士的访谈。
② 资料来源于 2017 年 7 月 12 日在曼德勒笔者与福建籍华人杨女士的访谈。

越来越紧密，受中国的影响越来越大。宗教信息、宗教观念以及宗教物品的流动也越来越多。频繁的互动在一定程度上使曼德勒华人的汉传佛教文化得以传承。

①宗教物品

在曼德勒，庙里的经书和拜佛用具与中国这边的寺庙具有一致性和同步性，宗教物品比如经书、佛教光盘在中国一些佛教组织的运作下能够顺利流通到曼德勒的华人寺庙中。以云南会馆内的大雄宝殿为例，殿内的经书有金刚经、地藏经、普门品等经书，还有一些能供信徒抄经的手抄本，摆设也与中国的无二致。不只是经书，与汉传佛教有关的周边物品也在华人中流通，笔者在所教班级的学生身上发现了一个汉传佛教的护身符，学生说是他的母亲从寺庙中拿来的。这种护身符是由中国大陆生产的，内置梵文、中文两种文字的楞严咒、大随求咒、佛顶尊胜咒、破地狱咒、一字佛顶咒、光明真言、六字大明咒、无垢净光咒等10种咒语，这种类型的护身符在中国大陆也深受欢迎。

宗教人员交流的同时也会伴随有宗教礼物的流动。比如金多堰的大雄宝殿门口的大钟就是由台湾古坑剑湖山慈光寺圆教法师、台湾瑞芳镇金山寺修熏法师及信众一同敬献的。法师参访曼德勒时也会带来经书或者光盘作为礼物赠送给华人寺庙。这些经书和光盘通过华人寺庙向华人家庭传播，实现了其影响力。

除去传统的交流方式，现在微信的发展和普及也为宗教信息的传播提供了平台。笔者接触过的曼德勒华人几乎都用微信，华人寺庙里一些资历较长的能够拥有手机的师父也会使用微信。通过微信，宗教信息能够迅速传播，比如在朋友圈里安德勒华人朋友经常转发一些免费算命、看手相的朋友圈，而信息发布的源头都是中国人。因为微信，华人与中国的信息共享跨越了国界。

②宗教人员

每年中国台湾都会有法师到曼德勒弘法。一些比较有名的法师到曼德勒时，都会引起曼德勒华人信徒的追捧。曼德勒的华人僧侣也经常有到台湾学习的机会，台湾的两所佛学院福智僧团的南海佛学院（简称南海寺）和香光尼众佛学院有让曼德勒华人僧侣到台湾学习佛法的名额。曼德勒的华人寺庙与中国特别是中国台湾的联系非常紧密，根据笔者对一位即将到中国台湾学习佛法的师父的访谈，曼德勒的华人僧侣中比较年长的僧侣很多都是从中国台湾那边毕业的。去中国台湾学习的方式有两种，一种是申请然后考试，考试内容涉及中文水平、写作水平还有佛学的基础知识这三方面。这种申请考试想去就可以申请；另一种是由中国台湾的僧团亲自到曼德勒挑选合适的僧侣，这种方式是不需要考试的，去中国台湾学习的费用全部都由接受的佛学院承担，而条件也并不复杂，只要有一些佛学基础，同时具备高中的中文学历，还有师父本人有想学习的意愿即可。

将要去中国台湾学习的师父对笔者说："到那边从基础，从零开始，从负开始吧，去那边学佛学。"① 这句话让笔者有一丝的惊讶，一个从八岁在寺庙生活，十二岁就出家的十八岁师父会说自己去中国台湾学习佛法是要从负数开始的，这也许能说明在她的心目中，中国台湾代表着佛学的高标准，去中国台湾能够比在缅甸学到更多的佛学知

---

① 资料来源于 2017 年 5 月 14 日在曼德勒笔者与一位到金多堰挂单的师父的聊天。

识。这种崇拜的心理并不是这位师父独有的，在笔者接下来长期的田野过程中接触到的曼德勒各个华人寺庙的师父中也可以发现这一点，她们认为能够接触来自中国大陆或者中国台湾来的师傅是一件非常开心的事情，海涛法师来访的照片被他们挂在了寺庙显眼的地方，她们也对师父所讲的内容深信不疑。云南会馆曾在2016年10月份（在缅甸传统节日点灯节）期间举办过盛大的供灯法会，点灯法会期间请了中国台湾的法师来参加盛会，为曼德勒的华人居士讲经，同时这次的供灯法会点一万盏灯回向世界和平。而之所以有这样的一次法会，是因为云南会馆的主持师父在听闻了中国台湾海涛法师的讲经之后了解到供灯的功德非常大，所以就发心做点灯法会。由此可见中国台湾法师对曼德勒华人寺庙的影响力是非常大的。

曼德勒华人与华人寺庙与中国大陆、中国台湾的交流与互动使得曼德勒华人的汉传佛教信仰更加的稳固和更具有生命力。

2. 本是同根生——曼德勒华人的祖先崇拜

祖先崇拜是人类社会中具有普遍性的文化现象，在人类学的研究中，祖先崇拜是指相信家庭中已经去世的长辈在去世后仍能对后代造成影响的一种民俗信仰观念。① 在曼德勒，华人的祖先崇拜观念根深蒂固，这可以从他们对一小部分不崇拜祖先的信基督教和伊斯兰教②的华人的态度中看出来。一位华人向笔者讲了这样一个故事：当时她

---

① 参见色音：《祖先崇拜的宗教人类学探析》，《内蒙古师范大学学报》（哲学社会科学版）2012年。
② 在曼德勒，总共有基督教堂4所，在教堂内，用中文缅语和中文传道。曼德勒也有华人的清真寺，寺内用中文交流。

还在缅北山上住的时候,她村里有个人去过阴间,那个去过阴间的人回来跟大家说,千万不要信基督教,因为那些家里供着家堂的人,他们因为后代给他们献祭,所以他们非常富有,吃不完的东西可以拿到街上卖,而那些信基督教的人只能到街上去卖花圈,很可怜。这位华人最后感慨道:"我们以后死了就归这里了……他们也不拜家堂,不知道死后要归哪里。"关于这位华人所讲述的故事的真伪其实难以辨别,但从这个故事中可以看出华人对于祖先的重视程度。

(1) 家堂

华人习惯在家中供奉祖先牌位,或者在家中悬挂祖先的照片,有些家庭每日上香,有些家庭在清明节、中元节、春节、中秋等华人传统节日及祖先忌日时才会给祖先上香。

①云南人的家堂

云南人家中都有家堂,进门正对着的地方一般就是他们供奉家堂的地方。家堂上分别供奉灶君、天地君亲师位和家族历代祖先牌位。以一家云南人的家堂为例,家堂上的牌位分别写着"奏善堂——侍奉东厨司命奏善灶君神位——搬柴力使——运永郎君""五福堂——天地国亲师位——把财童子——利市仙官""流芳堂——富贵陇西郡郭氏宗祖灵位——源远流长——根深枝茂"三个牌位并列摆放在一起,分别以三个香炉供奉(有的人家只用一个香炉)。有时云南人会用"天地君亲师"来指代家堂。如果问曼德勒的云南人,华人最重要的文化是什么,云南人无疑会说是"天地君亲师位",家堂上供奉着的"天地君亲师位"或者是"天地国亲师位"牌位表示这华人要"敬天""顺应天地""爱国忠君""孝亲""尊师""定位"。①

重视祖先的家庭的家堂是每日早晚都要上香的。在曼德勒田野调查期间,笔者一日三餐在学校的工人家解决,有时笔者吃完晚饭,无事时便会在她家中与她闲聊。因此笔者经常听见她向小孩催促"欸,快点烧香,今晚还没有拜呢",她一连说个两次,就会从房间窜出一个孩子迅速点香,三鞠躬,插香,流利地完成一套动作。孩子拜完之后,校工便会欣慰地微笑,每每如此,笔者都见怪不怪了。因为家堂供奉在一进门所对着的墙边,位置非常显眼,而且需要每日上香(家长们会让孩子来完成每日上香的任务),在重要节日比如春节、清明节、中元节,重要人生仪式如婚礼、丧礼更是要拜家堂,所以家堂对华人及其后裔的影响力很深。

②广东人、福建人的家堂

曼德勒的广东人和福建人也会有家堂,但与云南人供奉的"天地君亲师位"有一定的差异,云南人的家堂在形式上非常统一,而福建人和广东人的家堂有一定的随意性,且在内容上没有那么复杂。就笔者接触过的福建人和广东人,有一些华人家庭只在家中供奉逝者的照片,用照片代替正式的祖先牌位。照片前面放上香炉,在节日中用香、水果、米饭等祭拜他们。另一些家庭会摆放神龛,神龛摆放在一进门对着的墙边,神龛上面供奉祖先牌位。以一家朱姓华人为例,他的家中供奉的牌位是"沛国堂——上历代祖妣(考)之神位",牌位上写着逝去祖先的名字,其中,沛国堂是朱氏的堂号。

---

① 周兴成:《天地君亲师位的家族文化启示》,《乾圆国学杂志》2016年第1期。

福建人和广东人在家中一般都会供土地公，福建人称为福德正神，广东人称为大伯公。

③家堂与华人集体记忆的建构

家堂是子孙对祖先的怀念以及相信已故的祖先能够为后代子孙带来昌盛的象征物。家堂对于华人的重要性可以从受访者的一句话中体现出来，当笔者问为什么一定要拜家堂时，他激烈地强调："意味着没有忘祖宗啊，骂一个人忘祖宗这个对于我们来说是最大的伤害了"。① 这位受访者是第三代华人，他认为，拜家堂是身为华人都必须要做的事情。还有，拜家堂也意味着在死后的世界中会有自己容身的地方，就像那位跟笔者讲故事的华人说的："我们以后死了之后就归这里了……他们也不拜家堂，不知道死后要归哪里。"祖先崇拜是华人信仰的重要组成部分，而家堂是祖先崇拜的内容中最贴近华人生活的部分，家堂是维系在世的人与祖先的记忆与联系的"物"。

更重要的是，对于曼德勒的华人来说，家堂不仅表示着华人的祖先崇拜，同时也是作为外来移民的华人族群身份的标识和华人文化能够延续的重要资源。在笔者的田野调查中发现，家堂是承载着华人集体记忆建构的"物"，家堂这种物件对华人集体记忆的建构起到了很大的作用。

一方面，因为有家堂的存在，华人不易改变对自己族群身份的记忆：

---

① 资料来源于 2016 年 10 月 9 日笔者在曼德勒伊洛瓦地国际学校内对云南籍华人刘先生的访谈。

拜家堂有一个好处，我们很难变。我们几代人了，但是我的孩子普通话讲得比我好。现在我们去中国有一个烦恼，我们说我们是外国人，别人说我们吹牛，可是我们真的是外国人。为什么说拜天地君亲师位我们很难变，前面三个太大了我们就不说了，"亲"要认祖归宗，嫁鸡随鸡嫁狗随狗，这个东西它为什么难变呢，你只要拜着，你有家谱嘛，家谱告诉你你是哪一支的，哪个郡的，你的根在哪里你就摸得着了嘛，你的坟在哪里你就摸得着了嘛。①

不管是受访者还是他的后代，家堂让他们记住了自己的华人身份。通过家堂，华人能够建构移民前的历史，这对华人的身份认同以及身份延续是极为重要的，家堂的存在是华人在族群认同方面不易被改变的重要原因。因为家堂的存在以及拜家堂的实践活动，使生长在缅甸的也许连中国都没有来过的华裔建构出他们的"根"，维持关于华人族群的集体记忆。

另一方面，华人也依靠家堂来争取保持作为少数族裔的文化的特殊性和差异性，借家堂建构出华人在缅甸社会长期生存和发展中区别于缅甸主流文化的自己的文化：

我家里有释迦牟尼佛，也有观音菩萨，家里也会供祖先牌位。像我家有三层，最高的一层我放着佛像，祖先牌是一进门对面就

---

① 资料来源于2016年10月9日笔者在曼德勒伊洛瓦地国际学校内对云南籍华人刘先生的访谈。

放着，土地神也有。其实我比较信缅甸的小乘佛教，我看的经书，我比较接受小乘佛教的解释，但是中华文化我不会丢失掉，比如说缅甸人不会拜死去的人，但是清明节去扫坟我有，小乘佛教他们不信，以我来讲，这个不是宗教的问题，是信仰方面的，传统的我会保留着，以宗教来讲，不拜也没问题，因为有些缅人是不接受的。①

受访者表示他其实更信缅甸的南传上座部佛教，同时强调信仰南传上座部佛教的缅甸人不会像华人一样拜祖先，但是他却坚持在家中供奉祖先牌位以及拜祖先。之所以这样是因为拜祖先是华人的传统，所以即使他并不热衷于信仰祖先，但是他却坚持拜祖先。从这里可以看出，家堂是用来区分华人与缅人的重要"物"。有家堂的是华人，缅人只拜佛祖。所以家堂标识着华人的族群身份，通过对家堂的不断地敬拜，华人族群文化的特殊性也通过家堂一代一代地延续下去。

曼德勒华人，不管是云南人、福建人还是广东人，家堂都依照在国内时的模样摆放，将祖先崇拜的文化核心细细地传承着。去国万里，祖先是最能抚慰华人心灵的文化，也正是移民文化的特点，使得祖先崇拜具有了更深层次的内涵。总结来说，家堂对华人来说不仅是一种信仰，它也是华人集体记忆的承载物。家堂让在生活方式上已经缅化了的华人能够不忘记自己的华人血统。笔者遇到过的华人中，很多已经连中文都听不懂了，但是不会忘记自己是华人，因为家中供奉着家

---

① 资料来源于 2016 年 10 月 11 日笔者于曼德勒仁济古庙内对广东籍华人李先生的访谈。

堂。存在于华人家庭的家堂以及相伴随的供奉、烧香等实践存在的意义已经超越了原先的子孙与祖先的关系，是华人不易被同化的重要原因。家堂对华人的集体记忆的建构有着重要的作用，一是从祖先崇拜的角度：不忘祖；二是从族群的角度：不忘华人身份。于家，家堂是对祖先的尊敬；跳出家族、祖先等小范围的祖先记忆，于华人族群，家堂是标识华人身份的"物"，家堂是华人集体记忆建构的重要存在，这是移民赋予家堂的新含义。

(2) 华人丧葬

在接触当地华人的丧葬文化之前，笔者曾在曼德勒遇到过一件事，让笔者对华人在缅甸如何处理逝者遗体有了一点直观的感受。2016年9月份，一位到缅甸挖矿的工人因工伤意外去世，除了补偿问题，如何将逝者骨灰合法带回中国是最为重要的事情。在缅甸华人翻译的帮助下，笔者参与观察了逝者遗体从殡仪馆到变成骨灰罐里的骨灰的全过程。

在处理好相关的手续问题之后，家属只需要等到将逝者遗体焚化成骨灰便可带回中国。在焚化遗体的过程中，笔者看到中缅双方人员的相互妥协。2016年10月5日，早上8点钟出发去殡仪馆取尸体，缅人对于处理遗体没有太多的忌讳，只需要准备好椰子水以洗净身体即可。而同去的矿老板要求进殡仪馆的所有人都要系上红布条辟邪。在到焚化厂之前，家属提出要烧纸钱，华人翻译就带着大家到唐人街买了香、纸钱（白钱、黄钱）和酒。接着回到殡仪馆，我们就和移民局、警察局的人一同前往火葬场了，殡仪馆的车拉着尸体走在我们前面。大约9点的时候到达了火葬场。在我们到达之前，火葬场的工作人员就已按照死者家属的要求，将焚化炉中其他人的骨灰清理出来。

把尸体放到焚化炉之后，家属再一次提要求，希望能够将纸钱和酒洒到遗体上以做最后的道别。离开焚尸间，家属在外面找了个位置，朝着房间的方向跪下，烧香和纸钱并把酒洒到了地上，拜了几拜。在操办尸体焚化这件事情上，不同背景的人相互妥协，最终形成了掺杂多种风俗的处理尸体的过程。缅人的"椰子水"、矿山老板的红布条、家属的纸钱和酒、移民局建议的透明罐（骨灰装在了透明的罐子里，因为过海关的时候方便）。

这件事情让笔者思考，既然华人与缅人在丧葬文化上存在着很大的不同，那生活在缅甸的华人在何种程度上坚持自己的文化，又在何种程度上吸收融合缅人的丧葬文化呢？是否华人的丧葬文化会受到当地文化的影响？

①丧礼

笔者在田野期间参加过云南籍华人和福建籍华人的丧礼，更是经常出席云南籍华人丧礼的宴席。虽然不同籍贯的华人的丧礼有些祭词等细节的不同，但主要流程一样，丧礼的主要流程都是通知、祭拜、下葬。所以笔者以参加的福建籍华人的丧礼为例。家属在逝者将要去世的时候就开始做准备，通知各地亲戚、曼德勒同乡会等前来参加丧礼，同时到同乡会商量坟地位置等相关事宜。去世后，遗体会在家门口（有些云南人会选择将遗体停放在云南会馆）停放三天。

第一天，前来帮忙的人主要是关系亲近的亲朋以及同乡会义务帮忙的董事，来的人帮忙准备一些丧礼所需物品。大家需要准备好鲜花、水果、蜡烛、香、纸钱等祭品，以及为来参加丧礼的朋友回礼的礼包（塑料袋里装上瓶装矿泉水、香皂、毛巾、糖果）。第一天来的亲属和同乡会董事,会帮着家人准备这些东西,而妇女们坐在一起折纸钱,聊天,安慰死者家属。文化水平高一点的华人会主动负责登记礼金,第一天来给礼金的人相对第二第三天较少。

第二天,逝者家属请来了金多堰的师父为逝者超度,直系亲属跪在台前合掌聆听,师父们则连续念诵经文超度亡者。第二天前来吊唁的人比第一天多了起来,大家给完礼金便坐在一旁与相识的人聊天,妇女则多主动帮着忙前忙后。到了晚上,福建同乡会、曼德勒建德堂和福建妇女慈善会代表福建籍华人前来吊唁,只要曼德勒有福建籍的华人去世,同乡会、建德堂和慈善会就一定要派代表来帮助逝者的家庭操办丧事并敬献花圈。

第三天,是丧礼的最后一天,这一天,远在国外的亲属也终于赶来。等全部重要的亲属都到齐了,同乡会的一位董事便为家属主持了一场告别仪式。首先是亲属的道别,流程是:一鞠躬、二鞠躬、三鞠躬;一上香、二上香、三上香;三跪九叩;一敬酒,再敬酒,三敬酒,叩首。亲属拜别之后,前来吊唁的朋友就轮流来鞠躬上香。因为同乡会等社团代表已经在昨晚就献过花圈,所以今天同乡会便不再以社团的名义前来送别。等到所有来参加丧礼的人都鞠躬上香之后,便可将逝者送到福建极乐山庄下葬。至此,一个简单但具有代表性的福建籍华人的丧礼就结束了。

在这个个案中,逝者所在的家庭是一个缅化程度相当高的华人家庭,家属只知道自己是福建人,保留了一点福建人的习俗如供奉观音和拜祖先,而在生活方式上已经完全如缅人一般——穿缅装、讲缅语、不懂中文。在逝者将要去世前,家属们就对是按照缅人还是按照华人的习俗置办丧礼有了很大的争论。逝者在去世之前说过，死之后不用买地皮下葬，直接像缅甸人一样火化，之后把骨灰安置在福建极乐山庄的墙洞中即可。但是逝者的妻子和逝者的哥哥在逝者去世之后联系同乡会，希望能按照华人的习惯为逝者封棺下葬，并拿出一百五十万缅币买下了一个双人的墓地。同时因对华人的丧葬习俗一无所知，只能到同乡会请求同乡会派人指导丧礼事宜和主持丧礼现场。与逝者的妻子和哥哥不同，逝者的弟弟认为应该尊重逝者生前的想法，将逝者遗体火化而不用再花钱买墓地。因为家属中多数人还是支持土葬，希望能给逝者一片安息的地方，所以最后家属还是在同乡会的帮助下为逝者举办了简单的丧礼并封棺下葬。在处理逝者遗体这件事情上，大部分福建籍华人较多还是沿袭传统，以土葬为主。逝者去世后的三年内，每到逝者的忌日，华人都会到华人寺庙或者缅人寺庙请师傅超度逝者，是去华人寺庙还是缅人寺庙则由各华人家庭自行决定，有些福建人会同时邀请缅人僧侣和华人僧侣轮流念经。

与福建籍华人相比，云南籍华人的丧礼显得隆重一些，因为丧礼宴席对于云南籍华人来说是丧礼中必不可少的事项。在逝者去世第三天，云南人会在云南会馆或是家中摆宴席，请前来吊唁的亲朋好友吃席，等所有人都拜别过逝者后，前来吊唁的人便可入座吃饭，而亲人则到云南坟山为逝者送葬。云南人在家属去世后多将逝者停放在云南会馆，如果家中有足够的地方也可将遗体放置家中。

总结来说，虽然有些华人家庭在丧礼方面会受缅甸文化的影响（最明显的两点是：是请华人师父还是缅人和尚；是土葬还是火葬），但总体来说，在观念上和形式上华人的丧礼还是以华人的传统为主的。① 关于华人丧礼，同乡会起到了关键的作用。一是能为华人丧礼提供一个举办的场地（云南会馆）；二是能够为不清楚丧礼如何操办的华人提供丧礼礼节的指引。只要是在同乡会登记的华人家庭有人去世，同乡会的董事都必须出席并代表同乡华人敬献花圈，所以参加丧礼是同乡会董事们出席得最多的场合之一。

上述华人的一场丧礼，体现了华人对传统文化的坚持。丧礼是华人维护族群差异性的重要内容。

②华人坟山

"德莫大于厚葬骨骸，功莫大于施及泉壤，而况梓桑情隆，骨肉攸关，仁人君子能无不动于心乎。"② 这是云南华人旧公墓的碑文上的一句话，厚葬骨骸是曼德勒华人在丧葬礼仪中很重视的事情。

缅人多兴火葬，遗体运到火葬场火化之后，并不会认真处理骨灰。笔者去过曼德勒郊外的火葬场，只见从焚尸炉里扫出来的骨头被随意安放在火葬场的路边，而且所有尸体的骨头被混在了一起。缅人也是拜祭祖先的，但是他们对待骨灰态度与华人有很大差别。曼德勒的华人不同于缅人，他们极其重视死后是否有安身的地方，只有找不到后代认领的遗体才会被烧成骨灰放在骨灰坛里。云南公墓和福建极乐山庄的安置骨灰的墙洞，广东山场的万安坟都是用来安放无人认领的骨灰的。有一些华人在去世前会叮嘱自己的后代千万不要火葬，"很多

---

① 在曼德勒的华人中，一部分"山上下来的新瓦城人"是完全按照道教的习惯进行丧礼的，只是云南会馆在1998年3月份的时候明确规定，如果在云南会馆举办丧礼，不能按照道教的方式举办。能被华人内部主流社会接受的丧礼是不能过于宣扬的。

② 云南人的旧坟山旦拔瓦底坟山碑文。

人怕火的，他们死之前都跟孩子说不要烧了她，要埋了"。①

现在，华人坟山位于曼德勒的郊外"珍尼干"，这片地区是曼德勒市政府专门划分给曼德勒市民的坟山。在1990年以前，各省籍华人的公墓都在各自购买的地方。广东和福建的在曼德勒东面，云南的在曼德勒南面，随着曼德勒城市的扩张和曼德勒市政府重新规划的需要，曼德勒市内的坟山需要全部迁到郊外。曼德勒市政府在曼德勒市郊为华人划分了专门的墓地，现在华人公墓有四个：云南公墓、福建极乐山庄、广东山场和多省籍联合会公墓。四个华人公墓相邻而在，其中，因为云南籍华人较多，所以云南公墓占地面积最大。一位侨领认为华人坟山是华人在异国他乡的三宝之一，坟山作为华人逝后的长眠之地，不仅能团结同乡，也对保护华人的传统丧葬文化有至关重要的作用。②

不同省籍的华人坟山的设立形式有所不同。云南公墓内设公祭亭、后土、殡仪厅，同乡会有专门的施棺组和墓园组负责云南人的施棺工作以及墓园管理工作。福建极乐山庄设有诵经亭、福德祠、福建总坟。在诵经亭拜的是旅缅曼德勒福建人同乡，福德祠即是土地祠，总坟处在山庄的最上方，那里安葬的是没有后代处理的墓碑的孤魂。广东山场设有大伯公，各姓氏、各堂总坟，万安坟。一般情况下，只有在同乡会登记的华人才能葬入公墓。③

---

① 笔者与笔者的缅文老师闲聊时得来的资料。
② 福庆学校的老校长李先生认为华人三宝分别为宫庙宗团、文教机构和华人坟山。
③ 值得一提的是，在曼德勒的果敢人去世之后也葬在云南公墓里，在果敢会馆建成之前，果敢人都是到云南会馆进行登记的，现在果敢人不仅在果敢同乡会登记，同时也会在云南同乡会登记，因为果敢人在情感上认为自己是云南人，而且在云南同乡会登记过后便能葬在云南公墓里。

目前福建极乐山庄和广东山场还有很多空位，但是因为近年来在曼德勒的云南人人数不断增加，在云南公墓下葬的云南人也越来越多，云南公墓空位日趋紧张。云南会馆意识到了这一问题，所以就买下了一片土地打算作为新的云南公墓，只是曼德勒市政府已经不再允许买地作为公墓之用，所以这个问题一直困扰着云南会馆的理监事们。有些人认为等到公墓空位用完，只能像缅人那样火化，华人封棺下葬的风俗会受到影响；而有些人还是坚持认为，总有办法能让政府批准公墓用地的。

华人坟山的存在是华人丧葬风俗能够得到延续的物质基础，同时，华人坟山和华人丧礼是华人坚持华人祖先崇拜的前提。

(3) 节日祭祀

华人在清明节、中元节、春节、祖先忌日、结婚等节日和人生礼仪中需要拜祖先，其中清明节是曼德勒华人祭祀祖先最隆重的节日。华人家庭的祭祀分为家祭和墓祭两部分，除了以家庭为单位的祭祀之外，还有以同乡会理监事代表同乡到坟山祭拜旅缅同乡的公祭。曼德勒华人清明节的祭祖时间是清明节当天以及清明节的前十天和后十天。

笔者曾在2017年3月27日和2017年4月4日分别参加了广东朱家馆、福建同乡会和云南同乡会的清明节公祭。曼德勒的各省籍同乡会每年清明节的时候都会有理监事成员代表同乡前往坟山祭拜祖先。广东同乡会的理监事会在清明节当天代表曼德勒的广东籍华人到坟场拜大伯公，同时广东的各个姓氏馆也会代表同姓氏的同乡华人祭拜大伯公和姓氏总坟以及自己姓氏的万安坟。福建和云南同乡会只有同乡会理监事在清明当天去坟山祭祀一次，相比来说，广东籍华人的公祭活动更多。

清明节作为华人祭拜祖先的最重要的节日，既是维持华人传统文化核心的重要实践，也能从中看出华人与缅甸文化的妥协与博弈。华人坟山转移到这个新场地之后，华人祭拜祖先的祭品发生了一点细微的变化，广东和云南同乡会在祭拜的时候不用猪肉了。关于事情的起因有两种说法，一种是广东籍华人的说法：广东坟山搬迁之后，不断有华人出事，大家说是这里的山神不喜猪肉，遂来坟场祭拜的时候都不带猪肉来。① 另一种是云南籍华人和福建籍华人的说法：刚搬来这里的时候，当地人就跟华人说这里的山神是不吃猪肉的，让华人拜祖先的时候不要拿猪肉来。因此广东同乡会和云南同乡会在祭祀的时候祭品里面就少了有传统特色的烤猪，而福建同乡会对此并不理会，会长说："反正我们华人的神是很喜欢猪肉的。"② 虽然广东同乡会拜祖先是不带烤猪的，但是广东的一些姓氏馆近两年来恢复了用烤猪祭祀的习惯，比如说朱家馆在今年的清明节祭拜活动中就带了两只烤全猪，当笔者问及为什么又恢复了带烤猪来祭拜的习惯时，一位同行的华人回应："嗯，是，前几年是不拜猪肉，但是现在也没关系的。"这种反复是很有趣的现象。他们看到渐渐地风声已过，便带有"打擦边球"心理，他们内心上还是很坚守自己的风俗习惯的，所以在带不带烤猪这件事情上能看出华人传统文化与当地缅人习俗的博弈。

综上所述，祖先崇拜是曼德勒华人维护华人核心文化的重要内容。华人在节日和人生礼仪的重要时刻都要祭拜祖先，祖先崇拜是华人身份认同的重要资源。

---

① 段颖在他的文章《区域网络、族群关系与交往规范——基于中国西南与东南亚田野经验的讨论》中曾提及广东同乡会祭祖时不用烤猪的情况，因此笔者在跟随各同乡会参加公祭时特别关注了这一现象。
② 2017年4月4日早晨福建同乡会会长于福建极乐山庄所说。

四、"佛祖保佑"——曼德勒华人的南传佛教实践

缅甸是一个信仰南传上座部佛教的国家，其文化具有浓厚的宗教性。虽然缅人也有人信仰基督教、伊斯兰教以及万物有灵，但这并不妨碍南传上座部佛教在缅甸的地位。笔者认为缅甸的宗教文化具有"多元并存"但"一元独大"的特点。曼德勒华人能够非常清楚地意识到这种社会环境，所以在谈及华人、缅人以及印度人时，华人总会强调印度人在宗教上与华人和缅人的不同，华人认为，宗教上的不可磨合是印度人与缅人冲突激烈的原因："其实，华人与缅甸的关系挺好的，你看，我们华人跟缅甸人没有什么大的冲突，但是印度人就不一样了，宗教信仰不一样，别说缅甸人，我们华人也不能接受伊斯兰。"① 受访者将族群关系好坏的原因归结于宗教，一方面这可能是受访者个人对宗教影响力的夸大，另一方面也是受访者个人对宗教在缅甸社会的重要地位的清醒认识。在田野调查的过程中，但凡笔者提到

---

① 资料来源于2017年笔者在曼德勒期间，在一家华人餐馆就餐时与餐馆老板的聊天。

宗教，访谈对象总会特地强调宗教的重要性。比如，一位福建人说："宗教肯定是重要的，肯定，尤其是在缅甸，你对佛教一定要尊重，假如对佛教不尊重的话，一切免谈，佛比父母还重要，对父母你都没有跪下来膜拜，但是对和尚你要跪下来膜拜。"① 华人不仅明白宗教在缅甸的地位，而且也清楚宗教对华人争取更好的生存环境的重要性，另一位受访者说："我们真正的当地的华人，一定要懂得缅甸的这个风俗习惯，思维活动，所以一定要融入主流，不然的话我们长期的生存是很危险的，第二次反华也是不能排除了，所以我们就很注意这个文化融入，宗教融入这一方面。"②

笔者认为，不只是上述的受访者，不管是华人精英还是普通的家庭与个人，不管是同乡会还是学校等华人社团，曼德勒华人社会都有对缅甸社会宗教文化的敏锐洞察力。敏锐的洞察力带来的对社会现状的理解使得曼德勒华人不可能忽略南传上座部佛教在缅甸的影响。所以，除了有自己传统的宗教实践，曼德勒华人也重视对缅甸当地的宗教——南传上座部佛教的实践。

华人的宫庙宗团③和华文学校对曼德勒华人社会的维系起了主要的作用。宫庙宗团负责维系日常的华人活动，而华文学校为华人文化的传承与延续提供场所。从这两个方面出发，便能大致看清曼德勒华人是如何通过宗教实践来维系华人社会的。在这一章，笔者将从华人寺庙、同乡会、宗姓团体和华文学校四方面来阐释华人是如何以"佛

---

① 资料来源于2017年6月18日笔者于曼德勒福庆宫内对福建籍华人林先生的访谈。
② 资料来源于2016年10月6日笔者于曼德勒福庆宫内对云南籍华人李先生的访谈。
③ 宫庙宗团是曼德勒的华人对华人寺庙、同乡会、宗姓团体的统称。

的名义"进行实践和维护自身社会发展的。

1. 曼德勒华人寺庙的南传佛教实践

回顾曼德勒华人社团的发展历史,可以知道华人初到曼德勒时最先建造的就是庙宇,他们先是建土地祠和观音庙,之后才发展出了同乡会。如福建同乡会最早是福建人建造了福庆宫,慢慢福建人多了才在福庆宫内组建同乡会的。所以华人庙宇是华人最早的落脚点和集会点,从诞生的最初就承担着为华人提供联络和活动空间的职能,华人寺庙不仅仅是华人宗教信仰的场所,也是华人重要的社会活动空间,华人寺庙有华人会馆之作用。

笔者在梳理曼德勒华人寺庙资料的时候发现了一个细节,华人初到曼德勒时只盖观音庙和土地祠,没有任何一所华人的寺庙会供奉释迦牟尼佛祖。而到了20世纪80年代,重建或新建成的寺庙建筑则都是大雄宝殿,即使因资金、场地等原因无法建大雄宝殿,也会把寺庙修建成供奉释迦牟尼佛的地方。[①] 笔者认为,这种现象绝非偶然,需要把它放在缅华社会的发展脉络中加以考察。

缅甸独立后,反法西斯同盟时期(1948—1962)的缅甸华人经历了缅华社会发展的黄金时期,只是到了1962年后的吴奈温军政府执政时期,华人遭遇了缅华社会史上的大灾难。大缅族主义以及佛教民族主义盛行,且"缅甸式社会主义"使得华人在政治、经济、教育、社团各个方面都受到了重创。在这样的背景下,经历了吴奈温政府执政

---

① 1983年云南会馆盖大雄宝殿;1982年广东同乡会建仁济古庙,庙中供奉释迦牟尼佛;1993年,洞谬观音寺盖大佛殿等。

时期的"缅甸社会主义"的华人在宗教实践上有所改变。他们不再像以前只盖有华人特色的观音庙、土地祠,而是建造供奉着释迦牟尼佛祖的大雄宝殿,即使不盖大雄宝殿,华人所盖的庙也会将释迦牟尼佛供奉在最中间。大雄宝殿既可以供奉释迦牟尼佛祖,也可以供奉观音,是既维护华人传统,又能与缅甸佛教文化相呼应的建筑,建大雄宝殿是一种折中的方式。华人对释迦牟尼佛祖的重视体现了华人从宗教的角度对缅甸社会环境变化做出的反应,笔者以曼德勒最具有代表性的华人寺庙金多堰①为例来说明华人是如何通过大雄宝殿来进行南传佛教的相关实践的。

(1) 金多堰的历史

关于金多堰的地名,流传着这样一个故事:

> 早期的云南华侨来到曼德勒时,有一天,有缅人用缅语问一个云南人:"你从哪里来",云南华侨想表达"我从很远的地方来",又因语言生疏,所以用中缅文掺杂的言语回答道:"金多从很远的地方来","金多"是缅语"我"的意思。这句中缅语混杂的回答就是"金多堰"名字的来历。

这个故事在笔者刚到曼德勒的时候,就有华人不断地跟笔者说起,

---

① 笔者认为,金多堰是曼德勒华人社会中最重要的社团。金多堰不仅是曼德勒最有名的华人寺庙,也是各省籍华人共同参与运营的社团。金多堰在曼德勒已经有三百多年的历史,笔者把金多堰当成一个考察的重点,不仅是因为它悠久的历史,更重要的是在当下,它已被侨领们建构成一个重要的社团活动场所,它的意义远超过"是华人的庙宇",它是曼德勒华人借助宗教而建构社会的符号。

笔者之所以强调金多堰的名字的由来，是因为由华人们讲述的金多堰名字的故事可以发现"金多堰"在一开始就是一个"中缅混血"，金多堰这三个字是华人在初来之时便乐于接受缅甸文化的象征。而今，金多堰也是一个沟通华人与缅人之间的桥梁。

金多堰最初是一座土地祠，所以华人习惯称之为金多堰土地祠。其具体建成时间没有明确的记载，土地祠内的旧的碑文也因战争原因没有保存下来。目前祠内历史最久的碑文是1962年决议重修土地祠之后所立（立于1965年土地祠重建建成那年），在此1965年所立的金多堰土地祠重建碑文中关于金多堰建成时间的记载有一处："瓦城金多堰只有土地祠也乃滇侨先贤所建自明末迄今垂三百余年为全缅最早古迹之一。"同时根据2007年云南同乡会整理的史略推测，金多堰有可能建成于公元1660年后，也就是明朝永历帝逃往缅甸那段时期。笔者通过对曼德勒华人的访谈发现，这些记载只是华人侨领们推测的而已，虽然他们的推测缺乏史料的支持，但他们并不深究，只说金多堰距今已有将近360年的历史。

笔者通过查看相关碑文和史略并结合访谈所得，梳理了关于金多堰的重要事件。1924年，金多堰部分园地曾被棚户占领，华侨解敦明与棚户诉讼胜诉后收回园地，并筑围墙；1942年金多堰仍保存完好，只是第二次世界大战之后，金多堰变成断壁残垣，一片荒凉。1962年农历二月初二土地诞辰时，曼德勒先侨见金多堰满目疮痍，便于同年农历三月十三日借云南会馆召开全曼德勒侨胞大会，最后通过了重建土地祠的决议。当时的重建，是集全曼德勒各省籍华人之力完成的，从1962年农历六月十五动工，历时三年完成所有建筑。在那次重建中，新建了观音殿一座，新建的观音殿与土地祠相邻。根据其中一位侨领的回忆，盖观音殿的原因是为了借观音殿来保护土地祠，有了观音殿，金多堰就是华人佛堂，这样缅甸政府就不会找金多堰的麻烦。①

虽然金多堰有三百多年的历史，但是它真正在曼德勒华人中发挥影响力应该是从 1962 年开始的。从 1962 年的那次大会之后，金多堰作为全曼德勒华人共同之社团的地位开始显现。从 1962 年起，每年的土地公（福建籍华人称之福德正神）的诞辰，各省籍华人都会到金多堰聚餐，每年都以抽签打卦的方式决定负责承办宴席的社团，共同庆祝土地公诞辰。金多堰土地祠第一届管理委员会从 1962 年持续到了 1992 年，到了 1992 年，同侨组织代表改选金多堰土地祠管理委员会，并规定每四年换届选举一次。主席由不同省籍华人轮流担任，在制度上保证金多堰是一个全体华人的联合组织，而不是同乡会。

（2）大雄宝殿与金多堰的"新历史"

从上述笔者梳理的金多堰历史发现，早期拥有土地祠和观音庙的金多堰完全就是一个以保留自身传统文化为宗旨的华人社团，当时的金多堰虽是寺庙，但是与缅人的佛教相去甚远。

①大雄宝殿的建成

金多堰新历史的开始源于 2009 年的一次会议，2009 年，金多堰土地祠管理委员会主席李先瑾邀请曼德勒各大同乡会代表，商量金多堰改组和扩建事宜。会议决定了两项任务，一是在土地祠和观音殿的旁边建一座大雄宝殿和老人休养中心；二是改金多堰土地祠管理委员

---

① 资料来源于 2017 年 6 月 5 日笔者于曼德勒明德学校对明德学校校长的访谈。

会为金多堰慈善总会。① 会议之后，金多堰从单纯的华人寺庙变成了供奉缅人佛祖的寺庙，从华人社团变成了佛教徒慈善会。早在2004年，金多堰的主任委员李先瑾先生就花费了两千一百万缅币购买了金多堰旁边的四间地皮无偿捐给金多堰土地祠管理委员会以备金多堰扩建之用。所以会议通过了这两项决议之后，于2009年11月动工，历时4年，于2014年完工，并在2014年2月23日至27日举行了开光典礼和法事。大雄宝殿开光典礼请了仰光、勃固、南帕敢观音寺的华人僧侣，中国德宏、昆明的中国僧侣以及缅甸高僧共80位参加开光活动，并邀请曼德勒的军区司令揭牌。在开光典礼之后，慈善总会布施给每位僧侣30万缅币，负责人认为缅甸人重视布施，所以在金多堰开光之际，一定要将对缅人僧侣的布施做得非常隆重。为了表示对大雄宝殿的重视，金多堰慈善总会组织了隆重的法会，中缅的僧侣轮流用各自的语言诵佛经，慈善总会在华文报纸和缅文报纸投放开光典礼的请帖以及功德凭据书，以起到广为宣说的作用。2014年大雄宝殿开光典礼以及法会声势浩大，不仅在缅甸华人社会中，在曼德勒宗教部等缅方官员中也都影响甚大，大家一下子就知道了金多堰大雄宝殿落成的事情。

新建成的建筑有三层，一层用作各个在金多堰挂牌的社团的办公室；二层是礼堂，是供华人聚会的场所；三层是大雄宝殿。大雄宝殿内的陈列与中国的大雄宝殿别无二致，唯独释迦牟尼佛雕像与中国的不一样。金多堰大雄宝殿中的释迦牟尼佛像为缅甸的汉白玉所造，且

---

① 关于金多堰大雄宝殿建成前后的相关资料来源于曼德勒华人寺庙金多堰慈善总会的内部资料《缅甸曼德勒金多堰大雄宝殿落成开光》。

佛像的衣饰也与缅人佛祖的形象一样。虽然只是建成了一座大雄宝殿，但是对于这个华人社团来说其意义是巨大的。大雄宝殿虽是汉传佛教的风格，但是有了大雄宝殿，就意味着有了释迦牟尼佛——华人与缅人共同的佛（缅甸人并不认可观音，认为观音完全是华人的信仰）。所以相比以前只有土地祠和观音殿，大雄宝殿建成之后的金多堰是名副其实的佛教寺庙了。有了与缅人文化更加接近的供奉释迦牟尼佛的佛堂，金多堰就更能被缅甸主流社会所接受，这一点在金多堰接下来的实践中能够看出来。

② "新历史"：以佛为名的慈善活动

金多堰大雄宝殿建成之后，金多堰的一大变化就是好几个社团进驻金多堰。现在金多堰总共有金多堰慈善总会、金多堰妇女慈善会、华助中心曼德勒、缅北中华商会、缅中友好协会这五个社团。金多堰为这几个社团的工作提供了方便，因为直至今天，缅甸对于除了宗教组织以外的民间社团的登记仍严格控制，所以社团在金多堰这个宗教场所里挂牌，能得到金多堰的"庇护"，就如一位侨领所说："金多堰里面就有云南、福建、广东等多省华人的组织，它们跟寺庙是分不开的，你在缅甸没有寺庙的话，没有这个做挡箭牌的话真不容易生存的。"①

建成了大雄宝殿的金多堰除了能为挂牌在里面的社团提供保护和行动上的方便，同时能使社团的活动得到更好的效果。这里当属金多堰慈善总会和金多堰妇女慈善会的活动最具有代表性。金多堰的慈善

---

① 资料来源于 2016 年 10 月 6 日笔者于曼德勒福庆宫对李先生的访谈。

会区别于同乡会的慈善机构，同乡会的慈善机构多以同乡为帮扶对象，而金多堰更倾向于是一个面向缅甸社会的组织，从学校、消防、福利院到寺庙等各个领域，金多堰慈善总会和金多堰妇女慈善会都有涉及。也因为金多堰的宗教性质，金多堰慈善总会以及妇女慈善会的慈善活动有了超越福利活动的意义，每一次慈善活动的背后，是对"华人与缅人一样信仰佛教，重视布施"的华人形象的塑造，赋予了慈善活动以宗教性。"况且我们是生长在佛教国家，举凡政府鼓励的，人民喜欢的慈善事业，可以去参加，那么出功德，做善事，是最好的福利工作……凡信奉佛教的各族妇女，都来参加我们的活动……"①从妇女慈善会的主席在演讲时特地强调"信奉佛教的妇女"来参加活动中也可看出慈善会对自身的定位。2016年度曼德勒省政府向对宗教社会有重大贡献的僧侣及人士颁发荣誉证书，除僧侣外，共有16人获得"对宗教社会重大贡献人士"的荣誉，其中就有金多堰妇女慈善会会长和常务顾问。②

曼德勒华人的慈善事业自金多堰慈善总会和金多堰妇女慈善会的成立之后有了质的变化，金多堰慈善总会和金多堰妇女慈善会的慈善事业是在佛教的文化背景下进行慈善事业的实践。以前华人也做慈善，但是现在是华人佛教徒的慈善，任何的慈善行为都在佛教的名义下开展的，这样的慈善活动在曼德勒能发挥更大的效果。慈善是华人一直以来都有在做的事情，但是以佛教的名义来做能被缅甸社会更好地接

---

① 此段讲话来源于曼德勒华人寺庙金多堰慈善总会的内部资料《缅甸曼德勒金多堰大雄宝殿落成开光》记录的李菊芳在金多堰妇女慈善会就职典礼上的讲话。
② 资料来源于网络 http://www.jty-mdy.com/New!viewthread?newid=373

受，华人通过以佛为名义的慈善会的慈善行为，不仅塑造了华人乐善好施的一面，更加强调的是华人是佛教徒，是对社会有积极贡献的佛教徒。在形象上，金多堰已经变成了融入主流文化的寺庙，金多堰内的慈善会是佛教徒组织的慈善会。笔者相信，如果没有大雄宝殿里的释迦牟尼佛祖，金多堰及挂牌在内的社团不能像现在这样安全且高效。

③ "新历史"：作为华人活动空间的功能的增强

改组之后的金多堰在积极融入主流文化的同时，在本质上仍是一个维护华人社会的华人社团。首先，金多堰服务华人的功能没有变。大雄宝殿建成之后发生的一个冲突能充分地体现这一点：

在2014年农历二月初二的时候，金多堰按照惯例举行庆祝土地公圣诞的聚餐活动。以往聚餐都是在金多堰露天的空地上，而且因为土地公是可以吃荤的，所以往年的土地公诞辰，华人的聚餐都是以荤食为主。但2014年大雄宝殿落成，随之处在大雄宝殿（在三层）下面的大礼堂（在二层）也投入使用，所以组织土地公华人聚餐的委员会决定以后土地公诞辰的聚餐都在大礼堂进行，既然有了足够容纳就餐者的礼堂，就不需要在露天聚餐了。但是这个决定遭到了小部分人的反对。他们强调在大雄宝殿的礼堂用荤是违背华人的佛教信仰习惯的，汉传佛教是要求吃素的。金多堰的委员会却认为，华人的聚餐大部分时候还是以荤食为主的，如果不能在大礼堂吃荤食，那么金多堰的大礼堂的功能将会大打折扣，且礼堂是礼堂，大雄宝殿是大雄宝殿，只要不在大雄宝殿里面吃荤食就没问题了。据当事的华人回忆，当时为了这件事，不同意见的人发生了非常激烈的争吵，差一点就发生了暴力冲突。最后，代表反对吃荤的华人被要求离开慈善总会，他捐的用来盖大雄宝殿的钱也被退回了,"当时盖大雄宝殿的时候他捐了2000万缅币,后来就决定把他捐的2000万缅币退给他,然后叫他不用来了"。① 目前金多堰有6位尼姑师父,最小的尼姑还在上小学,金多堰尼姑师父能帮华人做斋菜、祈福念经和超度亡灵等,金多堰内的礼堂也在华人婚丧等需要聚餐时对华人有偿开放。

再有,相比金多堰管理委员会改组和大雄宝殿建成之前,现在的金多堰作为华人社会活动空间的功能增强了。大雄宝殿建成之后,处于二层的大礼堂也投入使用,这大大弥补了之前金多堰缺乏活动场地的缺陷,二层的大礼堂场地够大,能为大型的华人活动提供足够的空间。并且,为了能够扩大金多堰的使用空间,已经有金多堰慈善总会的委员提议将金多堰的观音庙拆了以腾出空间多建一个新礼堂。因为金多堰的礼堂只有两个,一个是扩建前就存在的小礼堂(太小,只能摆20桌左右,大型活动时基本无法用);一个就是大雄宝殿下的礼堂(但在这个礼堂用荤争议很大)。现在金多堰已是一个重要的华人活动空间,关乎全曼德勒华人的重要活动几乎都会在金多堰举行,所以委员会有人提议将观音庙拆除,把观音移到大雄宝殿,在原来的观音庙的地方盖一座能食荤食的礼堂。目前这个提议还没有落实,因为有人认为观音庙作为先辈留下来的遗产,随便拆之非常可惜。从这件事中其实可以反映出来,金多堰作为一个"华人活动空间"的功能甚至超过了其作为一个"华人庙宇"的意义了。

总结来说,转变后的金多堰,不管是在融入主流社会还是在维护

---

① 资料来源于2017年5月晚上笔者于曼德勒福庆宫内与福建同乡会的林先生的访谈。

华人活动空间两方面的功能都得到了加强。在曼德勒华人的运作下，金多堰既能在形象上融入缅甸佛教文化，同时也能继续保持作为华人社团的维护华人文化、提供华人活动场所、凝聚华人等功能。在名义上，金多堰是华人寺庙，供奉有缅人的释迦牟尼佛，是一座被主流社会认可的宗教场所。在这一场所中，华人身份能被认可、华人慈善能事半功倍、华人社团的功能能继续保持。华人"向佛寻求保护"的实践活动是与缅甸政治、文化环境分不开的。"二战"后华人复员，十多年后便经历了吴奈温政府时期的缅甸式社会主义，政治上的限制、经济上的国有化、排华等一系列行动都让曼德勒的华人感受到了生存的危机和压力。华人要继续生存，无疑需要借助宗教的力量，金多堰的转型就是曼德勒华人寺庙为争取更好的生存环境所做的努力。

金多堰本身是一个华人庙宇，但在曼德勒华人精英的运作下，金多堰的意义早已超过了庙宇本身所具备的功能。从最开始的土地祠，到后来的观音殿，再到最后大雄宝殿的建成开光，从金多堰的成长历程就可以清楚地看到曼德勒华人宗教实践的趋势。笔者认为，曼德勒华人关于宗教的思考是在各省籍华人开会决议要建大雄宝殿之后走向成熟的（虽然20世纪80年代开始所建的庙都是大雄宝殿，但是那都是以同乡会为单位的）。在大雄宝殿建成并开光之后，金多堰不仅有华人传统的土地、观音，更重要的是还有缅甸人也信奉的释迦牟尼佛，既有华人特色，又能被缅甸社会所接受。对曼德勒的华人来说，这样的一个平台是来之不易的，不止要有财力，更是凝结了许多华人的宗教实践的智慧。大雄宝殿的关键在于大雄宝殿内的释迦牟尼佛祖，建大雄宝殿，既能满足华人维护华人文化传统的需求，也能达到尊重缅人佛教信仰的效果,这样的平台,为曼德勒华人维护华人性和融入主流提供了良好的庇护。就像金多堰慈善总会的主席所说:"缅甸是佛教国家,修建大雄宝殿既能满足当地华人信仰上的需要,又能体现华人传承中华文化的心愿,同时,更是推动和开展慈善事业的平台,为宗教信仰、文化传承和慈善事业三者的有机体"。①

2. 曼德勒华人同乡会的南传佛教实践

除了华人庙宇,华人同乡会也是维系曼德勒华人社会的举足轻重的社团,且不同省籍间的华人有着各自的实践特点以及对缅甸社会的理解。所以在这一节中,笔者就曼德勒主要的三个华人同乡会:云南同乡会、福庆宫福建同乡会以及广东同乡会的南传佛教的相关实践进行描述和分析。

(1) 云南同乡会的布施活动

曼德勒云南同乡会设在云南会馆内,位于80条街31条和32条中间,占地面积2.8英亩,是曼德勒面积最大的华人会馆,财力强、组织结构非常完善,在馆登记的华人多。会馆于公元1881年建成,至"二战"结束前共有六任会长。会馆成立之初叫"腾越会馆",后改名"迤西会馆",辛亥革命后改称"云南会馆"。② 不管是在华人中还是在缅人中,云南会馆都是声名远播的,笔者在曼德勒的田野期间,只要跟摩托车司机说要去80条街的华人会馆,他们都能够准确地带我到

---

① 李巨涛:《缅怀南师,音容犹在》,http://blog.sina.com.cn/s/blog_65c26d780102dxxa.html
② 资料来源于曼德勒云南同乡会内部资料《缅甸曼德勒(瓦城)云南会馆史略》,第67页。

云南会馆去。

在曼德勒，云南籍华人不管是财力上还是人数上都是居曼德勒各大华人之首的，所以云南籍华人的行动总是受到华人内部甚至是缅甸社会的关注，他们有自信，相比福建籍华人和广东籍华人，他们做事情也比较高调。

云南同乡会关于南传上座部佛教的实践以集中性的、大型的并针对和尚的布施为主。

①布施的直接推动力——消解反华情绪

云南会馆一直致力于帮扶同乡，从"二战"后，曼德勒云南会馆渐渐发展壮大，在这么多年的发展中，其宗旨一直是"团结同乡，办理缅华福利事业……发扬佛教"。笔者翻看会馆的会议记录，发现作为曼德勒最大的华人会馆，云南同乡会一直在注意运用佛教协调与缅甸社会的关系。

"1963年，缅甸国防部要求填表登记，当时云南会馆的登记如下：

建筑物名称：云南会馆佛堂，团体名称：云南同乡佛教会。建筑必须知道事项：在过去缅王敏董王时代捐送给云南人做佛堂用的。"①

"1980年，恭请缅甸高僧莅临会馆诵经布施，这一行动表现了我侨对佛教信仰的虔诚，对缅甸僧侣的尊敬，对缅甸文化的尊崇和膺服，这对缅甸社会，对中缅友好，都会起到一些亲和融洽的作用。"②

1981年云南会馆决议新建云南会馆大雄宝殿，并于1983年开光。

---

① 资料来源于曼德勒云南同乡会内部资料《缅甸曼德勒（瓦城）云南会馆史略》，第74和75页。
② 资料来源于曼德勒云南同乡会内部资料《缅甸曼德勒（瓦城）云南会馆史略》，第80页。

"恭请缅甸高僧诵经文……在大雄宝殿落成及开光盛典上曼德勒省长五定腊曾致辞称赞云南同乡对佛祖之虔诚,弘扬佛法之心愿,能建筑如此雄伟的佛殿,完成这一圆满的善业是可喜可贺的。"①

1992 年,云南会馆决议协助在洞谬观音寺旁边兴建释迦牟尼佛殿。②

如此之记录无不体现着云南会馆借佛教之力量所做的努力,云南会馆一直都知道佛教之于缅甸社会和华人生存的意义。

而云南同乡会运用佛教知识来为我所用的高潮始于 2012 年。2012 年曼德勒反华声音高涨,仇华情绪被不断地煽动。报纸、Facebook 等媒体都在传播关于华人的负面新闻,据受访者的回忆,当时在各大报纸上,时不时会有反华文章③出现,网络上会传播讽刺华人的漫画,特别是在 Facebook 上,各种辱骂华人的脏话经常可见。"胞波"本来是用来形容缅人与华人的兄弟情谊的,缅人甚至把胞波解读为把所有资源挖走的人。当时的氛围,已经让华人感到了不安和压力,所以华人开始谨小慎微,比如云南同乡会劝谏华人妇女们不要在皇宫附近跳广场舞,再比如在会馆内贴告示让大家遵守交通规则和勿乱停放车辆等,告示写道:现缅文网站上,已为云南会馆举办活动时随意停放车辆一事,给予了批评和言论上的攻击,所以请大家务必要遵守交通

---

① 资料来源于曼德勒云南同乡会内部资料《缅甸曼德勒(瓦城)云南会馆史略》,第 85 页。
② 资料来源于曼德勒云南同乡会内部资料《缅甸曼德勒(瓦城)云南会馆史略》,第 93 页。
③ 比如《谁吞噬了文化古都曼德勒》《文化古都中龙的脚印》。

规则。①

当时曼德勒的华人，特别是一些华人精英很担心类似1967年的反华流血事件会再度出现。在这样的背景下，云南会馆的理监事开会讨论解决办法，因为知道缅甸文化中最重要的就是佛教文化，而缅甸的佛教文化中，又以布施文化最被缅甸人实践，缅人认为，现世把财富布施给寺庙和和尚，可以为下一世积累财富。讨论过后，最后决定要通过向和尚布施的方法来和缅甸当地社会搞好关系。② 一位云南人侨领说："做了布施之后，缅甸人就会觉得你跟我们同宗教同文化。"③

②为期三个月的斋期布施

具体的措施是从2013年开始，云南会馆向当地的和尚进行每年为期3个月的布施。布施的时间选在了每年结夏节和解夏节之间的三个月里每个月的斋日，每个月有4天，类似于中国人所说的初一、十五。以2016年为例，从2016年公历7月19日（缅历的4月）至公历10月16日（缅历7月），总共开展了13次布施。布施时间是公历7月19日、7月27日、8月3日、8月11日、8月18日、8月26日、9月1日、9月9日、9月16日、9月24日、10月1日、10月9日、10月16日。在这三个月内，每到斋日，云南同乡会就会组织一场布施活动，平均每次有250位僧侣接受布施。④

布施时间的选择与缅甸重要的宗教节日有关。在缅甸，重要的节日具有宗教性，缅历的1月到12月每一个月都有一个宗教性的节日。

---

① 资料来源于贴在会馆内的告示。
② 资料来源于2016年10月9日笔者在曼德勒对云南会馆内对云南同乡会理事的访谈。
③ 资料来源于2016年10月6日笔者在曼德勒市福庆宫内对李先生的访谈。
④ 有哪些和尚接受布施，每次来多少个和尚是由曼德勒市最大的和尚庙来统筹的。

云南会馆的布施活动选在了缅历的4月到缅历7月间，缅历的4月月盈日是洼梭袈裟布施节，从这一天开始就进入了结夏安居的日子，一直持续到缅历的7月15日（点灯节）即解夏节为止。不管是对和尚还是在家修行的缅甸人，这3个月都是精进修行佛法的重要时间。在这3个月内，寺庙的和尚无须到外面托钵化缘，生活所需由寺庙附近的民众供养，且和尚要在庙里研习佛法，不能无故外出，否则将被视为不守安居的戒律。同时在这段时间在家修行的缅甸人不能嫁娶、不能盖新房子等。修行用功的人会在此期间一周一次守八戒。对于缅人来说，结夏安居的这3个月是修行的重要时间，这期间人们的宗教活动也比平常更加的频繁。在这3个月内，每到斋期，虔诚的缅人就会到庙里布施，或者是在自家门前摆上大米、芭蕉等食物，以布施给过路的僧侣。在解夏节后，人们可以开始正常的生活，用华人的话来说，这段时间是布施的好机会。可以说，布施的时间选在这3个月是恰如其分的，在布施时间的选择上能看出云南华人对缅人的宗教生活的了解和把握。

云南同乡会决定每一年都进行此斋期布施活动，由于此布施活动是长久的，且规模大和涉及的僧侣众多，所以开始第一次布施之前，云南同乡会派佛教组组长联系了缅甸的宗教部。最后宗教部门让云南同乡会联系玛索英的主持，由玛索英寺庙的僧侣们协助安排接受布施的和尚庙。每一年参加到布施中的和尚庙大体不变，以2016年为例，2016年的3个月中，总共28个和尚庙能够接受云南会馆的布施。在这些庙中，有些和尚庙人少，有些和尚庙人多，最大的庙，有2577位僧侣。人少的和尚庙两三个庙一起接受布施，而人多的和尚庙可以得到两次布施的机会。曼德勒和尚庙众多，在选择和尚庙的时候，首先考虑的是云南会馆所在的区的和尚庙，还有就是影响力比较大的和尚庙。

布施地点多年来一直不变，一定得在云南会馆的门口，代表着是云南同乡会主持的布施活动。布施活动由云南同乡会发起，其他同乡会如福庆宫福建同乡会、广东同乡会、多省籍同乡会、各华人社团随喜捐赠，布施剩余所需资金由云南同乡会全部承担。布施当天，云南同乡会值班理事（每次布施值班理事总共有10位）和各省籍同乡会代表在早上5：30就已陆续到达布施现场，来参与布施的华人都穿上了缅装。在他们到达之前，云南会馆的帮工已经把布施所需的帐篷、桌子摆放就位。布施的物品有米饭、泡面、饼干、牙膏、牙刷、香皂、椰子水以及钱。早晨5：30之后，接受布施的僧侣陆陆续续地到来，妇女慈善会的妇女们、云南同乡会值班的理监事以及其他省籍的代表们都脱掉拖鞋，恭敬地将物品递给前来接受布施的和尚。2016年10月9日早上，笔者早上5：00来到了布施现场，一位参加布施的妇女表情严肃地提醒笔者："你要来跟我们一起布施吗？如果你要帮忙递东西给和尚，那你要脱鞋子。"那位妇女的表情和语气让我十分惊讶，虽说那位妇女的要求是尊重当地佛教文化的表现，但情绪过当地表达一件合理的事情（给和尚布施时脱鞋子具有文化合理性）其背后的原因值得深思。笔者的感觉就是华人们谨小慎微，要把自己尊重和尚，尊重缅甸文化的最好的一面表现出来，大家在进行一场展演，一场塑造华人形象的展演。

当问及布施的原因时，受访者告诉笔者："你也知道2012年报纸上登的那些文章，因为我们云南会馆太大了，如果出了什么事就不好了。"① 在笔者参与观察的布施现场，一位云南同乡会的理事很明确地跟笔者说，"这是我们融入主流社会的手段"。② "因为我们知道，缅甸最大的皇帝都要崇拜大和尚，所以你从大和尚那里来，反正我们的宗教也是佛教，所以我们中国人在缅甸社会相处得很好"。③ 其次笔者还发现，在每次布施现场，曼德勒华人都会请来媒体对布施加以报道。在胞波网上经常能看到曼德勒华人布施的新闻。④

③葛藤袈裟布施

除了每年为期3个月的布施，从2014年开始，云南同乡会还增加了袈裟布施。每年的袈裟布施是云南同乡会所做的最大的布施。云南同乡会的袈裟布施活动的时间定在缅人重要的宗教节日缅历八月十五，云南同乡会在这个时间布施袈裟也是和缅人的布施习惯有关的。

缅历7月月盈日到8月月盈日这一个月内是缅人到寺庙布施袈裟的日子，其中以缅历的8月月盈日为布施袈裟的最佳日子，这个布施袈裟的节日在缅语中称为"葛藤"。在缅甸，缅历7月月盈日到8月月盈日期间，虔诚的佛教徒或是集合家人财力，或是与朋友合力购置袈裟。相传佛陀在竹林精舍修行时，看见拔跶维姬兄弟二人缺少袈裟，

---

① 资料来源于2016年10月13日笔者于曼德勒云南会馆对一位参与布施活动策划的理事的访谈。
② 资料来源于2016年10月9日笔者于布施现场与云南同乡会的一位理事的聊天。
③ 资料来源于2016年10月16日笔者于曼德勒云南会馆对云南同乡会的佛教组的副组长的访谈，受访者也是斋期布施的主要负责人。
④ 比如2016年12月13日的报道"缅甸华人的信仰：华人企业亚洲能源家族布施"；2016年12月5日"曼德勒华人为寺庙学校捐建教学楼 孩子们从茅屋走进明亮的教室"；2016年11月13日报道的"华人与缅人共同的宗教信仰——曼德勒华侨华人举行第三届袈裟布施大会"等，类似报道隔三岔五就会出现。

便允许信徒在解夏之后向僧侣施衣。① 在这段时间布施有几个要求：一个和尚庙只能接受一次布施；施主只能布施给一个和尚庙；这个时间段的布施不能只布施给一个和尚，而是要以和尚庙为单位进行布施。在缅甸，人们会提前联系好想要布施的和尚庙，询问是否需要布施，如果被告知和尚庙已经有布施袈裟的施主了，那只能另找其他和尚庙。因为曼德勒的和尚庙很多，有名气的和尚庙人们都抢着做布施，而一些没有名气的和尚庙可能拿不到布施。所以，有些人就拿着袈裟开着车到小的和尚庙去，遇到没有接受信徒布施袈裟的和尚庙就把自己的袈裟布施给他。

云南会馆袈裟布施的对象在选择上是很有技巧的，布施的对象以影响力大的和尚庙为最优。2016年云南会馆布施袈裟的和尚庙是玛索英，有440位僧侣接受布施。从2014年云南会馆决定举办袈裟布施开始，玛索英一直是理想的布施对象。在曼德勒，玛索英影响力很大，是曼德勒的一所以教佛学知识以及培养佛教人才为目标的寺庙。来学习佛法的僧侣们从玛索英毕业之后便会到其他地方的寺庙传播佛教知识，所以在曼德勒乃至整个缅甸玛索英寺庙都非常有名。但因玛索英一直有施主，而且由于一个寺庙一年只能接受一次葛藤袈裟布施，所以云南会馆一直没能向玛索英布施袈裟。直到2016年，玛索英袈裟布施的施主因经济问题未能像往年那样向寺庙布施袈裟，云南会馆才得以有机会成为施主。2016年年初，云南会馆佛教组的副组长在提前得知以往布施曼德勒最大的和尚庙的施主资金短缺，玛索英和尚庙2016

---

① 钟智翔、尹湘玲：《缅甸文化概论》，广州：世界图书出版社，2014年，第212页。

年袈裟布施的施主还没有定的情况下，凭借着与庙里老和尚的私人关系，便最终敲定了云南会馆作为玛索英的施主。负责袈裟布施的云南会馆佛教组副组长说：

> 我们选择的和尚庙是要传统的教佛经的和尚庙（只去教书的和尚庙），这个和尚庙教佛经，被教的和尚也要去考试，是出人才的和尚庙。这些学校是发扬佛经的，去小的和尚庙没意思，我们这么多的钱，那个和尚庙就没有意思。教书的和尚庙，和尚会从各地来，比如这个玛索英的和尚，来自缅甸各地，读完书毕业就回到原来的地方传经。这样对云南会馆的声誉好。①

袈裟布施主要的布施物品是袈裟，除了袈裟，还会布施斋饭和钱，整个袈裟布施活动需要三千万缅币到三千五百万缅币。每年这时候的袈裟布施是大布施，需要一定的财力，而此时所做的布施功德也很大，对于信徒来说，这是每年布施的重要日子。袈裟布施对和尚来说很重要，拿不到袈裟布施的和尚庙叫"倒霉和尚庙"。在这场对施主和僧侣都意义重大的袈裟布施中，云南会馆非常重视布施活动的社会影响，云南会馆的布施是外显的行为，他们以造成影响力为目标，希望能通过缅人最喜欢的布施来改善华人与缅甸社会的关系。

除了布施，每年正月初九皇会时云南会馆会请10位有声望的大和尚给华人念平安经，并布施给每位大和尚12万缅币左右。问及请缅人

---

① 资料来源于2016年10月18日在曼德勒云南会馆笔者对负责统筹布施事宜的佛教组副组长的访谈。

和尚来为华人念平安经的原因,受访者回答道:"反正是佛教嘛,我们讲华人佛教和缅甸佛教可以融洽嘛……我们虽然是华侨子女,但是风水是缅甸的风水。"①

(2)福庆宫福建同乡会的实践

福庆宫又称福建观音亭,根据曼德勒同乡会董事的说法,建福庆宫是用仰光庆福宫重建时所用的余料,且因为早期曼德勒的福建人大多都是从仰光等下缅甸地区迁徙过来的,所以在名字上取了与庆福宫相似的名字——福庆宫。福庆宫的大门是刷上红漆的亭形石门,门的最上方雕有两条龙,往下用中文繁体字写着福庆宫三个大字,再往下用中文繁体字写有福建观音亭,最下方用缅文写着福建观音亭佛堂。往里走有观音殿,殿内正中间供奉观音菩萨,左边供奉山西夫子,右边供奉保生大帝,每日都有工人负责上香,更换供品。福庆宫从外形、布局、建筑材料到宫内摆设都充满了浓厚的闽南观音庙的风格。

"二战"后,福建同乡会在福庆宫内成立。因自同乡会成立后多年无正式选举,且在20世纪60年代之后经历了奈温政府时期的动荡,同乡会涣散,形同虚设。至1981年,曼德勒的福建籍华人认为有必要重整福庆宫和同乡会,于是次年诞生了福建同乡会重整后的第一届董事会。

在新的董事会成立之时,由于缅甸政府对于社团的严格管控,为了更好地生存,福建同乡会与福庆宫合二为一,变成了今天的福庆宫福建同乡会。记录写道:"1982年草定新章程,为适应当地环境,观

---

① 资料来源于2016年10月16日笔者于曼德勒云南会馆对负责统筹布施事宜的佛教组副组长的访谈。

音亭与同乡会联合组织配合为一，定名为'福庆宫福建同乡会'。"①1993年，第四届同乡会成立了福庆学校。现在的福庆宫福建同乡会除了发展同乡福利事业、参与金多堰和属于曼德勒全体华人的活动以外，福建同乡会把工作的重心放在了对福庆学校的管理上，福庆宫福建同乡会关于南传佛教的实践也与福庆学校有关。

①寺庙教学点推广

孔子课堂落脚福庆学校之后，福庆学校的主要任务之一就是向缅人推广汉语，通过传播中文来改善华人的形象。

自2014年开始，福庆学校开始推广寺庙教学点，将汉语作为"布施物"布施给寺庙。寺庙教学点的孩子多是孤儿，推广寺庙教学点不仅能让寺庙的孩子学习汉语，还能塑造华人乐于做布施的良好形象，这是一个在尊重缅甸佛教文化的前提下，将汉语推广与缅甸佛教的布施理念相结合的实践。从2014年至今不过短短3年，福庆学校已经有了20个寺庙教学点，大部分寺庙教学点都在曼德勒市及周边地区。寺庙教学点发展迅速，除了福庆学校的大力推广外，一些接受了汉语布施的寺庙教学点的僧侣也会将这个汉语课堂推荐给其他寺庙，所以在寺庙之间，汉语布施也渐渐传开来了。寺庙教学点的上课时间是周末（部分教学点是缅历斋日和斋日前），一周4课时，一课时的上课时长是1小时。

笔者曾在2016年10月20日在其中一个名叫敏滚玛哈达腊的寺庙教学点当过一天的志愿者。那个寺庙距离福庆学校非常远，来回花费

---

① 资料来源于曼德勒福建同乡会内部资料《福庆宫福建同乡会史略》。

的时间比上课时间还要长。那天早上8：30笔者和两位老师从福庆学校出发，到达时已经差不多10点了。这个寺庙教学点的孩子有很大一部分是寺庙收养的孤儿，小的四五岁，大的十几岁，看到我们来了，都很开心地跑过来叫老师并抓住我们的手往课室走。因为孩子比较多，就按年龄分成了两个班，笔者负责的是给小班的孩子上课。这些小孩子中有出家的小和尚，也有未出家的普通小孩。因为这些小孩子一点中文也不会讲，所以上课内容是从最简单的词语开始的。寺庙的和尚在上课前给笔者送来了华人布施给寺庙的幼儿认物的中文挂图，笔者就按挂图上的内容教学，从人体器官：眼睛、鼻子、嘴巴、手到日常生活用品：被子、牙刷、凳子、桌子等。寺庙里年龄大一点的孩子有的已经会说一些中文了，所以他们下课时看见笔者这个新老师，一群人便涌过来向笔者打招呼："老师你从哪里来？""你多大了？"尽量用自己所学的中文与笔者交流。下课后，寺庙已经为我们备好了丰富的缅餐，因为寺庙的和尚还没吃饭就让我们先吃，刚开始笔者觉得不自在，后来跟同来的老师交流才发现，寺庙每次都是在上完课时就已经为志愿者老师准备好饭菜。寺庙的和尚对我们非常友好，能看出他非常欢迎我们去给小孩子上课。在寺庙教学点，志愿者老师与寺庙和尚和学生的友好的互动无疑对汉语推广还有华人形象有帮助。

同时，只要是缅人习惯做布施的日子，福庆学校几乎都会到寺庙教学点做布施。布施的物品涉及生活用品的方方面面，有钱、家具、衣物、药物、文具等日用品，一位寺庙教学点的老师这样评价道：

"只要是人用得到的东西都捐。"① 除以学校为单位的布施外，每年的洼梭月盈节福庆学校的老师们都会自发地到缅人寺庙里做布施。笔者在公历2017年7月（缅历四月）的洼梭月盈节当天跟随福庆学校的师生参加了去瀑布山脚下的慈善寺的布施。在去慈善寺前，我们应邀到九龙寺吃早点。九龙寺是福庆学校的寺庙教学点之一，是寺庙教学点中规模最大的，学习中文的学生有200位左右。吃完早餐，布施队伍便乘车到了慈善寺，慈善寺的和尚在寺庙里收留了70多个孤儿，在这里开办学校。我们当天布施的物品有袈裟、拖鞋、功德金、音箱、麦克风、衣物、洼梭花等等。拖鞋是专门布施给庙里的小和尚的，我们一到庙里，小和尚就在主持和尚的带领下兴高采烈地接受了福庆学校师生为他们挑选的拖鞋。完毕，所有人便到室内开始了正式的布施。在去布施的学生中，既有缅人也有华人，在回去的车上，大家互相留了Facebook，缅人同学非常的热情，他们虽然中文讲得不好，但是很愿意讲，还时不时地问我们听得懂他们说什么吗。当华人和缅人一起到庙里做布施的时候，就是他们感情升温最快的时候。

再有，汉语并不只是语言，教授汉语的过程中，老师们也在向寺庙里的孩子们传播中华文化。除了正常的上课，寺庙教学点偶尔也会有包饺子、学中国剪纸等寓教于乐的教学内容，寺庙教学点的学生们能边玩边了解中华文化。还有，寺庙教学点的志愿者老师也会带着教学点的学生一起过华人的传统节日比如中秋节。会讲中文、了解中华文化的和尚很大概率上要比不会汉语和不了解中华文化的人对华人更

---

① 资料来源于2018年2月笔者在微信上与福庆一位寺庙教学点的老师的聊天。

有好感。所以，寺庙教学点的意义不止于推广汉语，也在于通过汉语布施来改善华人在和尚心目中的形象。

将中文以布施的形式送进寺庙是华人向佛祖寻求保佑的实践活动。中文是华人的象征，如果中文能被寺庙接受，在很大程度上意味着华人能被和尚接受。推广寺庙教学点既是推广汉语，也是在为华人寻求危急关头的保护伞。

②民间外交——邀请缅人赴中国参观交流

福庆宫福建同乡会在中国驻曼德勒总领馆的带领下展开了以邀请缅人来中国参观的民间外交。民间外交可以促进中缅双方的交流，中缅的友好交流也能为曼德勒的华人营造更好的生存环境。

从2015年开始，福建同乡会（以福庆学校的华人老师为主）就在总领馆的安排下组织缅人来中国参观。每年有七八个团，主要涉及的对象有警察、议员、僧侣、媒体、高校和医疗方面的人员，其中和尚是重点安排的对象，一年安排两次左右的访问参观。到中国参观的僧侣主要有曼德勒玛索英寺庙里面的僧侣、福庆学校寺庙教学点的负责僧侣，还有莱比塘、内比都等地的僧侣。

华人的任务是带团并做翻译。虽然中国这边在接待时也会请翻译，但是曼德勒的本土华人比中国请的翻译更加了解缅甸文化和缅甸人的心态。一位带过队的华人向笔者提起过，中国翻译总是站在中国的立场上向缅人僧侣介绍中国政策，很多时候和尚并不理解。而福庆学校的很多老师都是土生土长的福建籍华人，且有来中国留学的学习背景，因此对中缅双方的知识和文化都能够有一定的了解。福庆学校的华人老师在翻译时能够用缅人僧侣们能够理解的方式表达，所以在缅人来中国参观时，华人是很好的沟通桥梁。

邀请缅人和尚来中国参观的目的主要有两个。首先，通过带有影响力的大和尚到中国来参观中国佛教圣地，改善缅甸人对中国宗教以及其他方面的看法。每年都会带缅人来中国参观交流的福庆学校的老师说：

> 和尚的话主要去拜佛，和尚去的次数比较多。带他们去北京灵光寺看佛牙，西安的法门寺，昆明的圆通寺。他们到了那边很惊讶，中国不仅有宗教还有历史的文化的。主要是和尚每年都要讲经给老百姓，他讲经的时候有时候就讲他的亲身体验，然后这时候他去过中国的话他就会讲中国多好多好怎样得好，老百姓听他的，这样子也是一种宣传。就是不用我们中方的来讲，就是缅甸人自己讲我们的好就行了。比如说你带他们到了中国，一个很惊讶的就是那个高速公路，建筑啊比如机场，曼德勒机场要比的话肯定是比不了的。甚至呢有些缅甸人觉得中国缅甸的贸易，如果没有缅甸的话中国就活不了，像木头啊、大米啊、水果啊。但是他到了中国，他就知道了，不可能嘛，没有缅甸中国也照样好的嘛，自己经济这么发达。①

再有，在关键时候，僧侣能够帮忙解决危急的事情。比如当时在莱比塘，因寺庙被中国企业拆迁了，当地民众发生了很激烈的反华示

---

① 资料来源于2017年4月27日笔者对福建同乡会理事、建德堂成员、福庆学校副校长吕先生的访谈。

威游行。为了缓和这一矛盾，曼德勒总领馆安排福庆学校的负责人带领莱比塘的和尚到中国参观，和尚返缅后在讲经的过程中将关于中国的信息正面地传达给了村民，所以由当地的和尚出面劝解民众才缓和了彼此的关系。

福建同乡会的南传佛教实践是以寺庙和和尚为对象，并借助中文和民间外交的以布施与交流为主的实践。

（3）广东同乡会的实践

早在光绪年间，曼德勒的广东人就已经组建了仁术堂和昆兴堂，并随着粤侨人口的增多，出现了观音古庙、鲁班庙、关圣庙、群治会馆、古城会馆、潮州会馆、姓氏馆（曹、李、陈、朱）、仁济医院等广东人组建的华人社团。其中广东同乡会设于观音古庙内。

1964年缅甸实行国有化的政治措施，华文学校全部都被没收了。由于当时的光华中学就设于观音古庙的旁边，所以在相关指示很模糊的情况下，观音古庙也被收归国有，广东同乡会也就失去了原本的会馆所在地，观音古庙至今仍未被要回。直至1984年广东华人通过打官司将被棚户占领的仁济医院旧址要回来，才有了新的广东同乡会的会所。有了场地之后，广东人便于1985年组织了新的理事会并讨论会馆重建事宜。

1986年建成仁济古庙。建庙时，广东籍华人并没有按照以前的习惯建观音庙，而是建了一座华人古庙。古庙内的正中央供奉释迦牟尼佛祖，旁边供奉观音菩萨。当笔者问及为什么不建观音庙时，广东同乡会的理事表示："在缅甸，宗教的教主就是佛祖，把佛祖放在中间。"①

广东同乡会从三年前开始，到了缅甸泼水节前后，同乡会就会在仁济古庙内邀请缅甸高僧接受同乡会的布施，并请高僧为广东籍华人讲法和祝福。同乡会的理事认为："因为在缅甸，所以也要用缅人的方式接受祝福。"②

广东同乡会作为与云南同乡会和福建同乡会并列的曼德勒华人三大同乡会之一，对云南同乡会和福建同乡会的布施活动是力所能及的支持的。每年云南同乡会在斋期布施以及葛藤袈裟布施时，广东同乡会都会积极参与并捐款。

相比于云南籍华人和福建籍华人，曼德勒的广东籍华人在人数和影响力上都相对弱一些。首先是人少，比如舞狮队已经后继无人了。笔者在曼德勒遇到的广东人，要么自己正在拿美国绿卡，要么有亲戚在美国。第一次下田野见到的人，第二次去就不一定见得到了，一问才知道要去美国了；再有就是广东籍华人财力不集中，与云南籍华人相比财力不算特别雄厚，所以广东同乡会并不能像云南同乡会那样举办大型的布施活动。但是从以上广东籍华人对南传佛教相关实践中能看出广东籍华人与云南籍华人和福建籍华人对缅甸的佛教文化的相似的解读。

不管是广东人还是其他华人，他们都是在"佛祖保佑"中不断发展的。

---

① 资料来源于 2016 年 10 月 9 日笔者于曼德勒仁济古庙内对广东同乡会理事李先生的访谈。
② 资料来源于 2016 年 10 月 9 日笔者于曼德勒仁济古庙内对广东同乡会理事李先生的访谈。

3. 曼德勒宗姓团体的南传佛教实践

宗姓团体是除了华人寺庙、华人同乡会以外的在曼德勒的华人社会中具有一定影响力的社团。宗姓团体以相同姓氏为入会登记的门槛，在华人传统节日时会有祭拜祖先、聚餐等活动。

（1）朱家馆

相比金多堰、云南同乡会、福建同乡会和广东同乡会，宗姓团体影响范围相对来说较小，但即使是一个只有几十户华人登记的姓氏馆，他们也都小心实践着当地社会的文化规则。以曼德勒的一个姓氏馆——朱家馆为例，目前在朱家馆登记的朱姓人家共有30多户，都是广东籍华人，来自广东台山。朱家馆的人强调，朱家馆是不分籍贯的，只要是姓朱的都可以加入进来。但以前曾有姓朱的云南籍华人想要加入，被馆里的理事们拒绝了，理事们觉得这家人是从山上下来的云南人，身份来路不明，如果贸然把他们纳入馆中，出事连累到朱家馆的话就麻烦了。理事们强调，华人在缅甸，做事情要小心谨慎。

会馆持有4间店面，朱家馆所在的地方也租给别人当仓库使用，两年签一次合同，全部加起来每年的租金收入有两千万缅币。总体来说，朱家馆在姓氏馆中属于维持得不错的。虽然每年只有清明节、七月十五、元宵节这三个节日有活动，但小小的朱家馆还是有完整的组织结构。管内职员有荣誉理事长，名誉理事长，顾问，常务顾问，正理事长、副理事长，监事长，秘书长外文、财政组组长，外交，会计，稽核组组长，中文文书长，总务组组长副组长和两名组员，福利组组长副组长和组员，还有常务理事会。

朱家馆共两层，第一层供奉缅甸的释迦牟尼佛、朱熹和土地公。

位置由高到低分别是释迦牟尼佛、朱熹和土地公。供奉台的上面书有"文光显赫",左右分别有"理学渊源著紫阳"和"明贤点则垂青史"的对联,对联书于戊戌年即1958年。佛的背后镶有龙和凤的图案,前面挂有红灯笼。第二层是普通的空置的房间,没有特别的用途,节日的时候可用来作为招待宗亲吃饭的场所。

(2) 朱家馆的南传佛教实践

朱家馆是一个姓氏馆,但朱家馆以佛堂的名义向政府注册登记,并且,馆外牌匾上的缅文也翻译为佛堂。这与缅甸政府的相关法规有关,"1964年3月28日,缅甸政府颁布维护民族团结条例,规定除执政党和宗教团体外,政府可以解散任何团体并没收其财产。"① 因为政府对非宗教性团体的严苛政策,所以,曼德勒的华人社团便以佛堂的名义登记。一位华文学校的校长这样评价曼德勒华人社会中的这种现象:"在缅甸离开了佛教的保护,一切都很难的,华人的社团都需要以佛堂为掩护来生存,同乡会里要有佛堂,唐人街上的姓氏馆要有佛堂,各种社团组织里面要有佛堂。"② 缅华社会一直以来都是在借助佛来保护自己,让自己安全生存下去的。

笔者于2017年3月27日拜访朱家馆时,朱家馆正在修改二层的布置,他们找来工人在二层建了一个佛龛,朱家馆的理事们打算等二层的佛龛建好以后就把供奉在一层的释迦牟尼佛搬到二层,他们说:

---

① 《领事司情况反映:奈温实行"国有化中的华侨处境"》,《中华人民共和国外交部档案馆档案》,档号:118-01323-01。转引自范宏伟:《缅甸华侨华人史》,北京:中国华侨出版社,第189页。

② 资料来源于2017年6月5日笔者于曼德勒明德五戒学校对明德学校校长的访谈。

"缅甸人习惯把佛供在二楼,我们把佛摆在一楼会让他们不高兴。"①朱家馆在平时是租给缅人当作仓库使用的,所以缅人进进出出就会看见朱家馆的华人将释迦牟尼佛和朱熹摆在一起。朱家馆的华人顾虑到释迦牟尼佛祖在缅人心目中的地位,所以就决定将释迦牟尼佛供奉在二层。从这里可以看出朱家馆的华人对缅甸佛教文化的尊重。华人能够适应当地社会并不断发展壮大,少不了"佛祖保佑"。

笔者在田野调查期间,尽可能地走访了各个华人社团,发现的确曼德勒的华人社团无不是以佛寺对外宣称的。第一,社团的处所内都会供奉释迦牟尼佛祖,或者直接将同乡会设于佛寺内。比如福庆宫、仁济古庙、兴善寺这些曼德勒的华人寺庙都是同乡会的会馆所在地,云南会馆也在馆内建了大雄宝殿。第二,不管是什么类型的社团,缅文名字统一都叫佛堂或者佛教佛堂。社团门口写名称的牌匾上,会有中缅两种文字,中文在上方,会如实写出社团的身份。缅文在下方,不管是什么类型的社团,缅文名称的最后都会加上 $Pou^{33}ta^{33}pa^{33}ta^{31}p^hei^{33}\Lambda^{ss}t\varcipin^{51}$(缅文,佛教佛堂),或者是加上 $p^hei^{33}\Lambda^{ss}t\varcipin^{51}$(缅文,佛堂)。注册时也以佛堂的名义向政府登记。在缅文译名这件事上,华人社团所采取的策略完全是相同的。

4. 华文学校的南传佛教实践

宫庙宗团维系曼德勒华人社会的日常生活,而华文学校以传承和维护华人语言和文化为职能,没有华文学校,就会出现大量的华人不

---

① 资料来源于 2017 年 3 月 27 日笔者于曼德勒朱家馆与朱先生的谈话。

会讲华语的现象。所以华文学校对华人社会的延续和华人文化的传承起到了重要的作用。曼德勒华人对开办华文学校是非常热衷的,不管是福建籍华人、云南籍华人还是广东籍华人,都曾经在会馆内或者同乡会拥有的产业内兴办过学校。1916年云南会馆创办昌华小学;洞谬观音寺(云南籍华人)在1937年时曾兴办过华侨小学;广东籍华人在缅甸独立后创办了广育书塾(观音古庙内)、真光小学、育群小学;福建籍华人与云南籍华人联合创办了华侨中小学校,这些学校都是曼德勒华人热心办学的见证。

"二战"结束至吴奈温政府执政之前,是曼德勒的华校发展的鼎盛时期。然而在1964年,吴奈温政府开始实行国有化政策,1965年,全部的私立学校也被要求归国家所有。从这时候开始,华文教育陷入了低谷,华文教育只能以补习班的形式进行。自1965年收归国有以后,华文学校变成了缅文的中小学,中文办学是不合法的,"1964年奈温政府执政期间,华文学校通通被强行收归国有,从此以后,开设汉语补习班或从事汉语教育就很危险,弄不好还要蹲监坐牢"[①]。因此,华文学校为了生存,他们不断地"向佛寻求保护",其宗教实践是以佛经为掩护的擦边球行为。华文教育能够保留下来,少不了对南传佛教的实践。

接下来的部分,笔者将分析1965年华文学校收归国有后至今,华文学校关于南传佛教的实践。

[①] 资料来源于孔教学校内部资料《缅甸曼德勒福庆学校20周年暨孔子课堂5周年校庆特刊》,第110页。

（1）华文教育的艰难生存状况

1962年到1988年是吴奈温政府执政时期，实行"缅甸式社会主义"，在言论、出版、结社和教育等方面都进行严格控制，虽然奈温政府的政策并非直接针对华人的，但是无疑华人受到了很大的影响。国有化政策使企业、社团、学校等都被收归国有，华文学校的发展历程受到缅甸社会政治发展的影响很大。

1964年4月1日，政府要求所有的非政治组织登记，放弃登记的视为自动解散，而对于登记的侨团，却采取不过问也不批准的态度。1965年4月，缅甸政府颁布《私立学校国有化条例》，下令将全国私立学校收归国有，直到1966年4月，包括200多所华文学校在内的私立学校全部国有化。① 有华人回忆道："于是全缅甸上下各地的私立学校与外语学校一律停办，外文学校摇身一变挂上了缅文学校的招牌，全国众多师生前途茫茫，不知何去何从。"② 如当时缅甸仰光影响力较大的华侨中学、南洋中学，虽然学生还是之前华校的学生，但学校换上缅文名称，校长老师也都由缅人担任，教授缅文教材。到1967年，政府颁布的《私立学校登记条例修改草案》明确规定"除了单科补习学校外，所有私立学校都不准开办"，③ 至此，缅甸华文教育归零。从此以后，华校面临的最艰难的问题就是合法性的问题。

缅甸华文学校的合法性地位一直没有被允许，而之所以能一直存

---

① 范宏伟：《缅甸华侨华人史》，北京：中国华侨出版社，2017年，第190页。
② 资料来源于明德学校内部资料《腊戌明德五戒学校五十五周年特刊》，第36页。
③ 转引自暨南大学东南亚研究所广州华侨研究会编著：《战后东南亚国家的华侨华人政策》，广州：暨南大学出版社，1990年，第272页，原文出自缅甸《劳动人民日报》1984年10月16日。

在，是因为许多华文学校的董事与政府官员有私人关系，且华人低调的做派和政府"不承认、不批准但不较真"的态度。然而华文学校是缺乏法律和政策的保障的，所以缅甸华文教育的兴衰、起伏存在很大的人为因素。华文学校处在一个尴尬的位置，一方面缅甸政府"睁一只眼闭一只眼"让华文学校存在着，另一方面却不给予华文学校合法的地位，所以华文学校变成了不能摆在台面上明说的存在。前几年，福庆学校邀请 YN 大学的几位教授来参观交流，YN 大学的教授要求福庆学校发邀请函让他们办理因公出国的签证。因为福庆学校作为华文学校是没办法注册的，也就是说发出的邀请函是无效的，最后，因为 YN 大学教授坚持使用福庆学校的邀请函申请因公签证，以致被缅甸驻昆明大使馆列入了黑名单。福庆学校的校长回忆说：

> 有一次事情闹得很大。YN 大学，我们自己的合作伙伴要来，要我们福庆学校发邀请函。这些东西是见不得人的，见不得人的意思就是说不能在正式场合用的。这个邀请函在中国是可以的，汉办肯定是合法的，但是你要是拿着去缅甸的大使馆办签证麻烦大了。有一天电话来，我一看是外国电话，但是讲缅甸话讲得很准，我吓了一跳。他说："我是缅甸驻昆明总领事，你有几个客人要来缅甸，要来几天？"我说就来十几二十天。他说："你的邀请函在我这边用不成，你的学校有注册过吗？"我说没有。他说："我知道你没注册，我们缅甸人谁不知道，根本没有的。你们就办旅游签证过来就可以了，为什么一定要因公呢？"所以我早就跟 YN 大学的说，你们不要用这个来。大使接着说："他们说不

行，一定要因公，你赶紧打电话劝劝他们，不要用这种因公的来，不然的话麻烦得很。"最后是什么，YN大学那边坚持因公，这个公不要紧，就是让我伤脑筋了。最后是什么，总领事已经跟我打过招呼了，他的意思是什么：我知道你们不是什么合法的，但是我也不去追究这些东西了，你们就用旅游的理由来不就得了吗？后来是什么，全部拒签，是一年还是什么不能再办签证。那一次让我又气又急又觉得不好意思，问题是我们以福庆学校的名义去邀请人家是不合法的，是不可以的，我早就知道的。①

（2）华校的应对措施

1965年，曼德勒的华文学校被收归国有后，华文教育的发展虽跌落谷底，但仍在华人的变通中生存了下来。从化整为零到佛经学校，华人在华文教育方面也向佛祖寻求了不少的保佑。

①化整为零

华文学校被收归国有后，为了能够让华人子弟继续学习中文，便"化整为零"，也就是原先在学校里教书、学习的教师和学生零散地分布在教师家中以补习班的形式进行。学校被没收，只能在老师家中开办补习班，单原华侨中小学校的老师就开办52个华文补习班，教师在空余时间学一两种手艺，做点小生意来维持生活。但排华之后，有一部分补习班迫于形势停办了，直到20世纪70年代中缅关系缓和才渐渐恢复，但华文教育的发展水平比起过去逊色很多。

---

① 资料来源于2017年3月18日曼德勒福庆宫福庆学校校长李先生的讲话。

②佛经学校

因被收归国有，除了零散的家庭补习班，曼德勒已经没有了华文学校。但越是在被排挤和压迫的环境中，华人的文化自觉越难以被磨灭。20世纪70年代，缅甸国内形势稍微缓和的时候，曼德勒的华人就开始着手购买地皮重办华文学校。20世纪70年代的孔教学校（孔教学校将历史追溯到1966年，但1966年到1977年一直是以在教师家中补习的形式，直到1978年才有了第一间校舍，也是从此开始，学生们才开始慢慢称之为孔教学校①）、20世纪80年代的明德学校（1976年开始就以补习班的形式存在，直到80年代以后才正式成为学校）和20世纪90年代的福庆学校，这几所学校成立之初，无不以"教佛经"的名义对外宣称。笔者收集了当时佛学教科书的几个版本，发现佛经书籍的内容是南传上座部佛教的基础知识，书籍上一边是缅文，一边是中文翻译，内容涉及了由佛祖诞生至成佛的相关知识，并将此作为小学至初中的教科书之一。至今，孔教学校仍将佛学作为考试必考内容。

孔教学校。孔教学校也叫作如来孔教学校。学校收归国有之后，华人蔡武榜来到瓦城，在曹氏馆召开会议，成立孔孟学术研究会，一位华人对这个研究会的评价是："披着宗教的外套，传承中华文化"，②孔孟学术研究会算是孔教学校的源头。1978年学校购买了第一块地皮建校舍，校舍名字叫作"如来寺"，校舍的建筑外形也依照华人寺庙的风格建造。寺内供奉释迦牟尼佛，并在建成之际举行了落成开光典

---

① 资料来源于曼德勒孔教学校内部资料《曼德勒孔教学校50周年校庆特刊》，第50页。
② 资料来源于曼德勒孔教学校内部资料《曼德勒孔教学校50周年校庆特刊》，第48页。

礼，同时有一位尼姑住在此处。如果不经介绍，不会有人知道这其实是一所学校。孔教学校成立之初只有南区一处，一直到20世纪90年代，发展成了拥有东区、南区、北区和新城区四个校区的华文学校。每个校区内都设有佛堂供奉释迦牟尼佛祖，对外以教授佛经的名义存在。

  明德学校。明德学校也叫明德五戒学校。明德学校全缅甸有13所，最初的明德学校在腊戌，曼德勒这一所是从1976年就开始办的，刚开始以补习班的名义，在20世纪80年代后才以佛经学校的名义办起了学校。明德学校因其众多的分校而成为缅甸影响力较大的华文学校，明德学校的发展历程体现了华文学校的发展困境以及展现了华文教育在受到挫折时的应对措施。腊戌明德学校在1977年7月7日至1978年和在1982年分别两次遭遇政府下令关闭学校，因此，为了能够让办学顺利继续，当时明德学校负责人刘炳宏决定走一条将"明德总校的发展与缅甸佛教的基本国情相应"的道路。在1983年初，刘炳宏在曼德勒省宗教厅长的帮助下，拜见了中央僧侣委员会主席团，并以教佛经为由，向僧侣委员会申请开办佛经学校。这个请求最终得到了主席团的批准，并让腊戌中央僧侣委员会的大法师亲临学校主持开学典礼。① 而后，所有明德学校都以五戒学校的名义开办。据一位明德学校的老师回忆，"同学们每天都要拜佛，也要读一些中、缅文佛经，而且政府时常会派人前来视察。记得有一次，市长亲自前来视察，他叫低年级的同学来背诵缅文五戒，每个同学都背得滔滔如流，他还

---

① 资料来源于明德学校内部资料《腊戌明德五戒学校五十五周年特刊》，第37页。

到厨房里察看，是否真的吃素，结果一切都让他非常满意"。①

福庆学校。笔者访谈了福庆学校第一任正校长和副校长，了解到，1993年11月学校刚成立时只有6位女老师，她们大多是在家中开设中文补习班的华侨，为了支持学校，这些女老师把家里的学生带到学校，就这样他们成了福庆学校的第一届师生，有老师6位和学生65位，总共71人。因为福庆学校开在福庆宫内，所以开办之初便以福庆宫作为掩护，当时为了应付检查，学校还专门找来佛经放在抽屉里以备抽查。

1965年到21世纪前，曼德勒的华文学校经历了收归国有、补习班（化整为零）和佛经学校的一系列的过程。华文学校都对外宣称是佛堂，虽然得到佛教的支持，但是在法律上，华文学校仍然是不合法的，他们是没有向政府注册登记的"黑组织"。

③注册公司

虽然有"佛经"的掩护，可是华文学校仍然经历了被随意关闭的危机，为了寻求更稳定的生存环境，华文学校开始寻求新的道路——注册公司。毕竟佛经学校只能在名义上掩人耳目，成为公司才能成为合法的组织。21世纪之后成立的华文学校多是以公司的名义存在的，比如新世纪、昌华、云华。福庆学校也借胞波网注册了公司，福庆学校的校长说：

福庆学校是不合法，缅甸所有的华校没有一所是合法的。但

---

① 资料来源于明德学校内部资料《腊戌明德五戒学校五十五周年特刊》，第25页。

是后来的新世纪、昌华、云华是合法的,因为他们都注册了公司。最开始是昌华公司,后来新世纪也注册了公司,再后来的云华也是这样。因为有公司才能让外来的人住在我们的学校里面。福庆创办已经 20 多年了,今年是第一次有志愿者来到福庆学校,这是最明显的变化。董事会也有风险,因为董事会也是不合法。我讲的合法是你不能在政府上面。还有就是发邀请函的事情,以前没有注册胞波公司的时候以福庆学校的名义是无法发邀请函的。[①]

21 世纪以前,曼德勒的华文学校有孔教、明德五戒学校、福庆学校,21 世纪开始又新增了新世纪、昌华、云华师范学院等华校,华文学校作为维持华人文化的直接场所,其在缅甸的地位一直都是非常尴尬的。曼德勒华文学校经历了收归国有、化整为零、缓慢发展等阶段,在艰难的生存环境中生存发展,少不了华人对缅甸佛教的实践和从缅甸佛教文化中得到的保护。

(3) 缅甸《私立学校注册法》与华文学校新发展

2011 年缅甸联邦共和国私立学校注册法颁布,允许私人开办缅文私立学校,这为华文学校的生存开辟了另一条道路。如云华师范学院、孔教学校新城区都申请办私立缅文学校。因为已经有了现成的教学楼,所以学校只用中文学校的地址向政府申请办缅文私立学校即可。等挂上了缅文学校的名称,对外这便是一所缅文学校,只是这所私立的缅文学校会在国民体系的教学时间之外教中文。因为缅文私立学校是合

---

① 资料来源于 2017 年 3 月 18 日曼德勒福庆宫福庆学校校长李先生的讲话。

法的，那就在很大程度上保证了中文学校的安全。具体的操作是，在国民教育体系的时间内学校教授缅文，而在国民教育体系外时间就开办教中文：6:00—8:00 中文；8:30—15:00 缅文；15:30—17:30 中文。2017年，孔教学校新城区设立缅文部，学校非常谨慎，不敢招收中文班以外的学生来缅文部就读。学校董事们商量，假如有附近的缅人想来读书，就说是学位已满，以此理由拒绝陌生的学生，可见中文学校的办学压力有多大。

《私立学校注册法》强调缅甸私立学校"不应成为传授宗教的学校"，所以具有办缅文私立学校资格的学校都不强调自己是"教佛经"的学校，似乎有了去宗教化的趋势。然而成立了缅文部以后，虽然以去宗教化的学校自居，但是，华文学校仍借助佛教的相关实践让自己更安全。接下来以笔者所在的学校孔教新城区为例来阐述开办缅文部的华文学校的宗教实践。就笔者的观察，学校设立了缅文部并请来了缅人校长和缅人老师之后，校内6楼的佛堂就变成了除教室之外最重要的场所。缅文部校长和老师经常会带着学生到楼上拜佛，可以说佛堂是缅人老师们能在心理上较快接受学校的重要因素。除了佛堂外，孔教学校新城区还全力配合缅人老师的习惯，尊重他们的宗教信仰。在公立的缅文学校里，一天上课之前，老师会带着学生念佛经，所以孔教新城区在缅文教学时间时，完全尊重缅人的传统，学生上课前也念经打坐。还有，按照缅人的习惯，在缅历4月的洼梭月盈节缅文学校都会组织学生们向和尚布施袈裟。2017年孔教新城区也举办了洼梭袈裟布施，当天在学校六楼的佛堂上，学校请来的3个和尚带领着老师和学生们念经，笔者看着那些孩子像背书一样的念佛经，感受到了孔教新城区华人通过佛教融入缅甸佛教文化这一潜移默化的过程。孔教新城区对缅人佛教文化的尊重让缅人看到了华人的诚意，让他们看到把缅文部设在华文学校是正确的选择。

所以，在私立学校的阶段，虽然学校迎合《私立学校注册法》提倡无宗教的教学环境，但是仍小心翼翼地用宗教拉近与缅人的关系，绕了个弯保护华文教育（缅文部一般都不是挣钱的投资，能不亏都算是好的）。

五、入乡随俗——家庭与个人的南传佛教实践

在上一部分中,笔者主要是从华人社团的角度来探讨华人如何通过宗教实践来运用缅甸的佛教文化以维护华人社会的,在这一部分,笔者将从家庭及个体的角度进行分析。

1. 华缅融合的宗教实践

华人作为外来移民,其"客人"的社会地位一直没有改变。而"二战"后华人复员以后,由于中国否认双重国籍政策的实施、缅甸民族国家建设等原因,曼德勒华人的观念已经由落叶归根慢慢向落地生根转变,落地生根的观念使华人必须认真去了解缅甸的佛教文化。

(1) 家中的佛龛

华人家中既供有缅人的释迦牟尼佛,也会供奉华人的观音菩萨(信伊斯兰教和基督教的不供观音菩萨;信一贯道的供奉弥勒菩萨)。佛祖和观音分开放在两张挨着的神台上,而且释迦牟尼佛的高度是一定要高于观音菩萨的。或者是释迦牟尼佛的雕像在体积上是要大于观音像的。一位曼德勒华人这样说过:"如果你把观音和佛祖平起平坐的话缅甸人会不高兴,所以他们也懂这一点,即使供也是有一点级别

的。佛祖高一点，观音低一点。"① 在缅人眼里，观音是"华人的佛教"，其内涵就是"这不是我们的佛教"。释迦牟尼佛祖是南传上座部佛教里唯一的偶像，所以如果把华人的观音与缅人佛教里唯一的偶像平起平坐，缅人会认为这是不尊重缅甸佛教文化的行为。不管是在华人社团还是在小小的家庭中，华人都深谙这种文化规则，只要是在同时供奉释迦牟尼佛和观音的华人家庭中，无一例外地都会将释迦牟尼佛与观音的地位高低展示出来。这样做既能保持华人的传统信仰，也能做到尊重缅人的文化。其实在汉传佛教中，佛祖的地位也是高于观音的，在供奉时也尽量会将释迦牟尼佛放在主要的位置，但是问题在于华人之所以会这样做是出于如果不这样做"缅甸人会生气""我们要尊重他们的文化"的角度出发的。

一些缅化程度很高的华人家庭可能只供奉释迦牟尼佛而不供观音，但是家堂是一定会有的，华人家中的家堂与释迦牟尼佛像的摆放也有讲究。供奉释迦牟尼佛的佛龛会摆在家中的最高层，而家堂是摆放在进门所对着的位置，如果家里只有一层，那么家堂与佛祖的神台是不能挨在一起的，会分别供在不同的墙边。华人知道家堂是不可以和供奉释迦牟尼佛的佛龛平起平坐的。

家堂和观音是华人传统文化的象征，而供奉释迦牟尼佛是一种对缅甸南传上座部佛教文化的认同，表示华人与缅人共同的宗教信仰。当两种文化体系在一个家庭空间中相遇时，华人通过对佛像位置高低、佛龛摆放位置等小细节上的实践将两种文化和谐地融于一体，既满足

---

① 资料来源于 2016 年 10 月 6 日笔者于曼德勒福庆宫对李先生的访谈。

了维护本族群文化的意愿,又展示了尊重缅甸社会文化的华人形象。

(2) 宗教节日

华人主要的节日有春节、元宵节、清明节、中元节、观音节;缅人缅历的 1 月到 12 月每一个月都有一个宗教性的节日。缅历的 1 月是泼水节,也就是缅甸的新年;缅历 2 月的月盈日是浴榕节;缅历 3 月是和尚考经的日子;缅历 4 月月盈日是拉开了维持三个月的解夏安居的日子。缅历 5 月是慈经日;缅历 6 月是划船节;缅历 7 月月盈日是结夏安居结束的日子,这一天是点灯节。缅历 8 月是献袈裟节;缅历 9 月是文学节;缅历 10 月是母亲节;缅历 11 月是糯米糕节;缅历 12 月是沙塔节。

在曼德勒,华人既进行华人汉传佛教和传统民间信仰的相关实践,也实践缅人所信仰的南传上座部佛教的内容。所以,在华人自己的宗教节日和缅人的宗教节日时,华人都会参与其中。在缅人传统的宗教节日的时候,华人会去缅人的寺庙拜佛,而在华人的传统节日里(比如说春节、观音节日、清明节)他们会来华人寺庙拜观音、土地、财神,到坟山祭拜祖先。一位华人这样评价曼德勒华人的宗教实践:"缅人的节日也过,华人的节日也过,既拜缅人的佛,也拜华人的观音还有祭祀自己的祖先。"① 简单直接地说,曼德勒华人的宗教信仰和宗教实践是中缅混合的。这种交融是很有趣的,在华人身上能看到这种不同文化的交融和碰撞:穿缅装却说中文、对缅甸文化说得头头是道,但在文化认同上却像是中国人、既拜释迦牟尼佛也拜天地君亲师。

---

① 资料来源于 2016 年 10 月 6 日笔者于曼德勒福庆宫对李先生的访谈。

华人处在两种文化的边缘,但是他们却把两种文化进行再造,形成一种属于自己的文化,他们处在这种新文化的中心。

关于华人佛教与缅人佛教不同的地方,华人会有两种不同的归类方法。一种是弱化差异,认为其实大家都是佛教,不管是观音、祖宗、土地、一贯道等都可以列入佛教里面。在表述的时候,尽量扩大佛教的范围,而把自身的文化特点融入佛教,而试图抹去自身文化与缅甸佛教的差异。总结来说就是一句话:大家都是信佛教的。另一种是坚决把释迦牟尼佛与种种以外的文化相区分,除了释迦牟尼佛以外的华人的信仰都是神,比如观音、土地、关公等,认为华人信仰的祖宗等不能算是宗教而只能是传统文化,所以在宗教上,中国人信释迦牟尼佛跟缅甸人是一样的。

在不同的宗教场域中,华人的行为也不一样。在缅人的寺庙里,华人会脱鞋袜,而到了华人寺庙,华人就不一定会脱鞋,华人在中缅的宗教文化中游刃有余。

(3) 日常生活中的宗教实践

钟小鑫总结了南传上座部佛教嵌入缅甸社会的方式:以维系集体社区情感为核心的社区佛教、以个体心理治愈为核心的禅修佛教、以扶助弱者为核心的慈善佛教和以培养僧人为核心的教育佛教。[①] 所以,根据钟小鑫的划分,华人日常生活中的南传佛教实践的主要场所是家、寺庙以及社区,主要有布施、禅修、短期出家、拜佛、念经等实践形式。

---

① 钟小鑫:《缅甸南传佛教形态及其嵌入社会方式——对四个缅甸寺庙的人类学考察》,《学术探索》2017年第2期。

关于布施。布施是缅甸佛教文化中的重要内容。布施分为在社区中的布施和到寺庙中去的布施两种形式。并不是所有布施都得跑到寺庙里去，家门前的布施是缅人布施的一种重要形式。每天清晨，和尚庙里的和尚就会出来托钵化缘，而尼姑会在每一个月的月盈日出来化缘。每当家门前有和尚或者尼姑经过，缅人在一般情况下是不会拒绝对僧侣的布施的。在遇到僧侣化缘时，华人有时也会布施。布施时只需米一碗和钱一两千即可，布施和尚的是米饭，布施给尼姑的是米。笔者访谈过的华人都表示只是偶尔才会布施，并不是每次僧侣从家门前经过都会布施的。宗教节日、人生礼仪比如生日也是布施的好时候。有些缅人会凌晨就起来做早餐，或者是在门前摆上小桌子，放上米和芭蕉，等待过路的僧侣前来化缘。有些想做得隆重一些的会到庙里布施斋饭，请庙里的和尚和所有来庙里的人吃。华人也会像缅人这样做，但是频次没有缅人那么高。更多的时候是因为有人到庙里做善事，华人被邀请去庙里吃饭。

关于禅修、短期出家。人们到庙里禅修，往往是为了追求心灵的幸福或者舒缓生活的压力，每年的泼水节是最受大家欢迎的禅修的日子。以2017年的泼水节为例，2017年4月13日开始是缅甸的泼水节，到4月16日结束，泼水节有4天，分别为帝释天下凡前日、下凡日、停驻日和回天日。之后的4月17日便是新年的第一天。泼水节期间，人们常常到庙里进行短期出家5天或者7天，或者是去庙里禅修。要出家的或是想到庙里修行的人从12日开始（甚至是11日）就会陆续到庙里，一直到泼水节的假期结束。在华人中短期出家和禅修的人数虽然没有缅人多，但有些华人也像缅人那样到庙里修行。

关于拜佛、念经。拜佛和念经是缅人日常生活中必做的事情。在笔者接触到的缅人中,特别是妇女,她们会在早晨起床后和晚上睡觉前在家拜佛、念经。曼德勒的华人虽在念经的勤奋程度上不及缅人,但曼德勒的华人几乎每人都会念一些缅文的经,这些经都是上学的时候老师教给他们的。也许他们不会每天早晚固定时间念经拜佛,但是在生活中遇到困难和害怕时,他们会想起要念缅文的经。笔者的缅文老师每一次开摩托车出门都会一边开一边念经,因为只有这样她才不会害怕。生活于缅甸的华人,在保留传统宗教信仰的同时,也吸收了缅甸的佛教文化。

总结来说,曼德勒华人的宗教实践融汇了华人文化和缅人文化的内容。笔者遇到过一个云南籍的华人家庭,丈夫更信缅甸的南传上座部佛教,有空就会到常去的缅人寺庙拜佛和和尚;而妻子更愿意到华人寺庙找尼姑师父聊天,只要是华人的节日的宗教盛会,她都会到华人寺庙去参加。两人不同的宗教信仰倾向并不会为二人的日常生活带来冲突和矛盾。

第一代华人和华裔之间会有一些差别。第一代更热衷于参加华人寺庙的活动,而第三代以后的华裔则对缅人的寺庙更加地熟悉,华人的寺庙只会在华人节日或者父母的带领下才会去。在笔者访谈的第三代以上的年轻华人中(各省籍都有),所有人都表示只会念缅文的经文,而有关中文的经不会念也从来不会去念,家里供着的观音只是上香的时候拜一拜。

2. 融入社会的宗教实践

（1）华人宗教实践的社会性

宗教信仰和宗教实践是两个不同的概念范畴。宗教信仰是从灵性的层面来解读行动者的宗教行为，而宗教实践未必就是信仰和灵性的显现，如果把家庭及个人的宗教实践放在日常生活的层面加以考察，就能发现华人是如何通过宗教实践理解和发展自我的生存环境的。

在曼德勒，社会性和物质性影响着华人的宗教实践。"忍气生财""入乡随俗""圈子"这几个词是受访者在提到宗教实践时经常会提起的高频词。

第一，忍气生财。第一代华人来到曼德勒后总要经历一段艰难的时光。一位华人说："华人来到这边，前提都是很穷，来这边讨生活的，所以忍气生财。什么事情，自己吃亏一点能挣钱就行。"下面的两位受访者的经历是典型的案例：

> 我在曼德勒也有亲戚。来这边很困难，因为语言不通，而且，我是偷渡过来的，不是公开的。要慢慢地学缅语，然后做生意，然后慢慢慢慢攒一些钱，才叫他们过来。我们以前是做杂货店，卖米、油，后来攒钱就去开工厂，我做的是纸厂。我来的时候，在我母亲的亲戚那边先学了一点缅语，那个时候学了没多久，我就到福建人开的杂货店帮忙，每天去进货。那个时候，一个月才给我100块钱缅币，他们能接受我们就不错了。[1]

---

[1] 资料来源于2016年10月9日笔者于曼德勒福庆宫内对林先生的访谈。

像我们福建沿海，有好多都饿着肚子，所以我们人很多跑去新加坡、缅甸、泰国。我刚来的时候，跟家里联系就是写信，要一个多月。当时刚来都没得吃，到这里10年才挣到一点钱，全部家当7万元人民币。刚来的时候语言不通，要学语言，要融入当地文化，就尽量跟老缅沟通，看他们的看法。住在老缅家，而且那时候想挣钱，不会语言怎么办，当时朋友介绍到这家老缅家，刚开始只能用手比画。听不懂啊，听不懂也要听得懂。①

生活的不易以及在异国他乡的艰难，这些都造就了华人忍让的行为特点。所以在宗教生活中也是如此。因为宗教生活在缅人及华人生活中扮演着重要的角色，所以有些自身对宗教并不热衷，甚至疾呼我根本不信的华人都不随意对别人的宗教行为进行评价。华人习惯对别人的宗教活动不表明态度，如果别人邀请到寺庙也会跟着去。

第二，入乡随俗。入乡随俗是华人行为处事的依据，入乡随俗的理念也直接影响了华人的宗教实践。也许华人（特别是第一代华人）不能理解缅人为什么在经济不佳的情况下还要盖很多佛塔寺庙，自己都快吃不上饭了还要把最好的饭拿出来施给僧人，甚至有的华人认为缅人是"沉迷佛教"，一位华人在聊天过程中不解地说："中缅是邻居国家啊，都不知道老缅是怎么想的，像是幼儿园的一样……在缅甸很多断头路都是遇到寺庙。"② 但是不管在心里能否理解，作为外来移民的华人，在行为处事中总会考虑到缅人的态度，"如果你跟人家不一

---

① 资料来源于2017年6月9日笔者于曼德勒颖川堂对陈先生的访谈。
② 资料来源于2017年2月25日笔者于曼德勒孔教学校新城区对寸先生的访谈。

样，你很快就给人家排挤掉了"①。因为不想被排挤，所以华人会表现出对缅甸风俗习惯的认同，日常生活中华人的行动也带有南传上座部佛教的影子。比如在建筑物落成、公司开张等情况下一定会请缅人和尚来念经祈福。就笔者的田野调查而言，笔者发现，日常生活中特别是一些缅甸的宗教节日时，华人需要祈福时一般会请缅人和尚，因为他们强调"在缅甸就要受缅甸的影响"。

第三，受交往圈子的影响。华人的宗教实践有维护邻里、商业等社会关系的目的。笔者参加过许多次华人在宗教节日中的聚会，大型的宗教活动最后都会落到"吃饭"这件事情上。他们借着宗教节日聚餐的机会，相互联系，像是商业性的聚餐交往。与会的华人相互打招呼，来参加宗教节日的活动是他们"露脸"的好时机，就像是应酬一样。所以对于华人来说，是参加华人的传统宗教活动多一点，还是去参加南传佛教的活动，其背后，与个人的社会关系网络是分不开的。一位华人曾说过："华人跟华人有自己的圈子，观音庙有法会，我要去肯定是去我的朋友那边比较多。有些人去拜和尚是为了有商业机会的，比如这个大官人去拜这个和尚，我也去拜这个和尚，那我跟这个大官就共同供奉一个师父了嘛，师父帮拉关系是不是很容易。"②

同时在日常生活中，华人的宗教实践受人际关系的影响。公司里的缅人员工和邻居是影响华人宗教实践的两大角色。在曼德勒，许多华人大到开公司和工厂，小到开一间小店，再小到家里请用人，缅人员工都占了很大的比例，老板和员工的关系是华人与缅人关系中常见

---

① 资料来源于2017年6月9日笔者于曼德勒颍川堂对陈先生的访谈。
② 资料来源于2016年10月9日笔者于曼德勒伊洛瓦底国际学校与刘先生的访谈。

的一种。面对自己的员工，一般华人老板都会尊重员工的佛教信仰。首先，在缅人重要的佛教节日中，华人会将和尚请到公司来接受布施；再有，因为要顾及缅人员工的感受，不管是在家中还是在厂里，都会供奉释迦牟尼佛祖，因为这是缅人的习惯。除了员工，缅人邻居也是影响华人的一个重要存在。华人的家庭即使自己不去做布施，也会在邻居或朋友在庙里做布施需要帮忙的时候前去帮忙，比如早上跟着一起做早餐，招呼来庙里吃饭的人，在邻居布施时做一些力所能及的事情。

（2）与缅人的差异

虽然曼德勒的华人家庭及个人在宗教实践上有许多缅甸宗教文化的烙印，但仍然与缅人有许多差异。

首先是在成长环境上的差别。在曼德勒，华裔与第一代华人相比，更了解缅甸文化，但是与缅人还是有区别的。缅人对佛教文化的理解不仅来自学校，更是从小就接受家庭教育的结果，缅人对佛经非常熟悉，会念的经也非常多，因为在小孩子还没上学前父母就会教给他们。但华人不一样，华人对佛教以及佛经的了解大部分来源于学校。华人父母与缅人父母相比，在佛教知识的传授方面是很少的。在缅甸公立学校，每天上课前老师都会带领学生们念经打坐，华人们会的经也大都是这些时候学的。经文是用缅语音译巴利语，上课时老师带领学生念经，华人只能听音跟着念，所以有的华人等到长大了能够自己看经文了才发现从小念的经有些地方自己的发音发错了。[1]

---

[1] 资料来源于2017年6月23日笔者于曼德勒福庆宫内笔者对一位福建籍二代华人的访谈。

再有，缅人比华人更加热衷宗教生活，缅人与和尚的互动更频繁。比如在泼水节期间，随处可见缅人以家庭为单位地请和尚来祈福，在2017年泼水节的时候，笔者住房背后的街道上，缅人请来了5个和尚来念经，总共有24人参加到了此次的念经祈福活动中来，小到十多岁的小孩子，大到六七十岁的老人，男性女性都有。这种情况在缅人间很常见，而在华人中，这样的活动并不是没有，只是不多。华人在日常生活中拜佛、念经的频率、去寺庙的热衷程度上也比不上缅人。

最后，华人与缅人的布施习惯有所差异。布施是宗教生活里面重要的实践之一。缅人对布施的热衷是众所周知的，在日常生活中，缅人很少拒绝给路过化缘的僧侣布施，每当僧侣经过时，他们会准备好一点米和钱，恭敬地将米和钱布施给化缘的僧侣们。每逢宗教节日、生辰等特殊的日子，他们即使没有很多钱去庙里面布施饭菜，也会在家门前摆上小桌子，做上传统的缅人食物以在早晨布施给路过的僧侣。总之，布施对于缅人来说是生活之日常，笔者也曾听过受访者感叹说"缅甸人捐东西、食物很大方，真的很大方。很多地方捐了很多，次数很多"。① 而华人的布施，在频次没有缅人多且华人布施更讲究排场，相比缅人，华人不太热衷街边的小布施，笔者所住的地方附近的僧侣从不经过化缘，当笔者询问原因时，一位华人说："因为这边华人多，每天每天来，华人是不太乐意捐的，那些和尚知道华人不想捐，所以就很少来这边，他们都去缅甸人多的地方。"② 一位云南籍华人曾这样总结过华人的布施特点："华人喜欢一下子捐很多钱，捐一栋楼，

---

① 资料来源于2017年6月23日笔者于曼德勒福庆宫对一位福建籍二代华人的访谈。
② 资料来源于2017年5月28日笔者于曼德勒新城区对一位云南籍华人妇女的访谈。

一个学校，捐大大的。这种每天捐一点的华人不太喜欢。"① 华人的布施排场大，但不可否认，华人为缅人寺庙的建设贡献了许多力量。比如说到华人建造的缅甸寺庙，最有名的就是先侨李先和独资捐了曼德勒著名的寺庙瑞映彬大寺，此寺建于150年前，现在他的坟墓还在庙的旁边。自1990年坟山迁郊外后，李先和先生的墓是唯一能设在市内的墓。华人捐给寺庙一栋楼的情况不胜枚举，他们对缅甸佛教文化的贡献是无法磨灭的。华人与缅人都是在布施，但这两种布施反映的心态有很大的不同，缅人是把布施当作生活在做，华人是把布施当作构建自己的社会在做，也是为了自己的生活。

---

① 资料来源于2017年5月28日笔者于曼德勒新城区对一位云南籍华人妇女的访谈。

六、结论

笔者在本论文中研究的是曼德勒华人的宗教实践，意在从曼德勒华人宗教实践的角度来探讨宗教与社会的关系。具体来说，本论文在分析华人移民历史、缅甸佛教文化以及华人政治环境的基础上，通过展示曼德勒华人的宗教实践来探讨作为外来移民的华人是如何借助缅甸佛教文化的知识与当地社会进行互动，并为自己争取更好的生活和发展环境的，探讨曼德勒华人是如何理解自己所处社会环境的意义并加以实践的。

1. 曼德勒华人与宗教实践

本研究的侧重点之所以在于宗教实践而非宗教信仰，是因为笔者想要从非灵性的层面对华人的宗教生活进行探讨。宗教并不是孤立于社会而存在的，华人的宗教实践不仅是信仰的问题，更是生存的问题。笔者关注的是曼德勒的华人是如何运用宗教的知识去解释性地理解与建构自我生活世界的意义的。

（1）传统宗教与华人认同

笔者在第三部分中描写曼德勒华人关于传统宗教信仰的相关实践，

本文认为，曼德勒华人的传统宗教及其实践是维持华人族群和文化差异性，使华人不被同化的宗教实践活动。

华人作为外来移民，其在传统文化上与缅人有差异，在政治上没有地位，不能拥有完整的公民身份。作为少数族群，华人也明白自己是客人，甚至是部分情绪激烈的缅人所说的"不知道是从哪里来的人"，在这样的背景下，华人通过对传统宗教的实践来维持自己对于华人的认同。

有一位云南籍华人在一篇文章中写道："海外华人曾希望自己能够彻底地融入当地文化氛围，从而寻找到心灵的归属感；但是经过几番纠结和挣扎，他们发现，民族文化依然是最终的精神家园，也是建立安全和自信感的源头。"① 笔者认为，这段话是对华人实践传统文化的最好的总结。虽然华人已经是缅甸人，但他们并没有忘记自己的华人身份，并且其身份认同感通过对观音节日、祖先崇拜等华人文化的实践而得到巩固和延续。在实践的过程中也能看到与缅甸文化的交融与博弈，宗教实践是身份认同的重要资源。

曼德勒华人的寺庙、坟山、家中的家堂，不仅使华人有区别于缅人的宗教信仰，也使华人独特的文化特征能够延续，是华人社会的重要标志。华人传统宗教文化与缅人的宗教文化有明显的差异，也正是这明显的差异使得华人这一少数族群有能够彰显自身族群特性的途径。

总结以上华人关于传统宗教的实践发现，华人在社会结构的制约下，发挥主观能动性，通过对传统宗教的实践使得华人呈现一种会被

---

① 资料来源于 http：//www.mdy－ynhg.com/New！viewNew？newid＝182

缅化却不易被同化的状态。第一，关于华人是否已经被同化，学者有这样的观点，即"其实判断一个民族是否被同化，不是在于她接受些什么，更重要的是她保留些什么"。华人保留了华人宗教信仰中的观音、祖先崇拜等内容，并在节日和日常生活中实践着这些传统宗教文化，也因此，华人这个族群概念自始至终贯穿于他们的移民与宗教体验中，成为富有意义的自我认同的一部分。第二，华人寺庙、宗教人员、宗教物品与中国的联系使得华人不容易被同化。

(2) 南传佛教与融入主流

第四和第五部分是对曼德勒华人的南传上座部佛教相关实践的分析。第四部分分析曼德勒主要的华人社团是如何运用关于南传上座部佛教的知识来维护自己的生存环境的。华人社团关于南传上座部佛教的实践是以运用缅甸佛教文化为途径的争取族群文化差异性和融入主流社会的行动。

"佛""寺""僧"是曼德勒华人社团的宗教实践所指向的主要目标。可以说，这是华人对缅甸佛教文化精准地了解之后所做出的宗教实践。"佛"即释迦牟尼佛祖，是缅甸佛教文化中至高无上的崇拜偶像；"寺"，在缅甸，寺庙影响着人们生活的方方面面。寺庙具有宗教、教育、福利等方面的功能，扮演着学校、福利院、医院、社会活动中心等角色。① 寺庙的存在和功能是佛教影响缅甸的结果，同时寺庙的存在及其功能也维护了佛教在缅甸社会的影响力。寺庙在人们的全方位的日常生活中都有作用。"僧"，佛祖涅槃之后，僧人是佛祖在

---

① 关于缅甸寺庙的功能参考李祖清：《寺庙的功能》，《西南边疆民族研究》2010 年第 2 期。

人间的代表，是佛教三宝中的一宝，缅人对僧人的尊重程度是没接触过南传上座部佛教的人难以理解的，僧侣在缅甸民众中的独特地位使僧侣成了缅甸社会中不可忽视的力量。① 因此，华人社团通过供佛、布施寺庙和僧人来寻求庇护以及文化融入。

从 20 世纪 80 年代至今，曼德勒华人借助佛教力量为华人社会争取更好的生存空间的宗教实践已经渐渐走向成熟。总结曼德勒社团的南传上座部佛教相关实践发现，他们是以共同信仰为交流桥梁、以布施为交流手段、以尊重宗教习惯为交流方式的宗教实践。从笔者的田野经验来看，华人关于南传上座部佛教的实践有以下的特点：

第一，华人的宗教实践是以保护自身传统文化发展环境为动力的；

第二，华人的宗教实践是以改善和维护族群关系为目标的；

第三，不同籍贯的华人宗教实践各有特色，但重点和指向却一致。而且华人社会既分化又整合，作为整体出现的华人才是以后华人社会的发展趋势，金多堰的发展历程就是最好的证明。

曹南来在其文章中说道："有许多实践虽被赋予明确宗教意义和具有强烈宗教动机，但它们本身却并不属于宗教性与灵性的直接表达。在现实生活中许多宗教实践未必就一定是以道德的共同体为基础抑或是内在灵性和信仰的'真凭实据'显现。"② 笔者认为，曼德勒华人社团关于南传上座部佛教的实践就是如此。以上关于曼德勒华人社团的宗教实践，结合缅甸社会存在的佛教民族主义、华人在缅甸的社

---

① 王全珍：《略论缅甸僧侣与缅甸政局》，《东南亚之窗》2008 年第 2 期。
② 曹南来：《中国宗教实践中的主体性与地方性》，《北京大学学报》（哲学社会科学版）2012 年第 6 期。

处境等背景，就能发现这是华人在面对既定的社会结构时发挥华人主观能动性的实践。华人的实践同时也改变了既定的结构，改善了华人的处境。

曼德勒华人积极实践缅甸南传上座部佛教的知识，这并不意味着华人已经同化了，其实践过程也是华人族群身份和族群边界不断强化的过程。曼德勒华人关于南传上座部佛教的实践一方面可以促进华人文化与南传上座部佛教文化的交融，另一方面也可以增强华人身份认同，华人认同的强化与其向主流社会融入是并行不悖的。

而在第五部分中，笔者主要从家庭及个体的角度去探讨这一问题。

从家庭和个体的角度来说，华人的宗教实践是融合了华人与缅人的宗教文化的，这种交融，与作为外来移民的华人所处的缅甸社会环境有关。不仅如此，华人对缅甸佛教文化的吸收与实践受华人人际互动关系的制约，由于入乡随俗和交往圈子等个体与社会文化、个体与个体的互动要求，使华人的宗教实践慎重且有指向性。但是华人的宗教实践仍与缅人有所差异，并不是完全被缅人同化的，华人只是在一定程度上践行缅人的宗教文化。

曹南来指出，"宗教渗透于日常实践与人际互动之中，影响着他们活动的特点、质量和方向"。[①] 笔者认为，个体的宗教实践是难以脱离社会与人际互动而存在的。笔者对宗教实践非灵性层面的强调是为了能够了解华人是如何通过宗教来理解自身所处的意义世界的。西方学者关于外来移民的宗教研究表明，宗教可以为移民提供被当地社

---

① 曹南来：《中国宗教实践中的主体性和地方性》，《北京大学学报》（哲学社会科学版）2010年第11期。

接受的道路。① 在宗教色彩明显的缅甸更是如此,华人的宗教实践暗含着人际互动、安全与融入的需求。虽然总体上华人没有像缅人那样对宗教那么热衷,但是宗教已经成为一些在生存环境上有所追求的华人建构他们的生活的重要资源。

2. 宗教与社会

关于传统宗教的实践,华人在生活方式上很容易缅化,但是在族群认同上却很难被同化。在曼德勒的华人,经常会说"缅甸的土很黏""缅甸话很好说""纱笼很适合缅甸的气候""吃缅餐的时候用手抓更好吃",所以在曼德勒的华人很多在生活方式上都缅化了,甚至部分华人连中文都已经不会说了。但是曼德勒的华人的族群认同很难被缅人同化,华人的身份认同深刻地烙在华人的心中,有很大一部分原因是,曼德勒的华人通过维持他们传统的宗教信仰来维持华人的文化差异性,在华人的宗教实践中,华人的族群概念一直存在。

关于南传上座部佛教的实践,华人作为移民,缅甸政府从法律上限制了华人拥有完整的公民权利,不仅是在法律上,从心理层面来说,在缅人和华人自身的认知中,双方都很清楚华人是"客人"。然而华人有延续自己族群文化核心的文化自觉,华人的宗教实践就是以尊重缅甸文化为途径的争取族群文化差异性和融入主流社会的行动。笔者认为,曼德勒的华人能够很好地认识到在缅甸生存时宗教的重要性,不管是华人精英还是普通的老百姓,他们都知道,想要安全地在缅甸

---

① 黄平:《宗教红利与社会融入——美国的移民问题探析》,《宗教与美国社会》2016 年第 2 期。

生存下去，依附于宗教是必需的。佛教对缅甸社会的重要性以及缅甸社会对非佛教偏低的宽容度，这使得华人会倾向于向佛教寻求保护。

华人关于传统宗教的实践是维护华人身份认同的重要方式，而华人关于南传上座部佛教的实践是华人的生存策略。华人关于传统宗教的实践和南传上座部佛教的实践都是华人理解和建构自身的社会的重要资源。关于传统宗教的实践是维持华人族群性的重要方式，而关于南传上座部佛教的实践是适应当地社会的表现，华人的传统宗教实践与南传上座部佛教的实践相互交织、协调的格局占据了华人的宗教生活。在宗教上，曼德勒的华人不是处在边缘的缅甸主流文化的接受者，而是在缅甸社会结构的制约下发挥主观能动性积极主动地参与建构有关他们自己生活世界的文化知识的行动者，其发展方向不是同化，而是在融入的同时寻求族群文化差异性。

韩森在她的著作《变迁之神》中说道："中国民间信仰有一个很大的特点就是，人们并不会将自己的信仰分门别类——比如西方人会将自己分为犹太教徒、基督教徒等等，中国民间信仰者是什么神'灵'就拜什么神的，所以我们会看到他们信佛教、信道教也信民间宗教。'灵不灵'是'是否信'的标准"。① 杨德睿在对南京人热衷放生的现象进行分析时，强调了"感应"，是否"感受到了回应"是宗教徒的关注点。但笔者认为，在曼德勒，"灵不灵"和"感应"都已经不再是华人宗教的重要依据了。换句话说，宗教本身并不重要，宗教与社会的互动才是影响华人宗教的主要因素。宗教作为缅甸社会的

---

① 韩森著：《变迁之神》，包明伟译，杭州：浙江人民出版社，1999年，第11、12页。

重要内容，华人的宗教实践是与社会因素关联互动的，华人是在缅甸社会结构的制约下，通过发挥主观能动性进行宗教实践的。华人的宗教实践既受社会结构的制约，但同时华人的宗教实践也影响了社会结构，改变了华人的生存环境。曼德勒的华人宗教并不是被动的社会产物，华人有能力塑造自己的行为。

宗教实践是嵌入华人日常生活中的，宗教实践的内容也受到了华人所处的环境中的国家政策、南传上座部佛教文化、华人社会地位等的影响，所以宗教实践也是在华人与所处环境的互动中不断展演的。而由此引申出了笔者对于宗教研究的一点思考，宗教不只有信仰和灵性，宗教的社会性的层面不应该从宗教研究中被剔除出来，而应该把宗教现象置于社会框架下进行分析。

中缅北界 A 村 "弱势群体" 的灵性资本与社会支撑研究

作　　者：沙丽娜
指导教师：高志英
写作时间：2015 年

一、绪论

弱势群体作为社会转型时期出现的特殊群体，它的出现与市场化、全球化、城市化、信息化分不开。"弱势群体"自古有之，只是其概念的提出时间稍晚。从现有的文献资料看，在中国，"弱势群体"一词出现于2002年朱镕基总理在第九届全国人民代表大会第五次会议上所做的《政府工作报告》中，从而使得弱势群体成为一个非常流行的概念，引起了国内外学界、媒体等相关部门的广泛关注。但目前中国各级政府大多习惯以"困难群众"称弱势群体。新时期我国社会存在着大量的弱势群体，弱势群体问题的凸显对我国经济社会发展产生了深刻的影响，已经引起党和国家的高度关注。综合前人对弱势群体的定义，实际上，中国弱势群体不仅包括农民，也包括农民工、下岗工人、失业者、残疾人、城中村人、大学生，还包括因受战争、自然环境恶化牵连者等在社会、经济、政治、文化中等处于弱势或被边缘的人群。

根据当前对弱势群体的定义，按照生理条件和自然环境条件，可以将弱势群体分成生理上的弱势群体和自然环境方面的弱势群体。因此，弱势群体不仅包括农民，还包括农民工、残疾人、妇女、儿童、老年人、失业者等边缘群体,但是目前没有一篇论文或著作将跨境民族中所谓的"黑人黑户"(无户籍)列入弱势群体范围之内。据笔者自2012年8月以来至2015年的多次田野调查资料得知,在中缅北界A村生活着一群自称是中国人而没有中国户籍的边民,他们中的年长者见证了20世纪40年代末至90年代多个社会转型时期的历史事件。其间,为了生存等原因,他们中的一部分人迁至缅政府鞭长莫及的缅甸北部地区,在那里过着刀耕火种的生活。刀耕火种的生计模式的特点是每隔两三年需要重新开辟一块土地,轮歇耕作,因收成不高,需要的土地面积就更加广。在没有实行计划生育的情况下,人口无限制地繁殖,当新生儿的出生率与土地增产速度成反比,加之缅北地区政局不稳,生命安全不能得到保证之时,他们想到了返回中国老家A村。但毕竟他们去(缅甸)或离开(中国)的时间较长,回到故乡之后成了"三无"人员——无户口、无房子、享受不到任何生活保障,甚至被称为"黑人黑户""缅甸帕"(傈僳语:缅甸人),而他们则自称是"受苦受难之人"。返回老家后,他们的日常生活没有保障,没有固定的居所,更不用谈享受中国农村最低生活补贴、医保、养老补贴等中国惠农政策了。当地政府将这群人定义为"缅返人群"或"盲流人群"。笔者在调查中,将这群人与当地人的生活状况做了一番比较之后,采用了他们的自称——"受苦受难之人",并将其作为研究对象,在本文中统一写作"弱势群体"。

怒江州泸水市A村,位于中缅北界高黎贡山东面山区。A村的弱势群体,于1949年前后至20世纪90年代多个特殊历史时期,先后因各种原因迁至缅甸北部密支那、昔董、东玛库等山区农村。又因缅甸北部战乱、生存环境恶化等原因,于2007年至2014年陆续返回故乡A村。截至2014年2月,该村从缅北地区返回的边民即弱势群体人数已达657人,占该村总人口①的35%。2017年之前,他们没有中国户籍,没有缅甸户籍,因而成为"既不是缅甸人,也不是中国人"的"缅返边民"(当地政府这样称呼他们),他们失去了公民身份却又强调他们"本来就是中国人",表现出强烈的国家认同与故乡认同。

据调查,自2007年以来,在中缅边境怒江、保山、德宏、临沧、普洱、西双版纳沿线地区就分布着不少类似上述弱势群体。笔者在调查时,主要跟踪了傈僳族、勒墨人、怒族等中缅跨境民族,他们多数是基督徒。自2011年春以来,受缅北地区局部战乱的影响,缅北不少跨境民族群体涌入中缅边境地区的难民营,其中不少难民因着亲缘、地缘、教缘,跨过国境线涌入了云南。不少新闻媒体将这群人称作"难民"(但当时我国并无明文承认这群人难民身份的合法性),这一群体引起了政府、学者、媒体和社会各界人士的关注。原来从A村迁居缅北的傈僳族、勒墨人、怒族等人群相继返回原居住地A村之后,他们就成了当地的弱势群体。一时间,这些弱势群体得到了当地政府、亲友、教会、爱心人士等多渠道的帮助。其中,基督教徒个人或教会组织、机构等为当地弱势人群给予了物质救助与精神鼓舞,这里体现出超越族群、超越村寨边界、超越地域和超越国家的基督教认同。

弱势群体的社会支持是当前弱势群体研究的主要维度。从当前的情况来看,弱势群体的社会支持主要表现在物质支持方面,即通过社

---

① 总人口指在A村具有中国户籍的原住民,根据2013年统计数据,A村总人口为1880人,共400户。数据由A村委会提供,2014年2月9日。

会保险、社会福利、社会救济和社会服务等来保障弱势群体的生活。物质支持是社会支持的主要方面，但由于物质的贫困常常导致精神的贫困，因而精神支持也不可或缺。因此，从弱势群体对宗教诉求的角度，来探讨社会转型时期基督教对 A 村弱势群体的影响是有必要的。

A 村弱势群体的研究，不可避免地要提到"边民"回返带来的社会问题，这就与中缅边境民族地区的社会稳定、社会治理、国家安全①等内容息息相关，也是中国建设和谐社会的任务之一。本文以 A 村弱势群体（主要包括傈僳族、勒墨人、怒族等中缅跨境民族）为研究对象，以宗教人类学作为理论基础，运用人类学、民族学的田野调查方法研究中缅北界弱势群体村落中基督教信仰对弱势群体日常生活与宗教生活、节庆、人生礼仪方面的影响及意义。本文的完成可为全球化背景下的弱势群体问题研究提供新的思路与田野实证案例，可为中缅两国政府处理边民问题、宗教问题、国家安全问题等方面提供政策思考。

---

① 例如，根据 2015 年 3 月 10 日腾讯新闻《中方证实缅甸战机将炸弹误投入云南一处房屋受损》的报道中，中国外交部部长王毅在 2015 年全国两会中指出："中国立场很明确，缅北问题是缅甸的内政，希望得到和平解决。但中缅边境不能乱，缅北地区稳定，这符合中缅两国和两国人民的共同利益。我们将与缅方继续加强沟通合作，共同维护好中缅边境的安宁，共同维护好中缅两国人民的安全。" http://view.inews.qq.com/w/WXN201503110118600D1?refer = nwx&groupid = 1426034001&msgid =1&isappinstalled =0&key = ae5510d43005a85848834d5ed02f2044955b249e412aaf5b32ec56c9d3579a497866d1cce2aadb1f9e232c6a1bf93859&version = 26000032&devicetype = android - 15&cv = 0x26000032&dt = 2&lang = zh_CN&pass_ ticket=vVGxapCqN83BNljIwyWHTzDUCxl4wc1gEcighdIuQ0gRdAD%2Ban3ILtXOenVBBSt2&isShare=1&from=timeline，2015 - 03 - 11。

二、A 村弱势群体的形成、生活现状与宗教诉求

弱势群体是一个相对的概念,本文中所指的弱势群体是比当地原住民(具有中国户籍的 A 村民)"更弱势"的人群。拥有中国户籍的 A 村民有土地、房屋使用权,因为持有中国户口或身份证,他们外出打工、结婚、生育等行为是合法的。近年来,他们每年享受着农村低保、农业补贴、林业补贴、合作医疗、养老保险、免费九年义务教育、创业贷款、助学贷款等诸多优惠政策。

然而,本文的主要研究对象是一群已经失去中国户籍的人,因此,他们无权享受中国任何惠农政策。那么,他们为什么会来到(中国)A 村,并在此生活?正如前文所述,历史上 A 村弱势群体或其祖上(父亲、爷爷)是从 A 村迁出去的,因此 A 村成为他们"名正言顺"的故土(故乡)。他们于 1949 年前后至 20 世纪 90 年代多个特殊历史时期先后因各种原因迁徙缅甸北部密支那、昔董、东玛库等缅北山区。又因缅甸北部战乱、生存环境恶化、交通不便等诸多原因,普遍于 2007 年(部分人于 1997 年返回)至 2014 年间陆续返回故乡 A 村。截

至 2014 年 2 月，从缅北地区返回 A 村的边民即弱势群体人数已达 657 人，各个自然村的弱势群体分布情况详见表 1。他们来到 A 村一事，被乡政府称作"边民回返"现象。又因他们没有中国户籍，而被贴上了"黑人黑户"或"缅甸人"的身份标签。访谈期间，他们又不断强调他们"本来就是中国人"的身份，表现出强烈的（中国）国家认同感与归属感。

表1 A 村七个组"弱势群体"人口统计①

	Z	B	X	L	A	D	W	合计
户数/户	25	24	29	18	10	6	3	115
人口/人	135	147	166	86	60	43	20	657

在此，介绍 A 村中的弱势群体人口、民族等基本情况，分析当地弱势群体形成原因，进而关注他们返回 A 村之后的生活现状。在这部分也论述社会转型时期，弱势群体对基督教信仰的诉求及其在弱势群体社区中的社会功能之间的关系。

1. A 村弱势群体形成的多重原因

弱势群体的出现有社会和个人两方面的原因，社会因素包括收入差距拉大、分配制度变迁、城乡二元社会结构格局、税收制度的缺陷等；个人因素包括个人文化和专业技能素质、身体素质、就业人口和

---

① 数据来源：2014 年 2 月 20 日，由 A 村 7 个教堂负责人提供。

家庭收入、思想观念等。因而，弱势群体的形成是各种因素相互作用的结果。

截至 2014 年 2 月，A 村弱势群体人数达 657 人，这一数据包含了从 1997 年以来至 2014 年 2 月，由缅北山区返回 A 村的"边民"。他们由勒墨人、傈僳、怒、景颇、日瓦人（独龙族）等族群组成，他们大多数信仰基督新教。从人口年龄和性别结构上看，他们大多数是儿童和妇女。他们没有固定的收入，日常生活没有保障。为了躲避缅北战乱，为了生存，他们首先想到的是返回故乡，并在 A 村亲友家里吃住，在村落中打零工。为了能够成为当地人的一分子，他们四处奔波，询问户口事宜，为的是能够早日落户中国国籍。回到老家后，他们不但面临着温饱问题，同样也面临着孩子上学问题、结婚问题、就医问题、就业问题等。于是，他们主动向亲友和当地政府寻求帮助，但毕竟亲友和政府的力量是有限的，在没有相关政策落实之前政府也不可能解决所有问题，更何况他们当时并非法律意义上的中国公民。因而，共同的基督教认同在当地发挥了作用。基督教信徒或教会组织以慈善、社会服务等多种渠道，为当地弱势群体给予了物质与精神上的帮扶与关心。

根据田野资料分析，当地弱势群体的形成首先与贫困原因分不开，其次是当地贫瘠的土地与落后的生产技术，这亦是导致贫困的直接原因。另外，当地各族群对"生养众多"的传统观念与基督教思想的理解，以及缅甸北部局部地区频繁的内部战争等，这些都是当地弱势群体形成的主要因素。生存环境恶劣、频繁的战争导致原本就贫困的人群更加贫穷，加上每个家庭生育人口超额，导致人们对生存资源的竞争和所得资源分配的递减，最终进入一个恶性循环系统——使更多的人处于贫困状态，进而弱势群体的数量不断增多。概括起来，主要原因如下：

(1) 贫困

"贫困现象，社会总体的穷，是产生和存在弱势群体的根子。"[1]在 A 村调查期间，当谈到为什么搬去缅甸时，报告人说得最多的一句话是："当时我们在 A 村吃不饱！"这部分人是 20 世纪 70 年代之前去缅甸的人，他们去缅甸为的是寻找较好的生存环境，首要解决的是温饱问题。那个时期怒江人对密支那（缅甸）有着美好的憧憬，他们向往平地和丰富的自然资源。

A 村 L 组老人说："1958 年，村里家家户户都很穷……没有什么可吃的，肚子没有一天是饱的。常常挖野菜吃，在家中，父母只吃野菜充饥，把仅有的一点苞谷沙、米做成粥给孩子们吃，粥里掺入一些野菜。日子很难熬，那个时候跑缅甸的很多。"[2]

"饿肚子"是 DW 一家搬到缅甸的直接原因。DW 一家于 1958 年搬迁至当时中缅北界未定界"普加"（地名），"普加那边都是信教的人，不信教的人不准在（普加生活）"[3]。所以，搬到普加后，DW 一家就皈依了基督教，在此之前 DW 一家没有人信仰基督教。那一时期

---

[1] 沈立人：《中国弱势群体》，北京：民主与建设出版社，2005 年，第 13 页。
[2] 2014 年 2 月 20 日，笔者在 A 村 L 组对 DW 的访谈。DW，男，傈僳族，1934 年出生，家住 A 村 L 组。
[3] 2014 年 2 月 20 日，笔者在 A 村 L 组对 DW 的访谈。DW，男，傈僳族，1934 年出生，家住 A 村 L 组。

在普加地区传教的是子里甲乡金秀谷村傈僳族雅各马帕①，向 DW 传福音的也是雅各马帕。1967 年，DW 返回 A 村 L 组之后成为当地的教牧人，成为 20 世纪 80 年代建设教堂的第一批宗教领袖。

(2) 贫瘠的土地与粗放的生产技术

土地的贫瘠和生产技术的落后是导致 A 村民贫困的主要原因，贫困导致一部分人为寻找更好的生存资源而迁往缅甸北部和中国的德宏、思茅（今普洱）等地，或长期在保山芒宽、德宏等地承包土地种植热带经济作物谋生：

> "××县长时推行'劳务输出'政策。当时（作者注：20 世纪 90 年代初）在 A 村的生活条件差，村里不通公路，能耕作的土地少，而且土地肥力不够，每年收成不够吃半年。县政府希望通过'劳务输出'政策，让我们山里人搬到其他条件比较好的地方（作者注：例如缅北地区、德宏、思茅等）搞生产，他们也是希望老百姓日子过好点。当时我们 A 村很多人搬到缅甸，很多人住在缅北罗布、昔董、斯英、东玛库、普加等地。现在 A 村通公路了，去缅甸就更近了。从 A 村骑二轮摩托差不多两三个小时就到大垭口，大垭口过去就是密支那（缅甸）。"②

> "(A 村) D 组在 1990—1991 年、2003—2004 年这段时间，搬迁到缅甸东玛库的比较多，并于 2007—2008 年返回老家的较

---

① 马帕，为傈僳语。译为传道人、老师。
② 2012 年 8 月 18 日，笔者在 A 村 A 组对 Q 的访谈。Q，男，勒墨人，1977 年出生，家住 A 村 A 组。

多。但比起其他几个村民小组，D组人搬迁到缅甸的并不算多。1991年，我媳妇跟她父母先去了东玛库，1992年，我和几个孩子也去了东玛库。我们是跟泸水县政府组织的'劳务输出'那一批过去的，在东玛库的前三年由中国政府发粮食、药、衣服给我们。第一年，小孩每人每月25斤大米，大人30斤。3年之后没有生活补助，全靠自己种地为生。1993—1994年，我回D组把房子拆了，把能卖的材料卖掉，但地基保留着，想着以后回来用得上，就借给我兄弟种玉米、种菜。之后又回东玛库生活。在东玛库，土地相当多，山林也多，自然资源比较丰富，吃的不用愁，自给自足完全没有问题。但是那里缺乏医疗、食盐、油等日常生活必需品，这些东西要到腾冲古永采购，要走3天的路程才能到，来回就是6天。如今有车路，但是来回还是要两天，交通不是很方便。

1998年，从东玛库返回老家（D）不久后，我们一家就去芒宽马龙村黄卓山打工、承包土地，以种甘蔗、苞谷（玉米）谋生。在芒宽租地价格1亩60元1年，土地稍贫瘠的1亩才四五十元。在芒宽待了2年，那时候有5个孩子，其中一个在芒宽生，一个在缅甸东玛库生。芒宽地盘大，生存没有问题。但是，有一次有人在烧荒时，不小心烧毁一大片森林，而且还有人越地界砍树，偶尔闹矛盾，保山相关部门工作人员来处理问题。我们觉得那地方不稳定，就搬回D生活至今。"①

---

① 2013年1月笔者在A村D组与礼拜长H（勒墨人）的访谈资料。

1989 年，A 村 A 组 LSC 跟随父母去了缅甸四夺，他当时记得 A 村民种植的农作物有玉米、水稻，但是，"由于品种不好，收成一直都不理想，很多人都过着吃不饱穿不暖的苦日子"①。

上述案例是笔者在 A 村调查期间，当地弱势群体向笔者讲述的。在上述案例中，多数被采访人都提到"劳务输出"。在调查中得知，自 20 世纪 80 年代以来，怒江政府推行"跨国劳务输出"与"跨地州劳务输出"两种脱贫政策，以此解决部分怒江贫困人口的生计问题。在这段时期，移居缅北与保山、德宏山区的不只 A 村人，北到贡山、福贡，南到泸水洛本卓、古登、秤杆等乡镇，以及东到兰坪县的一部分傈僳族、怒族、勒墨人都在政府号召下直接或间接加入了跨国/跨地州的劳务输出与异地搬迁项目中。而他们当中的一部分特别是以跨国劳务输出身份到缅北山区开拓新天地的人，本来他们之所以到缅北生活是为了解决生计问题，开辟更多更好的土地，没想到回到老家后却成了村里更弱势的群体。

（3）"生养众多"的传统观念与堕胎有罪的基督教思想

"多子是福"是怒江地区傈僳、怒、勒墨人等族群对人口生产的传统理念。这与当地自然地理环境和社会环境是分不开的，贫瘠的土地需要人们进行精耕细作，这就要求投入更多的劳动力；再者，"养儿防老"是中国人普遍的传统思想观念，怒江山高谷深，生存环境相对恶劣，在没有修通乡村公路之前，由于交通极不方便，运输基本靠

---

① 2012 年 10 月 4 日，笔者在 A 村 A 组对 LSC 的访谈。LSC，男，勒墨人，1975 年出生于 A 组。

人背马驮，需要更多年轻力壮的人来完成类似的体力活，进而使当地人形成"生养众多"的生育观念。而基督教传播的"生养众多"①"禁止堕胎"②之类的思想正好与傈僳、怒、勒墨、独龙等族群的生育观念符合，但却与20世纪80年代以来的中国计划生育政策相违背。这一时期，为了多生几个小孩，一部分怒江人举家迁往缅甸北部进行人口跨境迁移，这些地方与怒江泸水、福贡、贡山接壤或相隔不远，存在合法或非法的人口迁移现象。

家有8个孩子（拍摄时女主人怀有身孕）

截至2014年2月的统计数据，自1997年以来返回A村落户的边民115户657人都是没有中国户口的，但这部分家庭中有部分家庭成

---

① 参见《圣经》之《创世记》1章28节、9章7节，《耶利米书》29章6节等内容。
② 参见《圣经》之《出埃及记》21章22节、《出埃及记》23章26节。

员（父母或部分小孩，不计入657人中）是有户口的，因而平均每户有5—6人没有户口。实际上，根据田野资料，从缅甸返回的边民每家至少有4个小孩，最多有10个小孩，因此，"缅返"家庭平均人口为6人以上。例如，A村D组某家有10口人，其中有8个小孩；Z组BWS共有11口人，其中9个为小孩，他媳妇肚子里还怀着1个；A组ZNN是单亲家庭，有6个小孩；ZG一家有8个小孩；XZWS一家有10个小孩。

又如，1989年，A组LSC一家搬迁缅甸的原因是夫妻总共生了5个孩子，这在中国算是违反计划生育政策，按照当时的政策，只要他们向计划生育相关部门缴清超生费用，即可为小孩办理户口。但是由于LSC家当时非常贫困，没钱支付超生费，于是就"跑到缅甸"生活，为的是逃脱超生费，并打算在"计划"生育政策的国度（缅甸）继续"生养众多"。这样导致的结果是他家更加贫困。①

1992年，A自然村ESZ夫妇已有1儿1女，但妻子当时又怀胎3个月。当地计生站工作人员要求妻子将肚子里的孩子打掉，而作为基督徒的ESZ夫妇"绝不甘心上帝赐予的亲生骨肉活生生被杀掉"。所以他们决定离开家乡A，并于1992年某天夜里逃到缅甸常出（地名）。他说，20世纪90年代初，A村有不少人是为了多生几胎而逃往缅甸的。ESZ一家在常出生活了5年。在缅甸生活的时间久了，很多荒山已被开荒，土地肥力剧减，他又带着妻儿去了片马岗房对面山上（属于缅甸）生活了6年。在缅甸山上，土地可自由开荒，但不能浪费

---

① 2012年10月4日，笔者在A组对LSC的访谈。

——禁止乱开垦，只需每年上缴15元人民币作为土地税即可自由耕作。在那个地方，只要老百姓不犯法，缅甸政府也不会干涉，反而让他们安心很多。缅甸人还友好地对他们说："我们是一家人，你们来到这里（缅甸），就别想着回老家了，好好在这里劳作、生活。"①

ESZ说，当时是为了躲避计划生育而去缅甸生小孩，这种事情不能大肆宣扬，人们离开老家时都是悄悄行动，尤其不能让村委会和计生站的人知道。当时，村民对节育手术充满了恐惧，为此选择躲到缅甸生活。②

A组LSC大概于1989年随父母迁至缅甸多玛库村，他的父母跑缅甸的原因：一是不愿做结扎手术，想多生几个小孩（在A村时已生5个小孩）；二是受人侮辱。LSC的大伯即他父亲的哥哥当年在邮电所工作，因弟弟在非常贫困的情况下还生育多个小孩，因此看不起弟弟即LSC的父亲，经常辱骂弟弟说："我当干部都只养得起一个，你还敢超生？你们拿什么来养活那么多孩子？想越来越穷，你们再生几胎试试！"③

"生养众多"是造成当前A村人口剧增的根本原因，这给原本耕作面积就少的A村增加了一定的生存压力，难免出现土地、住房、经济等资源分配方面的问题。当地家庭平均人口多，就业人口少，每一个就业人员需要负担和赡养更多的人口，导致生活压力大，常常处于

---

① 2014年2月10日，笔者在A自然村对ESZ的访谈。ESZ，男，勒墨人，40多岁，时任A教堂礼拜长。
② 2014年2月10日，笔者在A自然村对ESZ的访谈。ESZ，男，勒墨人，40多岁，时任A教堂礼拜长。
③ 2012年10月4日，笔者在A村A组与LSC（勒墨人）的访谈。

入不敷出的状态。① 从而使这群人不仅经济上贫困，而且因为没有中国户口，"黑人黑户"身份使他们在无形当中成为被当地政府、学校、医院边缘化的弱势群体，只有在教会，他们是主角，能够找到倾诉的对象（上帝和教友），实现当前社会体制下现实生活中可能达成的精神诉求。

（4）缅北战乱

近年来，缅甸北部局部地区频繁的内部战争，使该区域傈僳、景颇、勒墨人、怒等多个族群时常处在流离失所的逃难生活中。边民对缅甸军队有种"谈当兵色变"的恐惧感：

> 在缅甸东玛库时，山兵不定时来各个村寨，他们进村时，我们老百姓要给这些山兵煮上好的饭菜，虽然不知道他们具体什么时间到达村子，但我们都会提前准备好粮食，等他们到了煮饭给他们吃。这是缅甸的规矩，每家都必须准备好五六斤大米给他们，否则他们会为难我们。山兵持枪，我们害怕。他们去巡逻，我们老百姓就得帮他们背东西，不背不行。我也背过一回，有一次我和同村几个妇女一起帮山兵背行李，在途中，军官发现他的一件大衣不见了，他很生气就质问我们。当时大家一个都不敢说话，我当时也很害怕。我们也不知道那件衣服被谁拿走的，在缅甸，我们信教的没有人会偷东西，偷东西是不对的。如果被点到帮军队背东西的村民，因生病而没力气背东西的话，可以请人代替。

---

① 薛晓明：《转型时期的弱势群体问题》，中国经济出版社，2005年，第43页。

有些村民不想背东西而逃跑的也有，这部分大多是吸毒、不务正业的。

在（缅北）紫库统一分土地，进行刀耕火种，想要多少土地就开垦多少。地太多了，我们搞户合作生产，收到粮食后大家平分。在紫库主要种植玉米，玉米收成很好，但社会动荡，有时候还会打仗，不稳定，常有军队来骚扰。所以，不是很好生活（稳定）。去年（2011年）我们提前听到缅甸要打仗的消息，当时有军队作乱，也不让我们回中国。今年（2012年）就真的打仗了。我们一家是趁凌晨一两点时偷偷返回中国的，绝不能让别人知道回中国一事。边境上有缅兵看守，禁止出入，有探灯，万一被发现就惨了。幸好我认识一个在边境值班的人，回来前送了3只土鸡给他。①

上述案例的报告人是一位寡妇，2011年她带着几个孩子回到老家A村，并借住在夫家亲戚家。她说，在缅甸昔董生活期间，山兵为了抓丁充军，山兵负责人经常到村里抓丁——"家里找不到人，就到野外、地里找"。据许多村民报告，缅北山区虽然交通不便，但是能种出粮食，但时不时有山兵出没，而且山兵抓丁，导致中缅边境山区的人们心里不安。这是很多"边民回返"的原因，也是A村弱势群体的成因之一。

2010年，LSC和同村十多个男子被强行抓去服兵役（当山兵）。

---

① 2012年10月3日，笔者在A村A组与寡妇ZNN（勒墨人）的访谈资料。

LSC 是在缅北家中时被抓的，那次，同村有 10 多个男子同时被抓去当山兵。"山兵不好当，每年每人需交 100 斤粮食，3 斤盐，这些都是强制性要求。"部队只发给一套迷彩服，LSC 一行人就与当时 60 个山兵成天在山里活动（巡逻），他们中有克钦、傈僳、勒墨、汉等族群。服役期间，他家里人去世也不让他回家吊丧，而是一直被扣留在森林里。实在受不了苦，又因为 2011 年 6 月，LSC 所在的村子（缅甸）昔董隔三岔五就打一次仗，主要是老缅军与山兵在交战。LSC 担心让他上前线打仗，于是他就逃跑，第一次逃跑时不幸在半路被逮到，军队给他的惩罚是给他戴上沉重的手铐和脚镣，越发不给他自由，并计划第二天枪毙他。不幸中的万幸是，一个看守牢房的小兵看他挺可怜，就偷偷把他放走了。几经波折之后，LSC 一家最终于 2012 年 4 月返回到 A 村。①

调查期间，几乎每一个被采访人都提到诸如上述缅甸军队"抓丁充军"的故事。他们都把当山兵与缅北地区局部武装战争联系在一起，因他们内心并不情愿去当山兵，他们当山兵是为了保证家人安全而采取的无奈之举，否则家人的生命安全会受到威胁。近几年缅甸北部地区战事不断的事实，使缅北部分地区的多个族群的人们流离失所，有的被安置在中缅边境难民营，有的潜回原住地。战乱中，人们仓促离开缅北居所，仅有的财产（如粮食、房子、牲口、土地等）来不及处理（出售或转让），使他们更加贫困。回到原住地之后，成为名副其实的"避难"者——成为老家亲友眼中相对弱势的群体。

---

① 2012 年 10 月 4 日，笔者在 A 组对 LSC 的访谈。

2. A 村弱势群体生活现状调查

受贫困、生产技术落后、人口多、战争等多重因素的影响，1949 年至 1990 年通过合法或非法途径搬迁至缅北地区的 A 村人，于 1997 年至 2014 年 2 月先后返回原住地 A 村。他们有的借宿在亲友家。有的临时搭建简陋的房屋。有的以嫁女儿提高经济收入。他们依靠当地政府、教会、爱心人士等多方援助支撑着目前的生活。但外界的援助并非长久之计，当地弱势群体面临着温饱难、落户难、医病难、上学难、务工难、结婚难、建设家园难等诸多现实问题。

（1）温饱难

2014 年 2 月 17 日，笔者在 Z 组 BWS 家访谈时注意到，他一家 10 口人（大女儿已出嫁，不算在其中）已经连续吃了两周的苞谷稀饭，苞谷稀饭中只有苞谷沙①，没有放豆子或蔬菜，更没有肉和油，他们每天用自制的豆豉拌着苞谷稀饭当主食。自 2012 年夏返回 Z 村后，借宿在大哥家里，当年他们来不及种地，所吃的粮食来自大哥救济的 3 袋玉米（总共 300 斤左右）、乡政府救济的 300 斤大米，以及教会救助的 100 多斤大米和 Z 自然村亲友零零散散送的大米和洋芋，这些加起来远不够他家 10 口人一年的口粮。第二年（2013 年），BWS 向大哥要回他的玉米地和水田，种了玉米，收获了 2000 斤左右的玉米，因此 BWS 一家经常以苞谷稀饭当主食，农闲时到山上砍柴出售，方可买点大米吃。一车（拖拉机）柴火可以卖 1200—1600 元，两个人一起砍柴，两周能砍到一车柴。但国家禁止村民砍伐保护林，也不允许出售

---

① 又称玉米瓣，即用机器或舂碓将一粒玉米磨成 2—3 瓣，在怒江地区称作苞谷沙。

柴火，BWS 是为了"养家糊口"才把自留地中的树木砍了一些卖出去的。基本上，BWS 所有的收入都用作买米，解决温饱问题。

他们一家人所穿的衣服由村内外教会和爱心人士捐赠，但因捐赠的衣物大多是大人穿的，小孩只好将就着穿大人的衣服，较小的几个小孩在大冬天里只能光着脚丫。即便生活很困难，但 BWS 一家说："我们再也不去缅甸了，那里社会不稳定。虽然我们在这里（A 村）也穷，但是我们的生命是安全的，也不至于被饿死。也许这是我们的命。"①

Z 组 BWS 一家"温饱难"的情况，也是当前 A 村大部分弱势群体家庭所面临的现实问题之一。类似这样的温饱问题在当地比较普遍。弱势群体将"苦难"与"贫困"归咎于上天的安排，认为一切都是命运的安排。

民以食为天，温饱问题是人类生存最基本的生理需求。然而，在 A 村，大多数弱势群体的温饱还存在困难。首先，当地人每年种植的玉米和稻谷收成有限，只有 W、A、D 3 个组的村民拥有水田者较多，但即便是有水田者，他们每年所收获的水稻大多也只够吃半年，半年的粮食还要靠从当地乡镇集市上采购，人口较多的家庭则需要购买更多的粮食。

当地的原住民，玉米主要喂牲口、家禽。Z、B、X、L 4 个村民小组则主要种植玉米，他们将一部分玉米卖出去之后换购大米；一部分玉米作为饲养牲口、家禽之用；一部分磨成苞谷沙，熬制成苞谷稀饭

---

① 2014 年 2 月 17 日，笔者在 Z 组对 BWS 的访谈。

当主食食用。与当地原住民相比,弱势群体的饮食质量不如原住民好,食物种类也不如原住民的丰富,原住民每周至少能吃上一顿肉,但是当前弱势群体考虑的是"填饱肚子"问题,他们能把家里的孩子喂饱就已经谢天谢地了,目前还顾不上考虑"生活质量",甚至有的家户有时候连最基本的盐、油都负担不起。笔者认为,在中国逐步奔小康的当今时代,类似A村弱势群体温饱问题还得不到保障的事实,将阻碍当地社会经济的发展,应得到当地相关部门的重视。

(2) 落户难

20世纪90年代初,在原居地A村居住时持有中国户口的这一部分人,去缅甸时仍然保留着中国户口本和第一代身份证。他们于2008年之前从缅甸北部返回A村后,通过村委会、乡派出所等相关单位的审核,成为当地合法的公民,身份上与当地人没有什么区别,这段时间,一部分有能力或有远见的家庭东拼西凑攒够超生费,把超生孩子的户口问题也解决了,但是有能力缴超生费的人很少。

办理户口时,由于需要出具村委会、乡政府等多个单位的身份证明,办理程序复杂,另外还需要向计生部门缴清超生费才给予办理户口,因而大多数缅返边民在多次办理无果之下,对办理户口感到有些失望、无奈。有些缅返边民则因为不懂汉语而不敢到相关单位咨询、办理户口问题,甚至害怕被乡政府和派出所质问与他们超生和"逃缅甸"相关的问题。面对越来越多的缅返边民,当地相关部门也很尴尬,他们一方面想帮助边民解决落户问题,另一方面要根据现有的户籍制度操办,当地相关部门表示现有的政策很难满足边民的户口诉求。于是,户籍管理单位与边民之间无形当中形成了一道鸿沟,更增加了解决落户问题的难度。

(3) 医病难

"在缅甸的时候，医生只给小孩子打预防针，其他一切医疗费用自理，我们没有钱治病，我们所在的村子离医院很远。如果祷告治不好，病人就只能等死了。"①

以上是 A 组 ZLM 的原话，反映了 A 村缅返边民在缅甸就医难的情况。然而，弱势群体返回到 A 村后，由于他们没有户口而无法参与中国农村合作医疗优惠政策，患病时除了能够在村卫生室进行简单的治疗外，却无法到乡、县级以上的医院接受治疗，更无法享受到医疗费用减免政策。没有合作医疗本，便意味着需要按原价支付医疗费用，这就使弱势群体依靠熟人社会关系网络用同村与自己年龄差别不大的同性亲友的户口本和医疗本"冒充"患者本人而"混"到医院就医的现象也比较普遍，村、乡级医生有时候也只能睁一只眼闭一只眼，但到县级以上的医院就行不通了，毕竟这不是长久之计。他们当中有一些人患有艾滋病、肺结核等不治之症或难治之症，如果他们属于中国公民即老住户，则可得到免费药物或治疗经费补贴。同一村落弱势群体与老住户之间，公民身份带来的利益——医疗优惠政策存在天壤之别。

Z 组有一位缅甸媳妇染上了艾滋病，在没有进行医学检查的情况下嫁给 Z 一缅返边民，导致丈夫和两个孩子也成为 HIV 病毒携带者，他们一家因没有中国户口，没能享受新型农村合作医疗的优惠，至今

---

① 2012 年 10 月 4 日，笔者在 A 组对 ZLM 的访谈。

没有能力做相应的治疗。本来就属于弱势群体的他们，因为患有艾滋病，在一定程度上受到邻舍、村里村外知情人的冷落和排斥，他们自己也不好意思在别人家里喝水、吃东西，也不敢让孩子与村里健康的同龄人一起玩耍。这就给缅甸媳妇及其家人造成心理创伤。这些都是因为没有中国公民身份导致的。①

随着中国经济的飞速发展，当前农村看病问题逐渐有所改善，但是缅返边民或"黑人黑户"人群仍然面临着就医难的问题，弱势群体的就医问题伴随着某些社会问题，应引起相关部门的重视。

（4）上学难

A村弱势群体对户口的渴望或加入中国国籍的诉求，并非仅仅是他们非常看重农村低保、养老保险等诸多惠农政策，在很大程度上可以说他们是为下一代着想的。经历过在异国他乡为异客的艰难生活之后，他们最终选择返回原住地，同时希望他们的孩子能够在原居地站得住脚跟，唯一的出路就是让孩子成为真正的"中国人"——成为持有中国户口的中国人，从而适应当地文化并融入中国社会。所以，让孩子上学是跟上时代步伐的第一步。

然而，由于没有户口，他们的孩子面临着入学难的问题。2014年之前，在弱势群体家长的求情和孩子对学校教育的渴望下，经多方协商，当地村、乡小学招收了没有中国户籍的缅返小孩，但他们初中毕业后没有资格升学。2014年以后，当地小学不再招收弱势群体中的适龄儿童入学，原因是他们没有户口，无权享受中国九年义务教育政策。

---

① 2014年2月18日，笔者在Z组与一缅甸媳妇的访谈。

这就限制了弱势群体孩子的教育发展，进而影响当地社会的发展。

A 组 ZNN（勒墨人）小时候曾读到小学四年级，她认为汉语很实用，为了让孩子学习汉语，于 2007 年将 3 个儿子从缅甸东玛库送回 A 村，让孩子们住在她弟弟家，方便孩子在 A 村小上学，老大老二小学毕业，老三读到初二就辍学。2010 年 ZNN 带小儿子小女儿回到 A 组生活，自从她丈夫在缅甸东玛库去世后，由她一个人抚养孩子。笔者在 A 村调查期间（2012—2015 年）与她一起生活的有 4 个儿子和 1 个女儿。当时小儿子和小女儿都在洛本卓中心校读小学。ZNN 说，小儿子很爱学习，每天回家都要先完成作业再干活，学习成绩也不错，他的愿望是上大学。ZNN 很重视儿子的教育问题，她担心的是很可能将来会因为没有户口，使儿子读到初中后不能再升学而圆不了他的大学梦。为此她多次找学校老师和当地村委会、政府、派出所等部门求请，希望能帮他们解决户口问题，但由于她缴不起超生费等多种原因，无果。几年后，小儿子初中毕业了，但因为他当时没有获得中国户口，即便学习成绩再好也没能升高中，只好回家务农。没过多久，小儿子因肺结核去世，ANN 实在无钱为小儿子治病。上学难、治病难问题仍旧是当地弱势群体中存在的社会问题之一。

（5）打工难

与当地老住户一样，弱势群体主要经济收入来自农业生产和附带养殖猪、鸡、牛、羊所得，前文已提到弱势群体每年生产的粮食不够自家食用一年，因而他们依靠与当地人的熟人社会关系，利用农闲时间在周边村寨或外地（通常到保山芒宽）打短工或长工谋生，主要从事建筑、农业生产（种甘蔗、砍甘蔗、收种咖啡等）、餐饮服务、洗车等体力劳动，也有到缅甸挖草药或砍藤篾、伐木赚钱养家糊口的，只有少部分人通过借用亲友的身份证（复印件）出省打工，但借身份证存在一定的风险。

BCZ，从缅甸东玛库返回A组，读到初二后因受同学的欺负，经常在校内外打架，无心学习而辍学回家。2010年，他借了同村朋友的身份证复印了一份就跟着村里一个工头到河南建筑公司打工，因为在河南建筑公司有熟人，他到河南就直接上班，做的是搅拌工。同他一起出去的有十多个小伙子，大都是没有身份证的。有人查身份证时，找各种借口搪塞"蒙混过关"。在A村时，BCZ等人都信仰基督教，到了河南之后就"学坏了"（BCZ的原话）——学会了喝酒抽烟，每个月的工资都用作烟酒钱，偶尔寄点生活费给家里。在河南打工一年之后，曾先后到南京、北京、武汉等地打工，2013年返回A村。在外打工期间，BCZ等人被歧视，他们喝醉酒时就打群架。即便在外的生活依然不稳定，但BCZ已经习惯了外面的生活，他不想待在老家，但是又不放心家里的母亲和弟弟妹妹。他的两个哥哥也常年在外打工，他们打工的钱基本上都自己花掉了，很少给家里寄，以后也不打算回老家，因为在老家没地方打工挣钱。BCZ打工挣来的钱花完了，为了挣烟酒钱，他决定和村里人到保山芒宽砍甘蔗挣钱，要两个月左右才回家，他打算给母亲留一点钱买种子，因为很快就到春耕时节了。①

受全球化和城市化的影响，外出打工成为当前中国广大农村人口劳动力向发达地区转移的途径之一。身份证与人口流动的联系十分紧

---

① 2014年2月14日，笔者在A组对BCZ的访谈。BCZ，男，1995年出生，A组勒墨人。

密，能借户口出省的人毕竟是少部分，而且这是违法行为，存在风险。好多人因为没有户口，只能在怒江州境内和中缅边境地区没有边防检查站的地方活动，外出打工就存在困难。上述案例中的BCZ，15岁时"非法"出境（因没有户口，无法办理出境证，走小路）到缅甸帮缅人种植大麻挣钱。没有户口影响了当地弱势群体正常的出行和外出务工，因而"非法"跨境务工现象可能存在一些潜在安全隐患。

（6）结婚难

A村D组结婚礼金与女子外嫁情况调查如下①：

在D，结婚时男方需要给女方父母送一笔礼金。20世纪80年代，礼金为232元（人民币，本文涉及钱时，若无特别注明，皆指人民币）；1996—1999年，3000元；2000—2009年，5540元；2010—2013年，8000元；2011年，12000元；2012—2013年，26000元；2014年，36000元。娶媳妇，没有能力一次性付清礼金的可以赊账，婚后慢慢还即可。

1988年以来，A村出现年轻女孩嫁外地/外省的现象，比起20世纪80年代初，礼金逐渐增多。据村民介绍，最近几年嫁外省的礼金光是现金就要十多万元。D组的姑娘主要嫁到江苏、上海、湖南、河南、浙江等地，80年代嫁外省的较多，有的后来因适应不了外省的气候、文化习俗就跑回老家。2014年2月12日，D组一个17岁的女孩嫁给四川人（汉族），据说她本人并不情愿嫁给四川汉族人。她的男友在A组，因为男朋友家拿不出女孩父母要求的礼金36000元，父母就强

---

① 2014年2月12日，笔者在D组对BSY的访谈资料。

迫让女孩嫁到外省，当时收到聘礼为十多万元。自80年代至今D自然村嫁到省外的女子有38个，其中有两个因为适应不了夫家（江苏）的气候而跑回娘家。（D组的姑娘）省内则嫁到A村、保山（5人）、六库（2人）、洛本卓（指乡街道，2人）、匹河、古登、老窝等地。通常，本地男子更愿意娶本地姑娘，但随着本村妇女外嫁的多，近几年出现了本地媳妇难讨的现象。如果缅甸媳妇能落户，有些人表示会讨缅甸媳妇，但是目前缅甸媳妇不能落户，生病没有医疗保障，又不能外出打工，所以村民觉得不方便。据村民介绍，（外省）汉族也担心户口问题，但是他们有办法解决。只要办到户口，娶缅甸媳妇也不怕！村民认为，办户口也需要依靠各种社会关系，没有关系，很难办。A村附近村落的女孩十四五岁就嫁到外省，主要原因是老家交通不便（截至2014年村里尚未通乡村公路），她们不想留在本地吃苦，认为嫁到外省可以改变命运，所以该村嫁外省的更多。如果本地姑娘持续外嫁，那么今后如果有缅甸媳妇落户的相关政策，A村男子也会娶缅甸媳妇。BSY也想让几个儿子找缅甸媳妇，但是担心户口问题。近几年，本地男子娶本地媳妇比较困难了，D组外地媳妇主要来自匹河乡（属于福贡县）色德村、托平村等周边村寨。

受经济全球化、城镇化的影响，80年代以来，越来越多的A村女性人口流向大中小城市或经济发达地区。根据婚姻梯度理论，在A村，农村女性青年嫁入大城市或比老家经济条件更好的现象比较突出，尤其是当地弱势群体中"外嫁"情况更加明显。究其原因发现，比缅返男子家庭经济稍好的老住户男子通常娶的是同村人或周边本地女子，老住房女子则不愿意嫁给缅返男子，缅返女子则通常嫁到乡、县、州附近经济条件相对差的村子，甚至跨地州、出省嫁到四川、河南、浙江、江苏等地理环境和经济条件比A村相对优越的地区和省份。这种婚姻梯度挤压的结果使部分缅返男子"打光棍"，这部分光棍人群由于受教育程度、经济条件等方面都弱于当地人，进城之后就成为更加"弱势"的人，导致在中国找不到配偶，成为婚姻市场中的弱势人群，所以他们只好跨境"进口"缅甸媳妇，进而再次陷入"落户难"的僵局之中。之所以出现"结婚难"问题，是因为婚配关系中，多少受"上嫁下娶"传统观念的影响，即经济条件是男女婚配时重要的影响因素之一。

此外，当地"结婚难"问题还反映出当地男子不愿娶缅返女子的另一个原因：没有户口，即使结婚也办不了结婚证，不能落户，无法享受低保等各种惠农政策。而外地人（大多是内地汉族）之所以愿意娶"缅甸媳妇"是出于他们在老家也同样受婚姻梯度挤压，甚至结婚的目的只是传宗接代而不惜付出高额代价（当地女孩需支付一笔不菲的聘礼）来到偏远的山区娶媳妇。这种跨文化跨地区的婚姻关系中交织着经济利益、文化适应等多种复杂的成分，不免造成婚姻关系破裂、家庭破裂，不利于和谐社会的发展。

（7）建家园难

ZNN是单亲家庭，她的2个女儿都嫁在A村，因为都是从缅甸返回的基督徒，所以没有要礼金。目前她一家6口人挤在一小间木板房里，房子是向亲人借的。她家住的房子是勒墨人传统的木板房（如今这种房子在当地并不多见），每年冬季需要把屋顶木板翻一次，以防木板腐烂，这样可以延长房子的使用寿命。她没有能力盖石棉瓦房，每次翻木板时,她的哥哥、侄子等亲人都来帮忙。2014年2月13日,ZNN的老房子翻修时,她一大早就去匹河街卖了三麻袋蚕豆和一些蒜苗,买回2只鸡和几斤猪肉、饮料、啤酒等给来相帮的亲人享用。她希望有一天在外打工的三个儿子能攒钱盖一间新房,尽快摆脱房间拥挤的困难处境。①

弱势群体返回到原住地A村后,除了需要解决温饱问题、户口问题、医疗问题、孩子上学问题等,还面临着重建家园的困难。由于A村弱势群体原有的房子已经拆毁或转让他人,他们返回后只能暂时借宿在亲友家中,而他们几乎都表示将来长住A村不愿回缅甸,所以他们努力建造房屋,但从准备地基、建筑材料到盖房子,都需要投入一定财力、物力、劳力,而他们连温饱都存在困难,也没有固定的收入,因此不少家庭是依靠嫁女儿所得的礼金建设家园,导致当地更多的弱势群体女性主动或被动流向外地。

---

① 2014年2月13日,笔者在A组ZNN家翻修木板房过程中参与观察和访谈笔记。

三、基督教与 A 村弱势群体

1. 弱势群体的宗教诉求

在前文介绍了 A 村弱势群体的成因和其皈依基督教的情况和存在的问题，这些都与中国不同历史发展阶段的社会转型密切相关。社会转型时期，社会结构的改变与国家制度的调整过程中，带来经济全球化、信息全球化、知识技术全球化的"飞跃"发展的同时也使一部分人由于个人或社会的原因失去了发展的机会，而成了弱势群体。A 村的弱势群体在特殊的社会转型时期，改变了自己原有的宗教信仰，而选择基督教作为他们的信仰。

他们之所以会选择皈依基督教，可以通过"本土化"的基督教信仰体系和当地傈僳、勒墨人、怒、景颇、独龙等族群的地方性知识解释现实生活中的困惑，从而满足他们生老病死中的精神诉求、文化诉求。在这个过程中，西方外来基督教文化体系被传教士"巧妙"结合了当地少数民族传统文化习俗，最典型的是传教士在翻译《圣经》时，"挪用"了少数民族原有的原始宗教中的万物有灵的鬼神体系，例如，傈僳语《圣经》中套用了原始宗教中主宰万物的"乌萨"（神，上帝，万物的主宰）、"尼/尼瓦滴"（鬼、魔鬼/鬼王），勒墨语翻译中的"hi"（上帝，神），"阿波 hi"（天神，天父）等，潜移默化中置换了当地少数民族原始宗教中万物有灵但相信有一位主宰万物的神灵的概念，给人一种宗教诉求"并未曾改变"的"幻觉"。直到非制度性的原始宗教的功能性不如基督教而无法满足他们的宗教诉求时，人们才不得不用"信鬼"（或"搞迷信"）和"信教"区分两种宗教，并以"信鬼的"（或"不信教的"）与"信教的"称呼非基督徒和基督徒。

根据田野调查得知，边民在中缅边境地区频繁的跨境人口流动中，"信教的"更容易"流动自如"。这是由中缅北界跨境民族的基督教文化大背景所决定的，借着该区域"主内皆弟兄姊妹"的宗教认同，信教人群在缅甸北部更容易生存，这是依靠基督教信仰文化背景下的熟人社会关系网络得以实现的，这与 A 村弱势群体大多数为基督徒的事实相吻合。因而，在社会急剧转型时期，弱势群体对基督教信仰的诉求就更加明显。

与其他少数民族地区的情况类似，当地村民在贫困、疾病中对基督教的依赖性比较突出。主要表现在日常祷告、礼拜、节庆等宗教生活和婚丧嫁娶的基督教仪式中，还表现在基督教背景下的社会关系网络。在不明原因的疾病处理中，信徒毫不犹豫地选择以向上帝祷告的方式解决，包括在吃饭、就寝、出行、办事等之前都要做祷告，这是他们生活的日常。搬迁至缅甸之前也事先在家举行祷告会，甚至是否搬到缅甸还要"问上帝的旨意"，对他们而言，明白上帝旨意的唯一方法就是祷告，可以是自己祷告或是请"预言家"代祷：

TMTW 是 A 组勒墨人，出生于 1947 年，1984 年入教，是 A 组第一个信教的人，曾担任过 A 组教堂执事、长老。由于当时生活十分困难，计划生育政策抓得紧，为了生存和躲计划生育政策很多 A 村人搬到缅甸。但他当时并没有搬到缅甸，原因是，1994 年他打算搬到缅甸，但他需要知道上帝的意思。于是，他去福贡县祝明林村找"预言家"AD（傈僳族）为他祷告，代祷内容为："A 自然村至今（1994 年）没有教堂，不知道上帝是不是让我继续留在 A 这里了（服侍上帝）。"祷告后得到的信息即上帝的"答复"是："（1）会塌方的地方你不要建教堂；（2）没有人的地方你不要建教堂；（3）石头滚落的地方你不要建教堂；（4）你应当把你父亲给你的一块土地奉献出来（修建教堂），那块土地就在你家门口——平坦的那一小块。"TMTW 顿时觉悟，于是取消了去缅甸的念想。回家之后组织当地教徒在他家门口盖了一小间茅草房作为聚会点。从那次祷告之后，他一直在 A 教堂服侍。①

可见，在虔诚的基督徒看来，是否去缅甸需要得到上帝的"批准"。通过祷告，可以给自己或公众有个交代，给相应的行动一个说法。同样，从缅甸返回原住地之前，也在家举行家庭祷告会，祈求上帝一路保佑，保佑他们平安抵达老家。这些频繁而严肃的祷告仪式，是决定弱势群体"是否前往缅甸或离开缅甸"的凭据之一，在某种程度上，这种"神卜"行动与当时政府实行的"劳务输出"或"异地开发""异地搬迁"的移民安置政策（边民可自愿选择去或不去缅甸）不谋而合，进一步坚固了弱势群体对基督教的信仰。

---

① 2014 年 2 月 9 日，笔者在 A 教堂与 TMTW 的访谈。

2. A 村基督教的传播与发展情况

(1) 基督教传入 A 村的历史

A 村民对时间的记忆是比较模糊的,尤其是提到具体的时间时,他们大多以某个季节（如桃花开时、收玉米时）或以某一特殊历史事件作为推算的时间点。但当地人对 20 世纪初外国传教士进入怒江地区传播基督教（新教）、1949 年前后、"大跃进""文化大革命"、20 世纪 90 年代等这几个特殊历史时期的记忆是比较深刻的,这些成了当地人共同的历史记忆。可以说,本文的研究对象即当地弱势群体是在后四个特殊时期,即中国社会转型时期中先后形成的。这四个历史时期,亦是弱势群体最需要得到基督教的精神慰藉与鼓励之时。因此,"大跃进""文化大革命"期间,基督教处于"停滞"状态只是表象,事实上,这期间当地人内心深处的精神需求与基督教信仰对象上帝或神的联系更加紧密,特别是信仰比较虔诚的基督徒在每天要饮酒、抽烟（传教士规定基督徒不准饮酒、不准抽烟等教规）的情况下,他们在心里默默向上帝祈祷、忏悔、求助,这是一种潜在的自我约束,即基督教对信徒行为的自我约束作用。

20 世纪上半期,外国传教士将基督新教传播到怒江泸水、碧江（原怒江州府驻地）、福贡、贡山傈僳族地区,培养了一大批傈僳族传道人。之后,外国传教士依靠傈僳族传道人向怒族、勒墨人、独龙族等怒江地区其他民族传播基督教,傈僳语和傈僳文成为传播基督教的重要媒介,开启了西方基督教异文化在怒江地区的本土化实践。A 村人信仰基督教也与邻近的色德村（今属福贡匹河怒族乡）、BD 村等周边村寨的傈僳、怒、勒墨人等民族有着千丝万缕的联系。

A村民信仰基督教与现任A村长老ST一家有关，ST一家原住在A村对面的BD村SW组。ST的父母于1948年皈依基督教，他们是BD村和A村中最先信仰基督教的，在那之前，阿以当（傈僳语，大哥之一，指外国传教士杨思惠）与架科底里吾底傈僳族马太、匹河怒族提多等传道人到BD、A村等勒墨人村寨传教，但因当时勒墨人能听得懂傈僳语者很少，而传道人又不懂勒墨话，因而他们在勒墨人地区的传教并不顺利。因为ST父亲会说傈僳语，明白了传道人所讲的福音，最先皈依。传道人给他取的教名为阿巴拉哈（汉语写作"亚伯拉罕"）。传道人帮助阿巴拉哈在SW组建立了一间教会，并由他负责BD村的传教工作。因阿巴拉哈一家的土地也基本都在D、A组的老村一带，而且他的爱人是A村勒墨人，因此有很多亲戚在D、A组。为了方便干农活，ST一家于1954年从SW组搬迁到D组定居。

人的流动，便是文化的流动。来到D组后，阿巴拉哈向A村民传福音，当时L和Z两个组的傈僳族皈依基督教者较多，就在L组一个叫"格厅"的地方建立了一间教会供信徒聚会、礼拜。阿巴拉哈的孩子有3男1女，长子年轻时在D组教堂服侍，现年79岁，住在D组。次子和老四都是教牧人员。老四曾经搬至密支那（山区），在密支那当过女执事，现在D组教堂担任女执事。ST是家中排行最小的，现任A村长老，负责A村7个教堂的教会工作。ST的爱人是A组勒墨人，他们育有6个孩子，大儿子担任D组教堂礼拜长。

传教士进入A和BD两村传教的路线主要有两条：一条是从（今福贡）匹河乡色德村进入A村D、A、L、Z组和BD村SW组等地；另一条是从怒江边（A村）W组进入A村A、D组等地。当时阿以当

（杨思惠）的传教范围从路得（今福贡架科底里吾底村）到都都罗村（属于洛本卓乡，为勒墨人聚居区之一）等地。Z组最先信基督教的是的HZS，他是Z组教堂第一任礼拜长。A组最先信基督教的是TMTW，他是A组教堂的终生长老。

"大跃进""文化大革命"期间，信仰宗教受到限制，教堂被摧毁，《圣经》、赞美诗也被没收、烧毁。这段历史时期，表面上基督教发展陷入停滞阶段，但是，信仰是一种内在的东西，它在信徒内心始终存在，只是受当时时事政策之影响，不能光明正大搞宗教活动。当中共十一届三中全会颁布"宗教信仰自由"政策时，看似曾经"停滞"的基督教信仰再次复苏，而且发展速度飞快，满足了有一定信教基础的信徒的宗教诉求。自1982年以来，A村先后重建或新建了L、D、Z、W、X、B、A组，7个教堂，其中A组教堂于1995年重建。

A村民皈依基督教的原因主要有：（1）多次生病祭鬼好不了，听说有人做祷告就好掉，就去信教；（2）听说信教有这样那样好处；（3）对基督教音乐感兴趣；（4）不用祭鬼破财；（5）信教以后禁止喝酒，可以省粮食；（6）基督徒结婚，不费钱；（7）可以学习傈僳文；（8）据说，信耶稣能复活，上天堂等。

截至2014年，A村基督徒有800多人，这数字只包含年满16岁以上且接受过洗礼的基督徒，不包括16岁以下和未受洗的慕道友。基督徒人数以缅返边民（弱势群体）居多。这就可以将弱势群体与A村原住民进行对比研究，对比基督教诉求在两种人群中的重要性及其功能。笔者认为，基督教对贫困人群、残疾人、妇女、儿童、病人等被社会边缘化的弱势群体的关怀和"博爱"思想是基督教成为弱势群体的精神诉求的根本原因。①

(2) A村基督徒的宗教生活

基督教作为A村民主要的宗教信仰，它是在特定的历史、社会、经济等背景下，傈僳族、怒族、独龙族、勒墨人等跨境民族主动或被动选择的信仰，是特殊历史时期宗教诉求的结果。受基督教的影响和"文化大革命"时期对原始宗教信仰的禁止，目前A村信奉原始宗教的人寥寥无几。当地弱势群体大部分信仰基督教（新教），他们与原居地的基督徒共同参与宗教仪式活动，共享宗教生活。弱势群体与老住户在公共的宗教场所基督教堂，用相同的语言文字（傈僳语和勒墨语共用，使用傈僳文和中文两种文字）举行各种宗教仪式。这部分内容将从日常生活中的祷告仪式、礼拜仪式、节庆活动、婚丧嫁娶、基督教的跨境互动等几个方面，呈现基督教在当地弱势群体的宗教生活与日常生活的影响，指出弱势群体的基督教诉求与宗教生活之间的关联。

祷告。基督教对于A村勒墨人、傈僳、怒等族群基督徒而言，它是一种宗教信仰，是他们日常生活中重要的组成部分。可以说，当地基督徒的日常生活中祷告无处不在，从饮食起居到生老病死和生产劳作、节庆活动都离不开各种祷告仪式。祷告的种类也丰富多样，有小孩出生取名祷告，丧葬仪式祷告，生病祷告，有饮食起居祷告，有乔迁祷告等。当地信徒祷告的方式有跪祷、站祷、默祷三种。

---

① 基督教经典《圣经》中耶稣基督对弱势群体的关怀的相关经文可参见：《利未记》25章35节，《诗篇》41章1节、112章9节，《箴言》14章21节、19章17节，《路加福音》6章20节，《雅各书》2章5节，《马太福音》15章30—31节，《马可福音》6章56节等。

祷告是当地弱势群体日常生活中必不可少的一项宗教活动。例如，信徒每天晚上就寝之前要总结一天的生活和行为，并通过祷告的方式向上帝做自我检讨，希望能在上帝的保佑下睡个安稳觉，平安度过一个夜晚。每天晨起时做个晨祷，主要是向上帝祈求一天 24 小时无论出行、劳作、办事，全家人都能够平平安安，不要发生任何意外，不要发生不愉快的口舌之争等。有时候信徒还因为做噩梦三更半夜起来做祷告，求上帝为他/她抵挡不祥的遭遇。每次饭前需要做谢饭祷告等。

皈依基督教之前，傈僳、勒墨人、怒等族群相信万物有灵，他们认为人之所以会生病是因为有各种"鬼"（尼）在作祟，因此生病要请巫师打卦、祭鬼。而信仰基督教之后，傈僳族将害人生病的"鬼"换成撒旦，并认为凡不好的事情都是撒旦所为，诸如生病、发疯、无缘无故发脾气、跌伤、出车祸、坠江河致死等这样的事情都是撒旦所为，而信仰原始宗教时期，认为这些都是由"恶鬼"所害，之后人们费尽心思搞各种祭祀活动对付之。皈依基督教之后只需请教牧人员祷告或搞一个家庭祷告会，通过众人诵唱赞美诗、祷告的方式，并以上帝之名赶鬼。从这一点来看，生病或不幸之时，原始宗教祭鬼与基督教祷告的目的可以说是一致的——祈求健康、平安。区别在于前者花销比较大，主要参与者为原始宗教的掌权者巫师；而后者则比较节约——甚至只需准备一点白开水供教友饮用，或者什么都不需要准备也能祷告，且普通信徒与教牧人员共同参与祷告仪式。

在房屋奠基之前，当地基督徒家庭首先由家长或家中的长者站在地基边做一个祷告，希望房屋建盖过程中不要出现任何不愉快、跌伤、出人命的事情，祈求上帝保佑人们从奠基到乔迁之日都平平安安，和和气气。新居落成时，请教牧人员与亲朋好友到新房举行一个进新房庆典仪式，其间共同诵唱赞美诗和祷告，目的在于祝福主人全家搬到新家后安然无恙，日子过得更加幸福美满，同时感谢上帝的恩典。

在生产劳作中，每年开春播种前在教堂举行"开春"礼拜，祈求风调雨顺、五谷丰登。播种或收割农作物时，基督徒女主人或男主人站在田边做一个祷告。播种时祈求上帝帮他们看管田里的种子，不让小鸟虫儿与老鼠来偷吃庄稼，直到开花结果、成熟、收割。收割时要感谢上帝在一年中让他们平安度过，并看管田里的庄稼。收获了初熟的农作物，要拿出最饱满的一部分（有的信徒按照"十分之一"奉献，有的随自己心意想奉献多少就奉献多少）敬献给上帝，这时候教牧人员会为信徒做一个祷告，告知上帝信徒对上帝的忠诚，说他/她懂得感恩，知道是上帝所赐之后把一部分献给上帝，祈求神更加祝福他们今后的生产生活的方方面面。

生病祷告　　　　　　　　　谢饭祷告

即便是在特殊的历史时期，例如在"大跃进""文化大革命"

等"禁止信仰上帝"的历史时期，仍有不少傈僳族、勒墨人、怒族等基督徒通过偷偷祷告坚持信仰，按照一些老人的口述资料，他们把这一时期的信仰转入"地下活动"，因为"不能光明正大做礼拜，我们基督徒只能偷偷祷告，只是你知我知，不能让上面（指村主任及以上的领导、红卫兵等政府工作人员）知道"。①

另外，当地基督徒在小孩出生、丧葬仪式、求学、找工作、买新车等人生重要阶段和事宜中也进行祷告，目的在于祈福。每当教会要举办节庆活动或开会、教牧人员换届选举活动等重要事宜之前，都要在礼拜中专门请人为相关事宜祷告，希望事情能够顺顺利利。可见，当地弱势群体的日常生活中，祷告无处不在，且时刻发生。因而祷告已经成为弱势群体宗教生活中的一部分，亦是他们日常生活中的一部分。

礼拜。礼拜是基督徒最基本的宗教生活之一，是基督徒日常生活中很普通的宗教仪式。A 村每周的礼拜日程安排与中缅北界傈僳族、勒墨人、怒族、独龙族等跨境民族地区基督教日程类似，分别是每周三、周六晚各 1 场礼拜，周日早、中、晚 3 场，每周共计 5 场礼拜。礼拜仪式中，主要有祷告、唱赞美诗、讲道、事工报告等内容安排。教堂负责人即教牧人（如表 2）由缅返边民和老住民共同承担，而且缅返边民教牧人多于原住民，其中 A、Z、B、X 四个教堂的负责人基本上是由缅返边民担任，这就与缅返边民大部分是基督徒呈正比关系。弱势群体在教会担任教牧人员，他们成为教会和村社中比较有威望的

---

① 2014 年 2 月 19 日，笔者在 L 组对傈僳族老人 DW 的访谈。

人。而在世俗生活中,弱势群体中的宗教领袖用基督教的教规教义要求自己的言行、为人处世等,他们在某种程度上成了当地信徒学习的榜样。

表2 A村教牧人员称谓及主要职责①

教堂职务名称	主要职责	备注
礼拜长	安排礼拜日程	男性
执事	主要负责教会管理工作	男性
女执事	协助执事的工作	女性
女礼拜长	协助礼拜长的工作	女性
会计	记账	男性
出纳	管财务	男性
村主任老	负责整个行政村的教会管理工作	男性
村女长老	负责整个行政村的妇女事工	女性
按立传道人	负责1—2个行政村的讲道工作	男性

在现实生活中,宗教的神圣性与世俗生活密切相关。对于信徒而言,宗教(基督教)的至上神与神圣性正是信徒开展日常生活各项事宜与宗教活动的"行为准则"前提,教义乃是他们日常行为规范中的权威。A村的基督徒,不论是饮食起居,还是出门远行,以及每周5场的礼拜活动和基督教三大节日(圣诞节、感恩节、复活节)等,都离不开基督教的各种仪式活动。对于弱势群体而言,因为突然失去国

---

① 资料来源:2012年10月3日,笔者对A村QHZ马扒的访谈笔记。

籍,在祖籍国家以"缅返边民"的身份"寄人篱下"(毕竟,他们离开故乡的时间久了),原本就是基督徒的他们,最大的盼望就是寄托于上帝,并以"天国户口"① 互相安慰,使当地社会秩序"不出乱子"。"天国户口"与"不出乱子"② 是笔者在 A 村与弱势群体访谈期间他们反复提到的关键词,这启发了笔者研究基督教信仰对弱势群体及其社区的功能意义。

节庆。A 村基督徒主要过基督教三大节,即圣诞节、复活节、感恩节(又称新米节),此外,当地基督徒还过"扎登子都"(即播种礼拜或开春节,仪式活动有别于勒墨人的尚旺节/桃花节)、元旦节、尝新节等节日。其中,圣诞节、复活节、感恩节、元旦节、"扎登摆"5 个节日由信徒统一在某个教堂以礼拜、讲道、献唱、跳舞、圣经小品、放烟花等丰富多彩的节目活动庆祝。

20 世纪 80 年代初期,基督教复兴之初,洛本卓全乡教会分别轮流庆祝基督教三大节日。与 10 多年前相比,最大的差别是饮食与基督教音乐、乐器方面的变化。10 年前在当地过三大节吃的是苞谷饭,肉少蔬菜多,现在顿顿吃上了大米饭和肉,总体上节日餐饮条件有所改善。过去,跳舞时没有伴奏,全靠信徒自己唱,如今有 VCD/DVD 背景音乐做伴奏,信徒想跳什么就去买光碟作为伴奏即可,他们感受到了科技带来的方便(却也不得不承认某些传统文化正在被高科技产品

---

① 笔者在 A 村调查期间,没能加入中国户籍的缅返边民(弱势群体),面对身在中国却没有中国户口之事,他们以基督教"天国户口"一词自我安慰,彼此鼓励。
② "不出乱子"是笔者在 A 村调查期间,当地多数弱势群体常常提到的一句话,他们总说:"如果我们(弱势群体)换成是非基督徒,不知道会干什么不好的事情呢。我们基督徒是不能做坏事,上帝看着呢。换成不信教的就不知道会发生什么事情了。"

代替而逐渐淡化、消失)。过节时间与 10 年前基本没什么变化，圣诞节时间在每年 12 月 24—27 日，感恩节在每年 10 月底至 11 月初举行，具体时间根据当地的秋收情况而定。泸水市基督教三自爱国运动委员会（以下简称"三自"）成立之前，洛本卓乡复活节时间固定在每年 4 月 14—17 日，成立"三自"后，复活节时间改成每年 4 月 1—20 日中有礼拜天的时间段举行。每个节日持续过 3—4 天。

2014 年 A 村基督徒在 Z 教堂过圣诞节

过节前一个月左右，A 村各个教堂的信徒开始排练赞美诗、舞蹈、小品等节目，节日期间自行准备行李、伙食费到指定的教堂参加节日。其间，有部分附近村寨的信徒和缅甸北部的亲友前来参加——他们有些是普通信徒，有些是牧师、传道人。节日期间，非基督徒男女老少也喜欢前来教堂观看节目，2014 年圣诞节期间，12 月 25 日下午礼拜结束后，由 A 村委会领导在教堂播放了傈僳语版《艾滋病宣传知识》DVD 碟片，不少周边的信教或不信教的男女老少前来观看、学习。教堂成了当地政府宣传、教育相关法律法规、常识的重要场所，在信徒熟悉的基督教场所做宣传，不仅节约了成本，而且更加拉近了民众与政府间的距离。更重要的是,通过在教堂公开宣传、教育,让常年局限于本村范围内活动的弱势群体增长了知识,开阔了眼界。

节日期间,信徒穿上傈僳族或勒墨人的传统服饰,以歌舞、小品和演奏吉他、长笛等精彩的节目赞美上帝。2014年圣诞节期间,每天有早、中、晚3场礼拜,从早上8点持续到晚上12点,表演时除了各个教堂代表队表演的集体节目外,还有个人独唱、吉他弹奏、舞蹈表演等节目,也有以家庭为单位的节目,节目种类丰富多彩。节日期间,Z组教堂内外门窗都被前来观看节目的信徒或非信徒填满,他们争着抢着买5角到1元钱的"花"(其实是用彩条和假花替代的)上台献给表演者和教牧人,买花献花活动由Z组教会组织,教牧人员提前说明买花是变相的奉献,只是换一种方式让大家开心,而卖花所得的钱归Z组教会所有。节日活动中的献"花"文化是受缅北傈僳族、景颇族基督教教会文化影响的。节日结束当天,献"花"所得的奉献款由Z组教会负责人分别装在信封里,作为红包送给节日期间负责讲道、领唱、主持工作的教牧同工,以表感谢和祝福。若有多余,则添补为节日期间的活动经费。

2014年在Z组教堂庆祝圣诞节期间,主要策划者是Z组教会执事GD马帕,他曾是缅甸北部拉车洛、阿麦洛、施兰当等地区的专职传道人。2007年,他从缅甸返回Z组之后,在Z组教会先后担任马帕、礼拜长、执事。他告诉笔者,2014年圣诞节活动模仿了缅甸基督教文化礼仪,放烟花也是缅甸基督教节日文化习俗之一,而在此之前,A村其他教堂还没有举行过放烟花、献花、圣诞节歌唱晚会等活动。他的目的是吸引更多的青年男女回归到教会生活,这是他在当地对基督教教会传统的一种新的突破，这一"创新"获得了众信徒和教牧人的肯定。显然，他的尝试是成功的，这与当地信徒大多数是缅返边民即弱势群体有关，他们大多在缅甸体验过类似的（如在教会买花献花、放烟花等）基督教文化氛围。在 Z 组教堂"参与观察"期间，不少信徒告诉笔者说："（燃放烟花、鞭炮，献花活动让人感觉）好像又回到了缅甸的感觉，不过，在缅甸过圣诞节，比这里还要热闹好多倍呢！"① 从节目表演中看得出，弱势群体的积极性和热情度极高，在表演时他们似乎忘记了时间，忘记了"黑人黑户"的身份，好像穿越到另外一个世界当中，陶醉其中。由于信徒有极强的表演欲望，每天晚上主持人都需要提醒时间（规定每天晚上节目演出不能超过 11 点，但事实上每天晚上的晚会时间都超过午夜 12 点）。基督教的确给予了他们精神上的满足与放松。

复活节前几天，A 村各教会基督徒举行"扎邓子都"（傈僳语，即播种礼拜或开春礼拜）。参加"开春礼拜"的是基督徒，信徒只需象征性地带一点稻谷种和玉米种、南瓜种之类的种子，到所属教堂共同做一场礼拜。当天，信徒每家至少参加一个人。当天礼拜中祷告的主要内容为：

> 祈求上帝保佑我们每一个人，让我们不要生病，赐予我们每天都有健康、强壮的身体，好让我们可以每天劳作。撒种的时候不要让虫鸟来破坏，老鼠也不要来吃。希望我们今年所种的粮食，

---

① 2014 年 12 月 25 日晚，笔者在 Z 教堂圣诞节晚会的参与观察和对卖花者 AZN 的访谈。

来年能得大丰收，我们养牲口家禽，也求你照看，不要发生瘟疫。求神时刻提醒我们不要忘记神的恩典，让我们得着之后不要忘记奉献给你。阿门。①

在礼拜过程中，讲道的内容与上帝对世人的恩赐有关。"扎登子都"时间通常定在春耕之前的几天，一般不选在礼拜天。"开春"礼拜结束后，信徒带来的谷物统一存放在教堂，有需要者可以找教堂负责人购买，而南瓜种、瓜子种、黄瓜种、辣椒种之类的种子，信徒根据需要免费带回家播种，这实际上是信徒之间相互交换农作物种子。当地信徒告诉笔者，从教堂带回来的种子比一般的种子要好，收获更多，因为是祷告过的。非信徒则不参与基督徒的"扎登子都"。开春礼拜结束后，所有参加礼拜的信徒在教会食堂搭伙吃一顿饭，当天有教友专门负责做饭做菜。"开春礼拜"是延续或替补了中缅北界多数跨境民族传统节日文化中的"开春节"，该活动主要以教堂为单位举行，它是一种祈福仪式祈求五谷丰登，是传统文化与基督教文化相融合的宗教节日。

（3）基督教与弱势群体的人生礼仪

基督教作为一种西方外来宗教文化，在中缅北界近百年的发展过程中，作为一种宗教意识形态，不仅影响了 A 村基督徒的日常生活，还融入了中缅跨境民族的生老病死、婚丧嫁娶等诸多人生礼仪之中。自皈依基督教以来，当地傈僳、勒墨人、怒等信徒将传统人生礼仪与

---

① 2014 年 2 月 13 日，笔者在 A 组对勒墨人 HSY 的访谈。

基督教仪式相结合，长期以来发展成为傈僳化、基督教化的人生礼仪文化形式。

取名字、洗礼仪式。新生命的诞生，第一时间通过祷告的方式"上报"上帝，之后才由父母为新生儿取名，或者请教会神职人员为小孩取名——通常取《圣经》中的名字，作为教名，有时候也取一个学名。因而A村出现了马太、马可、约翰、约瑟、约书亚之类的具有西方基督教文化色彩的教名，对当地傈僳族、勒墨人、怒族等民族的取名习俗文化产生了一定的影响。有些信徒的教名则是长大后参加圣经培训班之后，由牧师取的。信徒年满16岁时，在牧师或教牧人的主持下举行洗礼仪式，这相当于信徒的"成人礼"，亦是"过渡礼"，标志着通过洗礼仪式成为一名真正的基督徒，能够为自己的言行负责，通过了洗礼仪式既可领受圣餐，也可以谈婚论嫁。

婚礼。基督徒之间结婚时按照基督教的仪式举办婚礼，由教会马扒作为中间人（媒人）为男方送信提亲，提亲成功之后双方亲友聚集在男方所在的教堂见证新郎新娘的婚礼。其间，教育新人基督徒结婚之后，不准离婚，要相亲相爱、孝敬父母等。上文中已提过，弱势群体面临着"结婚难"的现实问题，但如果基督徒之间结婚，则礼金要少很多，因为基督徒一般不在礼金方面"讨价还价"，他们更在乎的是"上帝的旨意"，认为如果是上帝计划或安排两人成为夫妻，那么不管现实条件多么困难，总能成就。因此，在条件允许的情况下，信徒之间结婚是最理想的婚配方式。但是，目前受婚姻梯度挤压的影响，出现了"结婚难"现象，这是当前经济全球化与城市化发展进程中的必然。

追思礼。基督徒去世后，由教牧人和教友共同举行追思礼（丧葬仪式）。在丧葬仪式中，教友在遗体旁唱多首赞美诗、讲道，送葬死者的同时，安慰生者。马扒安慰死者家属："他/她今天在主里睡着了，灵魂去到上帝的右边，与神同在。那里没有贫穷，也没有痛苦，他/她将去彼岸世界过幸福生活。你们（家属）大可不必难过，将来有一日你们还会再团聚。"①

LSC（缅返边民）的弟弟（基督徒）在缅甸板瓦参加工作，2011年7月被人谋杀（枪杀）。他包了一辆面包车把弟弟送到密支那医院，因抢救无效死亡。当时昔董、板瓦地区正在打仗，无法将弟弟的遗体运回老家A村举行追思礼，只好到弟弟生前常去礼拜的地方密支那马开村为弟弟举行追思礼。因弟弟生前属于密支那马开村基督教浸信会教会，LSC就把弟弟的遗体运到马开村浸信会教堂教友家，一天后在马开村浸信会教会牧师的帮助和主持下，为弟弟举行了追思礼，为弟弟举行了人生最后一场基督教仪式。当时马开村很多教友前来参加葬礼。LSC的弟弟安葬在马开村浸信会教会公共墓地。安葬了弟弟之后，LSC一家带着弟弟的儿子（孤儿）一起返回老家A村。②

从上述两个案例可知，基督教的丧葬仪式，不仅起到了慰藉死者家属的作用，而且解释了基督徒死后的去处——安息主怀，即死者灵魂与上帝同在。这是是基督徒一生所追求的终极目标。基督教不仅解决活人的现实世界，人死后也有一个归属——彼岸世界，即天堂。因而，信徒不仅看重生前的人生礼仪，同样看重葬礼。

---

① 2014年2月11日，笔者在A组对老教牧人TMTW的访谈。
② 2012年10月4日，笔者在A村A组对LSC的访谈。

(4) 中缅基督教的跨境互动

A 村坐落于中缅边境高黎贡山东面山区，当地特殊的地理环境与区位决定了当地边民的跨境流动性，人口的跨境互动，使两边的贸易、文化、宗教、婚姻等方面实现了跨境互动。这里介绍当地弱势群体宗教诉求中基督教的跨境互动情况。

依着特殊的地缘、族缘、亲缘、教缘、姻缘等因素，在中缅北界地区跨境而居的傈僳、怒、勒墨人、景颇、独龙等族群之间向来在宗教、社会、经济、文化、婚嫁等方面存在你来我往的互动关系。就 A 村基督徒与缅北地区的傈僳、勒墨人等族群间的跨境互动而言，基督教的跨境互动相对比较明显，表现为缅甸傈僳文版的各种圣经及释本、基督教神学知识读本、长短赞美诗歌本、外文傈僳文译本、光碟等基督教书籍与影像资料流动到 A 村境内的情况较多。2014 年圣诞节期间，密支那牧师 MNY 从密支那带来几箱缅甸傈僳族教会翻译的圣经和赞美诗歌本，出售给当地信众。出于族源、地缘、教缘的认同，圣诞节期间，MNY 牧师还多次被邀请在 Z 教堂讲道、祷告、主持。

在圣经知识的学习方面，表现为 A 村基督徒到缅北傈僳族、日旺人圣经学校学习的情况较多，或者缅甸傈僳族、勒墨人圣经老师被邀请到 A 村举办短期（通常为 2 周）的圣经培训班，在教授圣经知识的同时，间接传播了缅甸基督教教会礼仪文化。当地教牧人也因亲缘、地缘、教缘等因素，逢年过节之时，跨境到附近的（缅甸）拉车洛日旺人教会学习、交流神学知识，并参与缅甸基督教会的礼拜、三大节日，有时候通过亲缘、祖源、教缘因素，缅甸媳妇嫁到 A 村的情况也是常有的事。建盖教堂时，中缅两边的傈僳族、怒族、勒墨人教会之间相互帮忙，主要表现在资金方面的互相支持，体现信徒间的互帮互助。

在中缅北界跨境民族社会关系网络建构中，基督教的跨境互动在该区域社会人际交往、婚姻关系、宗教互动等中发挥着重要的作用。基督教认同不断巩固着村社的邻里关系，使得基督教在维系村社治安、社会稳定方面发挥着一定的积极功能。基督教成为缅北地区傈僳族、怒族、勒墨人建构社会关系网络中的宗教基础，教会成为他们重构社会关系的重要平台。

综上，基督教作为一种国际性的制度性宗教，其全球化与跨境互动拉大了弱势群体的社会关系网络。当地傈僳、勒墨人、怒等族群在不断地迁徙过程中，通过基督教信仰感受到了传教士给予的尊重，从而融入基督教"人人平等"氛围中，以至于基督教已成为弱势群体日常生活中重要的一部分，使他们在开展生产活动、各项文化事项、社会活动时，巧妙地将基督教元素融入其中，从而出现了基督教化、傈僳化的区域基督教文化圈。基督教对穷人、残疾人、妇女、儿童、病人等社会边缘的弱势群体的关怀和"博爱"思想是基督教成为弱势群体精神诉求的根本原因，弱势群体在基督教信仰中找到了活下去或坚持下去的精神动力，在某种程度上，基督教似乎成了一种边缘人的"专属"信仰，其"不抛弃，不放弃"任何一个弱势群体的相关圣经故事则吸引了弱势群体皈依基督教。

随着基督教在 A 村的发展，当地弱势群体在老家重新构建了一个以基督教文化为核心的社会，在这个圈子里，人人以弟兄姊妹相称，教会管理者大多数出自缅返边民弱势群体，他们在教会自导自演、"自得其乐"，用他们自己独有的方式赞美他们心中的上帝，并以基督教教规教义作为生活准则。在现实生活中无法如愿的事情,在教会中可以向上帝和教友"倾诉",通过祷告、礼拜等基督教仪式,使精神得以放松、愉悦,心理得以慰藉。在某种意义上,教会成为信徒寻求精神寄托的场所。笔者认为,这正是弱势群体对基督教信仰诉求的内在需求。

3. 基督教对A村弱势群体的多重影响

根据前文所述可以看出,A村弱势群体的基督教诉求对他们的宗教生活与日常生活产生了一定的影响。其中,对宗教生活的影响主要表现在以下几个方面:

(1) 信仰体系被置换

对于A村的弱势群体而言,从信奉原始宗教到皈依基督教,首先信仰体系发生了变化,前者为非制度性宗教,而后者为制度性较强的世界性宗教。在特殊的历史时期,A村村民对基督教的诉求基于其包容性、世界性、服务性的宗教体系与"爱人如己"的宗教情怀。

(2) 宗教生活的日常化与日常生活的基督教化

通过参与基督教基本的礼拜和频繁的基督教仪式活动,使当地弱势群体的宗教生活日常化。而在日常生活中生老病死、婚丧嫁娶等重要的人生礼仪中表现出基督教化的文化现象,节庆文化中亦融合了浓浓的基督教文化色彩。从日常生活与宗教生活折射出弱势群体基督教诉求的"合理性"需求。

宗教生活的日常化还表现在弱势群体在饮食起居、疾病、困难、生产劳作、人际交往等方面以频频的祷告仪式处理,久而久之,使信仰成为一种习惯（具有相对固定的礼拜时间与节庆生活），成为日常生活的规范之一，进一步强化了信徒对基督教的诉求心理。

4. 基督教教会对弱势群体的帮扶情况

A 村的弱势群体问题具有长期性的特征，当地老乡、政府、教会，以及外地教会或基督教组织和个人为 A 村的弱势群体提供了不同方面不同程度的帮助。社会救助是社会不同领域或不同身份的单位或个人对相对弱势人群给予的帮助，而且以物质方面的帮扶为主。不论出于何种理由，他们的目的是一致的，即为弱势群体排忧解难，希望弱势群体能够早日奔小康，过上幸福生活。

由于缅北局部地区频繁的内部战争，不少缅北少数民族成为战乱中的逃难者，他们大多数人被安置在难民营，也有一部分选择返回老家如临沧、德宏、保山、怒江等地区。2007—2014 年，洛本卓乡就有一群因缅北战乱而返回洛本卓各村各寨的人，面对数量过千的缅返边民，代表"国家在场"的当地洛本卓乡政府、派出所、边防武警、A 村委会等不同单位和部门，出于国家层面的人道主义精神，第一时间为缅返边民提供了大米、衣物方面的救济，还为特别困难的家庭提供了石棉瓦、铁皮瓦，以方便他们搭建房子。但是，光靠政府的救济，不可能解决当地弱势群体的全部问题，弱势群体问题的解决需要多方力量的综合才能得以实现。社会也有责任去帮助社会弱势群体改变其生活状况。

在调查期间，也得知一些高校社团以"献爱心"为主题，收集旧衣物，邮寄到 A 村，并由当地武警、村委会的工作人员分发给缅返边民。而当地基督教会或个人也从社会服务工作层面，通过为当地弱势群体提供物质上的帮扶，帮助他们建盖基督教堂，为弱势群体中生病的人祷告等途径，延续和满足了弱势群体原有的基督教信仰诉求。基督教会组织或个人对弱势群体"爱人如己"的博爱情怀，源自信徒对耶稣为贫苦、疾病、老弱病残，以及被社会边缘的人群给予无偿帮助事迹的效仿，这也是基督教经典《圣经》对信众的教导之一，即关心和爱护身边的弱势群体。这里从物资捐助、建盖教堂、精神慰藉三个方面，呈现基督教教会组织或个人对A村弱势群体的帮扶情况，在下文第四部分中指出弱势群体之间在生产生活中的互帮互助行为，这有利于弱势群体问题的解决，体现出弱势群体自立自强的一面。

（1）物资捐助

笔者关注到2007—2014年从缅甸返回的弱势群体人数较多，考虑到这群人的生活没有保障后，由怒江州基督教两会牵头举行爱心奉献礼拜，以怒江四县的县、乡、村教堂为单位以奉献礼的形式为弱势群体做了募捐。据时任怒江州基督教两会主席Y牧师介绍，当时的奉献款达到了15万元。由怒江州两会组织向中缅边境地区的福贡、泸水（以洛本卓为主）、腾冲（滇滩镇）弱势群体（缅返边民）比较集中的三个地方分别捐赠了4.5万元，并捐助了几大车爱心衣物，剩下的钱购买大米和作为运费。怒江州、县基督教两会工作人员（基督徒）在各地教牧人的带领下，亲自到弱势群体所在村社发放物资，同时为需要的人做祷告，给以精神安慰。当时受助民族包括傈僳、怒、勒墨人、景颇等多个少数民族，救助对象大多数为基督徒，也包括少数非基督徒。

教友为 A 村弱势群体捐赠爱心衣物

Y 牧师和他的团队不定期为弱势群体捐助爱心衣物或大米，并长期致力于中缅边境弱势群体帮扶工作，其间，Y 牧师一直从中国内地教会争取资金和物资，并把物资转交至各县教牧人或两会负责人手上，再由基层教会分发给弱势群体。

据 Y 牧师的了解，在帮扶难民过程中，还有一部分人是自发的，即不是州、县两会等基督教领袖组织，而是基督徒自发组织，他们带着衣物、钱、米亲自到缅甸各难民营或缅返边民所在村寨献爱心，并提供帮助。例如，泸水市上江 PT 马帕和福贡 SSD 马帕等人亲自到缅甸难民营探访并捐赠衣物，福贡匹河怒族基督徒 HLS 与表哥把国家发给他们的低保粮送给了福贡缅返边民，另外他们还自己掏钱送了两桶油。Y 牧师强调，云南省基督教两会主席在"缅返边民"帮扶中发挥了很大的作用。

在弱势群体帮扶过程中，帮扶者通过在微信、QQ 等网络媒介发照片的形式，让外界更多的爱心人士参与到弱势群体帮扶工作中。截至 2014 年 5 月，捐赠物资的爱心人士来自全国各地，包括浙江、山东、北京、上海、江西、内蒙古、新疆、宁夏、甘肃、山西、河南、江苏等，他们大多数是基督徒，他们是通过地方基督教社会服务事工团队或个人的介绍了解到中缅边境村落弱势群体的情况。对此，Y 牧师认为："我们自己没有多少钱可以奉献，但是通过向外界不断反映（微信、QQ 等）情况后，爱心人士也给予了很多帮助，主要是衣物、被子。我们可以在爱心人士与弱势群体之间搭起一座桥梁，这对他们的帮助是非常有力的。"[1]

除了本土基督教领袖为主的弱势群体帮扶团队或个人外，国际专业服务机构（简称 MSI）驻福贡使团也曾先后两次为 A 村弱势群体和部分老住户捐赠了衣物、被子、鞋子等物资。A 村特别贫困的部分弱势群体家庭，还得到了当地教会捐助的小猪，养殖一头小猪成为他们家庭经济收入的重要组成部分。[2] 基督教会、组织或个人为 A 村的弱势群体捐助物资的献爱心行动，体现了基督教的社会服务功能。

（2）建教堂

由于缅返边民大多数信仰基督教，他们返回 A 村后仍然与当地信徒共同参与宗教活动，而且他们中在缅甸时担任教牧人或专职传道人的，返回 A 村之后，经教会选举，在各个教堂担任着教牧人的职务。这是 A 村信徒对缅甸基督教神学教育的认可，在当地人眼里，似乎缅甸基督教更具有"权威性"或"正统性"，主要是指神学基础知识相

---

[1] 2014 年 5 月 11 日，笔者在昆明对原怒江州基督教两会主席耶西牧师的访谈。耶西牧师现任贡山县基督教两会主席。
[2] 2012 年 10 月 4 日，笔者在 A 自然村对 LSC 夫妇的访谈。

对扎实。这就不难理解上文中所提到的，缅返边民即弱势群体在教堂担任神职人员，并把缅甸基督教教会文化传统间接"移植"到原居地A村教会的文化现象——这种文化融合现象吸引了当地不少信教或不信教的男女老少，在一定程度上促进了当地基督教的发展。

教堂是基督徒举行最基本的宗教仪式活动的场所，在怒江很多地方几乎一个寨子就设有一座教堂，教堂成为村落中具有标志性的建筑之一，它不光是信徒礼拜聚会的场所，同时亦是当地政府部门宣传政策文件、科普知识的场地。弱势群体返回A村，使当地信徒数量有所增加，导致场地有限的教堂容纳不下过多的信徒。因此，经各教堂教牧人员和信徒开会商议，得到宗教局等相关部门批准之后，各堂点先后重建——在原有基础上扩建，并且从原有石棉瓦石头房改建成钢筋混凝土平房。

重建教堂的费用并不少，若光靠当地信徒的能力不可能完成重建教堂之事。其间，除了当地信徒自己奉献外，教牧人还到怒江其他各教堂寻求资金扶持，有的教堂负责人还去缅甸找教友、教会寻求帮忙，在中间人（基督徒）的搭桥下，A村Z、B、X、L、D组5个教堂的重建、扩建（厨房、宿舍），还得到了H国基督教会的奉献款资助（根据教会的资金缺乏情况，资助金额2万—5万元人民币不等）。国内外教友的帮助，不仅为当地弱势群体减轻了经济负担，而且使弱势群体感受到了来自不同国度教友的关心与基督之爱，再次强化了超越民族、超越地域/国籍的基督教认同。

（3）精神慰藉

基督教会组织或个人在A村探访弱势群体时，除了给予大米、衣物等物质上的救助外,还为生病或需要代祷的弱势群体祷告,有的教友则在当地教堂与弱势群体共同参与基督教礼拜、节庆活动,他们利用宗教仪式时间、空间,重复讲述着关于耶稣对老、弱、病、残等人群不离不弃的爱的关怀与帮助的相关圣经故事,通过这样的方式,为当地弱势群体进行心理疏导,帮助他们以积极、乐观的心态面对现实生活中遇到的种种困难。

国际专业服务机构(MSI)福贡联络处工作人员(皆为基督徒)在A村弱势群体的帮扶过程中,进村考察实际情况时,从人数统计(统计内容包括人数、户数、年龄、性别,困难程度、是否为孤儿、寡妇还是为无依无靠的老人等内容)到按照弱势群体家户、年龄、性别、困难程度分类衣物,最后以家庭为单位捆绑好后装在袋子中,并在袋子外用傈僳文和汉字写上户主的姓名,方便发放。国际专业服务机构福贡联络处工作人员帮扶工作在细节上周密的考虑是当地政府所没有做到的,这就使弱势群体更加依赖基督教教会、组织或教友。

2014年3月7日,国际专业服务机构福贡联络处工作人员在A村Z组调查缅返边民情况,当他们打算到Z组一位老妇人(基督徒)家探访时,老妇人和几个孙子(孤儿)坐在家门外的田边不搭理他们,以为他们是政府派来登记缅返人员的,老妇人用傈僳语告诉MSI工作人员说:"上面的人来登记过很多次了,没有给我们一个说法,我们有点失望。我们不了解情况,以为你们和他们是一伙的。"①

当旁边的人告诉她说那些人是来帮助她时,老妇人才站起来与他

---

① 2014年3月7日,笔者跟随国际专业服务机构福贡联络处工作人员探访Z自然村缅返边民傈僳族老妇人的田野笔记。

们一一握手，并带他们到家中休息。因只有一间房，她与几个孙子一同挤在不到10平方米的木楞房中。前不久因为孙子玩火再次烧毁了唯一的房子。她跟MSI工作人员倾诉时，眼泪流个不停，MSI负责人W老师（原籍X国，嫁到中国，已入中国国籍）握着老妇人的手当场做祷告安慰她，并答应捐一些衣服给她和孙子。这位70多岁的老妇人的丈夫、儿子全部死光，只剩下她和几个孙子相依为命。她跑过缅甸，回来后因为没有户口，享受不到任何惠农政策，没有养老金，生活没有保障，她多次告诉MSI工作人员说她想过自杀，甚至多次喝毒药自杀未遂，但是一想到还有几个年幼的孙子需要照顾，她又有些放心不下。她认为这是上帝不想让她死掉，好照顾几个孙子。MSI工作人员紧紧抱着老妇人，为她祷告，祈求上帝安慰她受伤的心灵，并希望她今后的生活条件有所好转。还劝她常与当地村委会、乡政府咨询户口问题，积极配合相关部门的工作。

  这个案例给我们的思考是为什么弱势群体对上面（当地政府相关部门）有些人感到失望，却对教友或教会抱有一种信任和依赖的态度？笔者进一步向Z组老妇人和其他村民了解的情况是："像他们（MSI工作人员）那样亲自来到我们家里，细细调查、询问和关心我们的人，我们（之前）没有见过。上面的人（当地村委会、乡政府相关部门）下来登记时没有这么详细，他们登记了好多次了，依然没有帮我们解决户口问题……"①

  可见，MSI工作人员"走基层"时某些细节工作做得比较到位，

---

① 2014年3月7日，笔者在Z组的老妇人、Z教堂女执事、GD马扒等人的访谈。

这就得以更加亲近当地弱势群体，与他们建立很好的关系，使弱势群体精神上比较放松。这是与"主内（信仰基督教的）皆弟兄姊妹"的熟人社会关系分不开的。

MSI福贡联络处的管理模式是招募当地信仰虔诚的教牧人员（以女性为主），帮助他们考察、助养孤寡老人。招募助使员的标准首先必须是基督徒；其次是有爱心，愿意帮助孤寡老人、老弱病残等弱势群体；最后是愿意奉献时间。帮扶方式：不光是口传福音（基督教），还要根据助养对象的实际需要传（基督教）。对此，W老师说："我们不能只是光口传（基督教），而是应该用实际行动让人们感受到实实在在的爱。就像耶稣那样，他不仅传道，还医治病人，安慰受伤的心灵。我们应该以主耶稣为榜样。我们主要是以医药、教育、助困、助养孤儿等方式传播福音，好让人们感受到神的爱。传福音并不是我们的主要目的，我们更看重基督徒的心灵生活，不单单看重信徒的数量，更看重信徒的质量（指信徒对圣经真理的掌握程度）。"①

国际专业服务机构福贡联络处工作人员从弱势群体的基督教诉求角度出发，给予当地人物质和精神上的帮助。这与外国传教士最初在怒江地区采取的"本土化"的基督教传播方式极其类似，给人一种重现传教士"身影"的幻象。但是，他们并非"说教"，而是结合圣经内容，通过实际行动，用爱感化群众，让弱势群体间接感受到耶稣基督的爱。这是MSI对基督教"爱人如己"的实践。

（4）弱势群体信众间的互帮互助

弱势群体从缅甸北部不同地区返回A村后，他们面临着生产生

---

① 2014年3月7日，笔者对MSI福贡联络处负责人W老师的访谈。

活、建设家园等方面的困难,除了接受政府、教会、老乡、亲友的帮助外,弱势群体之间的互帮互助和相互鼓励也是支撑他们活下去的精神动力之一。由于他们有着相似的生活经历,有着相同的基督教信仰,相似的境遇,因此,他们在 A 村自称是"缅甸回来的"或"受苦受难者"。他们在 A 村以出卖苦力维持生活,遇到建房子、婚丧嫁娶之时,弱势群体之间相帮(当地人亲友也来帮忙),彼此间不用支付报酬,只需提供一顿饭和几壶茶水或饮料即可。

由于当地弱势群体的温饱问题还没有解决,他们之间相互借米、送米维持生活的情况也是很普遍的。甚至谁家杀了一只鸡或一头小乳猪,都不忘叫上比自己更贫困的亲人和邻居同改善生活。

AZN 的两个姐妹都住在 A 组,其中一个是 AZN 的双胞胎妹妹,妹妹家离 AZN 家近。AZN 的双胞胎姐妹,于 2012 年从缅甸东玛库回A,特别贫困,加上孩子又多(8 个),所以几乎吃不上一顿饱饭。每当 AZN 家杀猪杀鸡之时或只要吃好吃的,尤其是吃肉的时候都不忘叫上两个姐妹,有时候也邀请住在本地的父母。AZN 说:"她们太可怜了,娃娃那么多,很少吃着肉。更何况她们都还在哺乳期。"

姐妹们有时候带着孩子和丈夫一起去 AZN 家吃饭,有时候只带在哺乳期的孩子去。2014 年 2 月,笔者在 A 组调查期间,一周之内 AZN 分别邀请父母、妹妹一家、大姐来家里吃饭。请父母那天,她家里杀了一只鸡(是从洛本卓买的);第二次是请妹妹一家,杀了一头小猪,另外也邀请了 AZN 的姑妈 ZNN(寡妇)。第三次请 AZN 的大姐,杀了两只鸡,大姐带着 3 个孩子去吃。①

AZN 于 2012 年返回 A 组,她因为嫁了一个当地人(有户口),而且 2013 年她的大女儿(14 岁)嫁给保山汉族,收到 10 万元礼金,AZN 家里只有两个小孩,而她大姐和妹妹有 6—8 个孩子需要抚养,比起她们,她的负担要轻很多,所以她才有能力请亲友吃饭,这同时也是出于她和丈夫的爱心。AZN 希望通过请吃饭的方式,给父母、姐妹、外甥女们补充一点营养,她担心经常生病的双胞胎妹妹由于缺乏营养而影响了嗷嗷待哺的外甥。当然,请客也拉近了亲友间的感情。②

上文提到了 A 组 ZNN 家木板房翻修时,她哥哥和几个从缅甸返回的小伙子来帮忙。当地弱势群体之间互帮互助的例子很多。

类似上述弱势群体之间互帮互助的案例,在调查期间是很常见的。弱势群体之间的互帮互助模式对弱势群体社会支持是很有帮助的,因为说到底,弱势群体生活水平的提高、经济的发展、接受教育等除了依靠社会各界的帮扶和支持外,最终还得靠他们自己来实现,所以,弱势群体自身的努力很关键。

---

① 2014 年 2 月 15 日,笔者在 A 组 AZN 家的参与观察和访谈笔记。
② 2014 年 2 月 15 日,笔者在 A 组 AZN 家的参与观察和访谈笔记。

四、基督教在弱势群体中的社会功能

马林诺斯基强调宗教的基础就在于人的生物性本能，宗教与人类的需要有着内在的联系，这一点就决定了宗教的功能。被人称作是"虚假的、错误的、荒谬的"宗教，实际上却是社会结构的不可或缺的组成部分。"如果没有这些所谓'虚假的'宗教，社会就不可能进步，现代文明就不可能得到发展"[①]。基督教对于 A 村弱势群体而言，是弱势群体的精神寄托，其在信徒的规范信众行为、稳定社会秩序、社会服务、重构社会关系网络等方面发挥了功能意义。

1. 基督教在弱势群体中的功能与影响

（1）满足弱势群体的精神诉求

基督教作为人类文化诉求的组成部分，其在 A 村弱势群体的日常生活与人生礼仪、宗教生活，尤其在中国社会转型时期成为当地弱势群体的精神寄托。在弱势群体个人与当地政府的扶助无法解决社会弱势群体的全部问题时，基督教的心理慰藉功能和终极关怀使弱势群体

[①] 拉得克利夫·布朗，潘蛟等译：《原始社会的结构与功能》，中央民族大学出版社，1999年，第104页。

找到一种归属感，并将现实生活中难于实现的诉求寄托于他们心中的上帝。

而基督教的礼拜、节庆、人生礼仪等则通过祷告、诵唱赞美诗歌、舞蹈，以及圣餐礼、洗礼等多项仪式性的活动，使弱势群体信徒在精神上得到了放松，心情愉悦。通过每周五场的《圣经》讲道和信众自身的不断研习，弱势群体对《圣经》的了解更加深入，明白《圣经》中上帝对弱势群体无私的爱与关怀。基督教的博爱思想在一定程度上鼓励了A村弱势群体，并成为他们建设美好家园的动力之一。

自20世纪50年代初以来，A村弱势群体受生存压力与时事政策所迫之下，选择到缅甸讨生活。他们在迁往缅甸北部途中经历了种种苦难，但不管遇到什么困难，到哪里生活，在建盖房屋时，他们一定要在寨子中建一间教堂。教堂是弱势群体向上帝和教友倾诉愁烦的重要场所，亦是信众避难、寻求帮助的港湾，是基督教信众寻求精神满足的公共空间。正因为如此，A村弱势群体每经过一个村寨，如果能找到一间教堂，或是遇到基督徒，他们就找到了"组织"，找到一种归属感，这是共同的基督教信仰认同带给信徒的超越村寨、超越民族边界的宗教认同感。宗教归属感让弱势群体多少消除了对未知事件的恐惧心理，这是弱势群体长期保持基督教信仰的原因之一。

当然，基督教的精神寄托除了能够暂时缓解弱势群体的精神压力外，也存在消极的一面，如前文所述，由于部分弱势群体过分"安于现状"，从而不可避免地产生"坐享"社会各界帮扶的想法，虽然这类人只有极个别，但这种负面影响不利于弱势群体家园的建设和社会的发展。

(2) 稳定社会秩序

可以说，在 A 村，社会安定、社会治理是在当地政府相关部门、村委会、教会等多方共同协作下实现的。而基督教神职人员和教会同工作为当地教会、村社中的精英人物，他们除了在教会任职，有的也担任着村民小组组长、会计等职务，他们在稳定村落秩序、安定中缅边境地区社会和谐发展方面起到了一定的作用。首先，神职人员通常是接受过县、州、省以上的基督教神学教牧培训的，具有较高的文化素养；其次，神职人员的品行、修养、神学功底、信仰虔诚度，以及其在信众中的威望性，都是信众推选教会负责人的主要标志；再次，信徒相信神职人员是上帝所拣选的——因而神职人员具有了神圣性和权威性。所以，信众服从教会精英（神职人员）的教导便成了天经地义之事。

前文已介绍过，A 村以村民小组为单位，每个村民小组各建一间教堂。教堂既是当地基督徒举行宗教活动的主要场所，亦是举办多项基督教仪式活动的空间。教会精英如 Z 组教堂主要负责人 GD 马帕，一方面他于 20 世纪 90 年代初举家迁到缅甸北部，之后返回 A 村，他与弱势群体有着相似的经历，能切身体会弱势群体的处境；另一方面他曾在缅甸时专职传道，主要在缅甸北部傈僳族、勒墨人、日旺人地区布道，他能说四五种跨境民族语言。返回原住地 Z 组后，深受当地人的欢迎，GD 先后当选 Z 组教堂礼拜长、执事，并热心服务于该堂。2011 年以来，因缅甸北部局部战争，使生活在缅甸的边民陆续回返原住地 A 村时，GD 作为教会负责人，与教会同工协商后，由各教会联合起来为村里没有生活保障的弱势群体提供了物质救援，同时为有疾病者进行祷告，并为他们寻求就医渠道。教会精英为弱势群体多方面的付出，更加赢得了信众的信任，为他们带领信众建设和谐社会奠定了基础，实践了党的十七大提出的"发挥宗教界人士和信教群众在促进经济社会发展中的积极作用"。

总之，基督教作为一种社会意识形态，其教规教义和教会传统观念对每一个信徒的行为举止、待人接物等方面有着有形或无形的制约。如传教士规定的"禁止信徒喝酒、抽烟"教规，对A村傈僳、勒墨人等嗜好烟酒的民族帮助无疑是有意义的，当地弱势群体中一部分不信仰基督教的人，因吸毒或贩毒而坐牢，而基督徒则没有出现类似的情况。基督教对信徒的"规范"功能，还表现在基督徒在日常生活、人际关系中，信众时刻以《圣经》的教导要求生活中方方面面的行为规范，这一点有利于搞好邻里关系和社区的和谐发展。

党的十六届六中全会也提出了"发挥宗教在促进社会和谐方面的积极作用"，社会的有序发展与国家和社会的安定、和谐分不开。而基督教对信徒行为规范的规制功能，在某种程度上对基督教社区的治安、社会秩序井然有序的发展奠定了基础。前文中，弱势群体提到的诸如"如果我们不是基督徒的话，不知道会出什么乱子"的想法，从侧面表达了基督教信仰对稳定当地社会秩序中所发挥的意义，这对以基督教为信仰核心的中缅边境地区的社会治理与和谐边疆的建设是有帮助的。

（3）提供社会服务

弱势群体在中国社会转型时期对基督教信仰的诉求是基于基督教对信徒的心理慰藉与社会服务功能的。在前文中介绍了基督教会个人或组织对A村弱势群体的帮扶情况，基督教组织在对当地弱势群体的帮扶过程中，不仅给予了物质上的帮助，还从心理层面给予鼓励和安慰，使弱势群体直接感受到基督教的博爱情怀，使被社会边缘化的弱势群体积极乐观地面对现实生活中遇到的种种挑战。

其中，国际专业服务机构（MSI）工作人员（基督徒）在探访A村弱势群体时，不畏路途险峻、不怕艰辛、不怕麻烦、不怕危险"走基层"的无偿献爱心活动，打动了当地弱势群体。除了给予物资捐助和心理慰藉之外，MSI工作人员也关心当地弱势群体的医疗问题，以及孩子教育问题。MSI还打算在今后的帮扶工作中针对弱势群体不同年龄、不同性别的情况，提供一些技术培训，好让他们掌握生存技能，以能够尽快适应在原居地的生活，并且能够学到一技之长。MSI注重弱势群体自身的发展优势。这是基督教社会服务功能的体现。宗教的和谐稳定发展促进了社会和谐发展。基督教的社会服务功能是基督宗教能够长期存在，并受到广大群众信赖的原因之一。

（4）重构社会关系网络

如前文所述，A村信仰基督教的弱势群体由傈僳、勒墨、怒、景颇、日旺（独龙族）等多个族群组成。他们原本有着各自不同的传统文化，但皈依基督教之后他们在同一间教堂做礼拜，一起参与宗教生活与节庆、人生礼仪等基督教仪式活动，并以圣经的教导规范信徒的言行，他们之间频繁的交往与互动，使该村逐渐发展成以基督教文化为主的社区。在此基础上，由不同族群组成的弱势群体融合基督教文化、傈僳文化、勒墨人文化、缅甸文化等多元文化于一体，实现了基督教在当地的本土化和在地化。这是由当地族群的生存智慧和他们对异文化的包容性决定的，从而使A村弱势群体与当地村内村外、缅北地区的教会和教友或非信教人群之间实现了社会关系网络的重构——将不同民族、不同宗教背景的族群整合成以基督教文化为主的一个整体。

随着基督教在 A 村传播、融入与发展，当地弱势群体在原住地重新构建了一个以基督教文化为核心的社会，在这个圈子里，人人皆以弟兄姊妹相称。A 村各个教会管理者大多数是缅返边民教牧人，他们在教会自导自演、"自得其乐"，赞美上帝，并以基督教教规教义作为生活准则。在现实生活中无法如愿的事情，在教会中可以向上帝和教友"倾诉"，通过祷告、礼拜等基督教仪式，使精神得以放松，心理得以慰藉。在某种意义上，教会成为信徒寻求精神寄托的场所。这正是弱势群体对基督教信仰诉求的内在需求。

2. 跨境民族弱势群体基督教发展与国家安全关联性思考

综上，本调查报告呈现了中缅北界 A 村弱势群体的形成原因与他们当前的生活现状。通过参与观察 A 村弱势群体的日常生活与宗教生活，梳理了当地弱势群体的基督教信仰状况。对基督徒的宗教生活进行了认真考察、记录，对基督宗教的礼拜、节庆仪式活动等宗教生活做了梳理，并总结了基督教在当地傈僳、勒墨人（白族支系）、怒、日旺、景颇等族群信众的日常生活与人生礼仪中的影响，分析了基督教在 A 村弱势群体中的社会功能，基督教的社会服务功能是基督教能够长期存在的前提。

（1）回归边民对于基督教的依赖

首先是缅甸战乱、贫困，以及疾病与交通不便等因素，导致中缅边境地区边民形成回归高潮。只要有可能，弱势群体就拖儿带女、扶老携幼义无反顾地返回故居地，回到和平环境里，希望能够逃避战乱，过上安宁的生活。

其次是目前中国各种惠农政策、民族平等政策，是边民回流的主要动因。缅北各少数民族既是缅甸国的边缘群体，傈僳、怒、日旺与勒墨人同时还是克钦邦的边缘群体，他们可能遭到主体民族的歧视，还被抓丁充军。所以，中国当下对边民的一系列惠民政策，以及长久以来的民族平等政策，促使他们离开缅甸，回到中国。

第三是族源、地缘、教缘、亲缘等因素使弱势群体返回原居地成为可能。分居中缅两国的傈僳族、怒族、独龙族与勒墨人同根同源，有的迁徙缅甸也不过年时间，故土记忆、故乡亲情深刻。离开战乱、贫困的他方，回到和平安宁的故土是他们不二的选择。

最后是中国共产党的宗教信仰自由政策。如今中国政府执行宗教信仰自由政策，使他们的宗教诉求得以满足。可以说，以前是为基督教信仰而外逃，现在则是因为基督教信仰而回归。A村弱势群体是中国社会转型时期产生的特殊人群，在特殊的历史时期，基督教作为一种精神寄托在弱势群体身上发挥了一定的作用。弱势群体在A村重建家园的过程中，基督教教会组织或个人对他们给予了物质与精神两方面的帮扶与支持，发挥了基督教的社会服务功能，满足了弱势群体的精神寄托与心理慰藉的心理诉求。

A村弱势群体将当前现实生活中暂时无法满足的户籍诉求、教育诉求、经济诉求等多种现实诉求转移到基督教信仰的精神满足与基督教的社会服务中，并通过一系列有序的基督教礼拜、节庆、仪式等宗教生活礼仪，建构了以基督教为核心的区域文化，基督教文化成为弱势群体日常生活中重要的组成部分。中缅边境地区跨境民族之间的交往与互动中，民族文化、宗教文化、边境贸易成为互动的主要内容。

（2）基督教认同与国家认同之间的张力

不可否认的是，针对这群弱势群体而言，因为他们居处边缘、交通不便，与外界少有来往，所以首先得到的是来自本地与远方、同民族与不同民族的教会，以及具有同样基督教信仰的亲戚、乡亲的关怀、帮助，因此，他们具有强烈的基督教认同是可以理解的。鉴于此，我们在执行党的宗教信仰自由政策的同时，也有必要在行动上抢先一步去关心这群特别需要关心的人，从而使他们对中国社会主义国家的向心力由自发到自觉。

作为研究者，我们不得不承认基督教对弱势群体的心理疏导与物质帮扶方面发挥了一定的功能意义。然而，我们也应该深刻地意识到弱势群体是国际性的社会问题，当前我国对弱势群体的帮扶政策尚未完善，因此中国社会弱势群体的帮扶工作需要社会各界人士的共同努力，解决弱势群体问题有助于和谐边疆社会的建设，厘清边境地区边民与宗教之间的关系，将有助于边境地区的社会治理，进而有利于稳定社会秩序与国家安全。

正确处理好中缅边境弱势群体问题是打造和谐边疆社会的关键一环，因此，国家相关部门在面对边民回返现象时，不应采取"回避"态度。在社会各界人士和政府相关部门的关心帮助下，2017年4月，这部分弱势群体的户口问题得到了解决。但这部分人群仍然是边缘人，基督教仍将发挥其雪中送炭的功能。笔者呼吁社会各界人士继续关注中国弱势群体，巩固跨境民族地区文化安全、宗教安全、国家安全。如果处理不好，可能将会对过境社会稳定、国家安全造成一定的负面影响。因此，特别需要注意的是边境民族弱势群体中基督教认同与国家认同之间的张力；同时还要注意披着宗教关怀外衣而来的国际组织的鱼目混珠，这将有可能对边疆稳定与国家安全造成影响。

五、结论

综上，本文呈现了中缅北界 A 村弱势群体的成因及其当前的生活现状。通过参与观察 A 村弱势群体的日常生活与宗教生活，梳理了当地弱势群体的基督教信仰状况。对基督徒的宗教生活与宗教仪式进行了认真考察，对基督宗教的礼拜、节庆仪式、人生礼仪等宗教生活与宗教仪式做了梳理，同时考察了基督教教会、组织对当地弱势群体的帮扶情况。

笔者认为中国相对安定和谐的社会背景和目前中国各种惠农政策（经济因素）是边民回流的主要动因，而族源、地缘、教缘、亲缘等因素使弱势群体返回原住地成为可能。A 村弱势群体是中国社会转型时期产生的特殊的人群，在特殊的历史时期，基督教作为一种精神寄托，在弱势群体身上发挥了一定的作用。弱势群体在 A 村重建家园的过程中，基督教教会组织或个人对他们给予了物质与精神两方面的帮扶与支持，发挥了基督教的社会服务功能，满足了弱势群体的精神寄托与心理慰藉的心理诉求。A 村弱势群体将当前现实生活中暂时无法满足的户籍诉求、教育诉求、经济诉求等多种现实诉求转移到基督教信仰的精神满足与基督教的社会服务中，并通过一系列有序的基督教礼拜、节庆、仪式等宗教生活礼仪，建构了以基督教为核心的区域文化，基督教文化成为弱势群体日常生活中重要的组成部分。中缅边境地区跨境民族之间交往互动中，民族文化、宗教文化、边贸成为互动的主要内容。

作为研究者，我们不得不承认基督教对弱势群体的心理疏导与物质帮扶方面发挥了一定的功能意义。然而，我们也应该深刻地意识到弱势群体是国际性的社会问题，当前我国对弱势群体的帮扶政策尚未完善，因此中国社会弱势群体的帮扶工作需要社会各界人士的共同努力，解决弱势群体问题有助于和谐边疆社会的建设，厘清边境地区边民与宗教之间的关系，将有助于边境地区的社会治理，进而有利于稳定社会秩序与国家安全。正确处理好中缅边境弱势群体问题是打造和谐边疆社会的关键一环，是实现"中国梦"的内容之一。本文完成于2015年6月，笔者以A村作为一个窗口，结合A村及周边村落中的"缅返人群"的报告，在2015—2017年间跟随中缅边境"无户籍"的"缅返人群"的足迹，继续跟踪调查怒江福贡、泸水"盲流人群"在怒江、保山、德宏等地的流动情况，关注弱势群体的生活现状、宗教生活、生产生活等，关注了基督教社团组织在这群人中所起的作用。受篇幅限制，这部分内容不在此展开。所幸，2017年4月，我国政府相关部门解决了这群人的户籍问题，使之真正成为中国公民。

虽然目前A村弱势群体的户口问题已得到解决，但这部分人群仍然是中缅边境跨境民族地区边缘中的"边缘人"，由于长期生活在缅北较封闭的山区，在返回老家A村后又曾长时间没有中国户口，所以很多人在本该上学的时候没能进学校接受学校教育，因而在无形中给他们的生活与社交带来了很多的不便。作为研究者，我们也应该关注这群人如何适应快速发展的乡村社会，如何与同乡人共同走上脱贫致富之路等问题。本文呼吁社会各界人士继续关注中国弱势群体，聆听边疆地区弱势群体的心声，关怀弱势群体，帮助他们建立平安家庭，巩固跨境民族地区文化安全、宗教安全、国家安全。

跨境缅甸克钦族人的宗教生活——基于瑞丽市帕色基督教堂的研究

作　　者：孙　睿
指导教师：马居里
写作时间：2017 年

一、绪论

1. 缅甸克钦族人①与中国景颇族

景颇族/克钦族属于跨境民族。中国的景颇族主要分布在云南省德宏傣族景颇族自治州的芒市、瑞丽、陇川、盈江和梁河等县的山区，在怒江傈僳族自治州的片马、古浪、岗房，临沧市的耿马傣族自治县，以及普洱市的澜沧县等地也有少量景颇族散居。② 根据国家统计局的最新数据显示，中国景颇族人口数为137462。③ 缅甸的克钦人则主要分布在与云南接壤的克钦邦、掸邦和其邻近地区。"约有60万人（1995年），主要分布在缅北的密支那、八莫、杰沙、兴威、腊戍、孟拱、果当、葡萄、户拱河谷、瓦扎等地，此外还分布在瑞丽江流域、恩梅开江和迈立开江汇合处的三角地带、中缅边境地区、掸邦部分地区。"④

---

① 缅甸的克钦族人，与我国的景颇族是同源民族。
② 资料来源于景颇中国网：http://www.china.com.cn/ch‑shaoshu/index24.htm，查询日期2017年1月18日。
③ 资料来源于国家数据：http://data.stats.gov.cn/easyquery.htm?cn=C01&zb=A0301&sj=2015，查询日期2017年1月22日。
④ 资料来源于克钦咨询网：http://www.kachin.cc，查询日期2017年1月18日。

讨论缅甸的克钦人就不得不提起中国的景颇族，杨慧芳认为这二者既不是完全相同的一个民族，又不是完全不相同的两个民族，各自都包含有许多细分的支系。①景颇族/克钦人是跨境民族，在中国、缅甸、印度均有分布。一般而言，习惯上在中国称景颇族，缅甸称克钦人，在印度则被称为"新福"。中国的景颇族主要有5个支系，即景颇、载瓦（又名阿济）、浪莪（又名浪速、马努）、嘞期（茶山）和波拉。而缅甸的情况就比较复杂，"缅甸从未进行过系统、全面的民族调查，这是因为在殖民统治时期还不具备全面普查缅甸民族的条件，而独立后的半个多世纪中缅甸内战不断，从20世纪50年代初到90年代末，一直有相当广大的地区主要是少数民族地区，处于割据、半割据的状态，根本无法进行全面、系统、科学的民族调查"②。

本文讨论的缅甸克钦人包含克钦人/景颇族中的所有支系在内，当然根据实际的调查结果，调查对象是以说"大山"话的景颇支系为主。在景颇族自身的话语框架内，他们更倾向于将自己的民族分为两个支系：大山支系和小山支系。大山支系指人数最多的景颇支系，而小山支系是以载瓦支系为主，并且包括浪莪、嘞期、波拉等其他所有支系的景颇族。

关于跨境民族和跨境迁移的概念问题，有学者做过以下界定。"所谓跨境流动，是指边民在自主的情况下，在国际规则允许的范围内，由于某种因素的作用从一个国家向另一个接壤国家的自然流动，

---

① 杨慧芳：《景颇族族称新解》，《思想战线》2010年第2期。
② 贺圣达、李晨阳：《缅甸民族的种类和各民族现有人口》，《广西民族大学学报》（哲学社会科学版）2007年第1期。

它是国际移民的一部分。"①另有学者在探讨跨境的相关概念中也特别比较了其和跨界的概念的区别,"跨界民族是被动(被不同国家政治力量)分割的结果,跨境民族是主动临时性的移民或长期移民的产物。"②也有学者认为"界"相对于"境"似乎要更为准确一些,但它们在实际内涵上并无什么区别。③因此本文将要探讨的来到云南省德宏傣族景颇族自治州瑞丽市的缅甸克钦人属于参与跨境互动中的国际移民(或长期或短期),同时由于云南省特殊的地理位置,这样的同一群人也是跨境民族。

中缅国界两边居住的景颇族/克钦人,千百年来在同一块土地上共同生产生活,繁衍生息,直到中、缅陆地边界勘定后,事实上居住在一起的民族才变成了跨境民族。然而,由于他们生活于同样的地理环境下,陆地交通便利,语言相通,宗教、文化、习俗相似,所以跨境民族互往向来频繁。"云南省的跨境民族在境外普遍有亲戚和朋友。改革开放以来,我国跨境民族与境外亲戚、朋友的联系更为密切,这种相互间的联系与交往,通过境内外边民联姻、参加境内外节庆活动与宗教活动、边民互市和其他经济交往而得以体现。"④或许正是基于此,在云南省德宏州与缅甸毗邻的许多边境寨子和乡镇中或长期或短期地生活着许多从缅甸跨境而来的克钦人。他们有的是所谓的"缅甸

---

① 赵定东、李效生:《历史与现实:中俄边民跨境流动的社会因素分析》,《人口研究》2003年第3期。
② 曹兴:《论跨界民族问题与跨境民族问题的区别》,《中南民族大学学报》2004年第2期。
③ 金春子、王建民:《中国跨界民族》,北京:民族出版社,1994年,第1—2页。
④ 和少英等:《云南跨境民族文化初探》,北京:中国社会科学出版社,2011年,第28页。

媳妇"①，有的是打工者，也有做生意的"老板"，等等。在这些不同的职业背景之下，相同的是他们共同的基督教信仰，以及为了追求更好的生活所付出的努力。

人类学家 Edmund Leach（利奇）于 1954 年发表了关于缅甸克钦社会结构的著作《缅甸高地诸政治体系——对克钦社会结构的一项研究》。文中有寥寥几笔提到："使团随英国政府而来，其实是使团先到才对。从 1874 年开始，天主教在八莫有了一个永久的传教站，美国浸信会的传教站则从 1875 年开始。今天，大多数克钦首领都是名义上的基督徒。除了说明他们曾上过教会学校之外，这并不一定意味着别的什么。"②而如今，自基督教传入景颇族地区过了将近 150 年之后，那些"名义上"的克钦基督徒究竟发生了什么变化？来自西方的基督教信仰又是怎样持续影响和作用于当今时代的缅甸克钦人？基督教对于当下的缅甸克钦人而言又意味着什么？

我于 2015 年年初和年末先后两次前往云南省德宏州的瑞丽市和陇川县做田野预调查，其间短暂到访过位于缅甸木姐的一座景颇族基督教堂，并于 2016 年 9 月和 12 月先后两次到瑞丽市，以长期生活或短期逗留在瑞丽的缅甸克钦人为主要调查对象，进行了前后共计 3 个多月的田野调查。本文的研究通过人类学的参与式观察，将研究者自己置身于跨境缅甸克钦人的日常生产和生活中，通过田野调查感受和记录跨境缅甸克钦人的宗教生活，获取所研究对象的第一手资料。其间

---

① 特指从缅甸嫁到中国来的女子。
② 埃德蒙·R. 利奇著：《缅甸高地诸政治体系——对克钦社会结构的一项研究》，杨春宇、周歆红译，北京：商务印书馆，2010 年，第 233 页。

参与观察到的缅甸克钦人在瑞丽的宗教生活包括有周日礼拜、大型民族宗教聚会、小型团契聚会等。并且也进入跨境缅甸克钦人私人生活和生产的领域，如居住的房屋、玉石店铺、打工地点等，进行进一步地观察和探访。同时，本文采用半开放式的访谈方法，对生活在瑞丽的缅甸克钦人的多个方面进行深度访谈。其中宗教生活是访谈的一个重点内容，其次也包括了生计方式、社会交往、个体互动等一些内容。在每次参加完礼拜或者其他一些宗教活动后，研究者会找机会与周围的人"闲聊"，在这一过程中试图与对方建立联系并且寻找随后进一步交往和访谈的机会。

对缅甸克钦人的研究是伴随着19世纪英国对缅甸的殖民主义进程而开始的。赵天宝在关于景颇族习俗规范研究的回顾中提到的1902年的《景颇语言文字与民俗》和1922年出版的基尔荷迪斯所写的《景颇人文史话》都属于关于克钦人研究的较早资料。[1]可是真正对克钦社会展开深入研究的还是从利奇的《缅甸高地诸政治体系——对克钦社会结构的一项研究》开始。全书共有10个章节，几乎论及克钦人的方方面面，包括克钦社会的生态环境和生计方式；克钦族群的界定和其分支；克钦人的姻亲关系和继承制度；克钦人的超自然概念和宗教权威，以及本书的重点，克钦社会的动态平衡结构等等。其中，利奇所提出的关于缅甸克钦社会动态平衡的"钟摆"模式不仅成了人类学理论史上的一个革新，也使得克钦人/景颇族在人类学学科中名声大噪。当然，随后也出现了很多针对利奇的"钟摆"模式和相关克钦社会的

---

[1] 赵天宝：《景颇族习惯规范的回眸与前瞻》，《前沿》2011年第9期。

变迁理论提出的质疑和讨论。

王筑生认为由于利奇的研究对象遗漏了中国的景颇族，所以他所提出的"钟摆"模式是不完全，甚至是不正确的；景颇族社会变迁的机制和本质是一种不断创造出新的方式以适应变动的环境和形势的过程，其中发生着民族与民族之间、中心与边缘之间、统治与被统治之间的社会的、政治的和文化的互动。① William C. King 提出克钦人的婚姻结合有正式和非正式两种类型，而利奇对于克钦人婚姻的研究只包括了前者，并且仅考察了克钦人中的两个支系——贡萨制的景颇人和高日人（Gumsa Jinghpaw 和 Gauri），另外利奇一味强调社会结构也导致其忽视了婚姻纽带的稳定性，所以他对关于克钦人离婚问题的论述存在偏颇。②

此外，Mandy Sadan 对克钦人也有较为全面的研究，近期发表过很多关于缅甸高地克钦社会的文章和专著。例如她曾就历史上发生过的克钦民族运动的讨论，探究基督教与克钦民族主义和克钦传统社会道德的关系③，以及非主流话语之下的景颇族的文化和社会起源④。

相比较而言，国内学者的研究更多的是以我国境内的景颇族为主。例如，马居里就曾基于对陇川县景颇族的田野调查，讨论了关于"目

---

① 参见王筑生：《社会变迁与适应：中国的景颇与利奇的模式》，《社会文化人类学演讲集》（上、下册），天津：天津人民出版社，1997年，第724—757页。
② King, William C. 1969. "Marriage and Its Dissolution among the Kachins of Burma", Anthropologica, New Series 11 (2): 169—187.
③ Sadan, Mandy. 20. "Syphilis and the Kachin Regeneration Campaign, 1937—1938." Journal of Burma Studies 14: 115—149.
④ Sadan, Mandy. 2012. "Cords and Connections: The Ritual Integration of Space in the Jinghpaw Cultural Zone." In Stuart Blackburn and T. Huber, eds., Origins and Migrations in the Extended Eastern Himalayas, pp. 253—274. Leiden: Brill.

瑙纵歌"的文化意义以及传承历程①,并且就陇川县广山村的创建与发展历程的梳理,讨论了民族认同与文化认同二者的相互关系②。陆云则从历史上汉文化对民族文化的影响的角度,探讨近代以来云南景颇族的文化认同和国家认同。③ 高志英梳理了景颇族传统社会中具有文化意涵的器物的流动过程,来探讨景颇社会族内的整合以及地方社会秩序的建构。④ 赵天宝则以景颇族的习惯规范为研究对象,运用民族学的田野调查方法,搜集到许多个案并加以分析,详细阐述了景颇族传统的社会组织、权利结构、婚姻家庭、生计方式、宗教信仰等方面的习惯规范和其在当代社会的功能。⑤ 除此之外,关于跨境民族通婚的问题也是近年来国内学者关注的焦点。比如,王晓燕通过对云南省陇川县景颇族的中缅跨境婚姻的田野调查,力图对越来越普遍的跨境民族通婚现象做出解释。⑥如此种种有关国境线内景颇族的研究不胜枚举。

另外,针对缅甸民族和社会问题的研究也是近年来学界对克钦人研究的热点。荷兰跨国研究所2012年2月发表的研究报告指出,缅甸的民族冲突不太可能会立即得到解决,因为缅甸是一个分裂的社会,在各民族内部和民族之间存在着很深的不信任,甚至是仇恨,而如果

---

① 马居里:《陇川景颇族"目瑙纵歌"的传承与发展——兼及非物质文化遗产的保护》,《西北民族研究》2013年第3期。
② 马居里:《云南德宏广山:从学校到村落——一个文化认同事项的宗教人类学分析》,《世界宗教文化》2016年第4期。
③ 陆云:《论近代景颇族的文化认同》,《云南社会科学》2004年第5期。
④ 高志英:《铓的流动与茶山社会建构》,《民族研究》2013年第4期。
⑤ 赵天宝:《景颇族习惯规范研究》,北京:民族出版社,2014年。
⑥ 王晓燕:《从民族内婚到跨国婚姻:中缅边境少数民族通婚圈的变迁》,《思想战线》2014年第6期。

政府不做出适当的回应则会产生严重的后果:"在克钦邦和掸邦北部的战争催生了新一代激进的克钦族青年,他们生来还未看到他们地区发生过的战争。它掀起了该地区过去从未有过的强烈反缅族情绪。"[1] 贺圣达则认为缅甸的局势虽有局部动荡,并且克钦独立军等一些民族地方武装不时地与政府军发生小规模冲突,但就全国范围而言,缅甸社会政治基本上保持稳定。[2]

学界关于缅甸克钦人/中国景颇族的研究成果丰富,涵盖范围广泛。除了上述提到的有针对缅甸克钦人的社会生态环境、社会制度、民族关系、传统社会道德等研究,以及针对中国景颇族的民族节庆、传统社会组织、跨境交往、宗教文化认同、民族国家认同等研究之外,还有包括对中国景颇族民族教育发展的相关研究[3]、中国景颇族传统医药的研究[4]、中国景颇族传统社会制度和民族文化的研究[5]、景颇族语言文化的研究[6],如此等等不一一而述。

---

[1] [主要责任者不详]:《缅甸民族和平的前景》,何楠译,《国际资料信息》2012年第4期。
[2] 贺圣达:《缅甸政治发展态势(2014—2015)与中国对缅外交》,《印度洋经济体研究》2015年第1期。
[3] 李怀宇:《论景颇族传统教育的变迁与现代教育的发展》,《民族教育研究》2003年第5期;马光秋、何庆国、方瑞龙:《景颇族教育、观念与经济发展——对边区跨境特困少数民族的调查》,《贵州社会科学》2011年第3期。
[4] 成功、龚济达、薛达元、刘春晖、戴蓉:《云南省陇川县景颇族药用植物传统知识现状》,《云南农业大学学报》(自然科学版)2013年第1期。
[5] 祁德川:《景颇族董萨文化研究》,《中南民族大学学报》(人文社会科学版)2004年第1期;陆云:《论近代景颇族政治制度文化的三元性质》,《思想战线》2004年第6期。
[6] 王丽娟、徐安令:《中缅跨境景颇族语言活力对比——以云南德宏和缅甸克钦邦景颇族语言使用情况为例》,《现代语言》(语言研究版)2016年第5期;戴庆夏:《论跨境语言的和谐与冲突——以中缅景颇语个案为例》,《语言战略研究》2016年第2期。

跨境缅甸克钦族人的宗教生活——基于瑞丽市帕色基督教堂的研究

中国景颇族和缅甸克钦人相互间具有超越国界的同胞情谊，但由于居住在不同的国家，在各自的发展道路中就有了不同的境遇，导致景颇族/克钦人这一同源异流民族发展出了分化的语言文字、经济生产方式、风俗习惯，以及宗教信仰。跨境民族这一大课题的研究对促进民族文化发展、维护祖国统一和社会稳定、更好地制定民族政策和实现国家睦邻友好意义深远。本文以宗教这一文化系统为切入点，探讨信仰基督教的缅甸克钦人跨境到瑞丽的宗教生活，以便从中理解生活在瑞丽的缅甸克钦人个体间的互动方式以及他们的社会组织方式。其次通过对基督教信仰与跨境流动的关注，对与跨境民族相关的现实宗教问题进行一点思考，提供些许建议。最后反观当今中国社会，探讨在全球化和现代化背景下，宗教作为一套传统的价值规范体系所面临的挑战。

2. 跨境缅甸克钦族人的基督教信仰概况

云南位于中国的西南角，与越南、老挝、缅甸三国接壤，与泰国、印度等国毗邻。在长达4061千米的陆路边境线上有16个少数民族跨境而居，他们是壮、怒、佤、傣、苗、瑶、彝、哈尼、傈僳、阿昌、独龙、拉祜、布朗、景颇、布依、德昂族。跨境缅甸的民族有傣族、景颇族、德昂族、布朗族、拉祜族、佤族、傈僳族、怒族、独龙族等。中缅边界长1997千米，境内为我国怒江、保山、德宏、临沧、普洱、西双版纳六个州市的19个沿边县市，境外为缅甸克钦邦和掸邦。①

---

① 和少英等：《云南跨境民族文化初探》，北京：中国社会科学出版社，2011年，第4—28页。

就云南跨境民族的相关宗教问题的研究而言，学界目前所集中讨论的归纳起来主要有以下两个方面。一是跨境民族的宗教信仰所带来的国家认同与民族认同的问题。有学者认为由于跨境民族地区不存在语言和宗教信仰方面的障碍，所以跨境民族会相对弱化国家认同，这在客观上为境外敌对势力的宗教渗透提供了相对宽松的社会环境，如果再加上跨境婚姻的因素，其中的隐性危险将会更大。①另有学者梳理了中缅边境地区跨境民族信仰基督教的历史过程，强调中缅边境两侧的跨境流动中宗教因素的重要作用，并认为跨境民族有宗教方面的诉求，而如果跨境民族所属国家无法提供满足其宗教诉求的产品和途径，那不免产生偷渡、渗透、威胁边境安全等说法。②

二是跨境民族的宗教交往所可能导致的宗教渗透与国家安全的问题。有学者提出在云南跨境民族中宗教渗透活动主要有捐资建校以及对部分教职人员进行暗地资助，借用合法宗教组织进行非法宗教活动，举办大型活动及免费旅游以吸引境内信徒等，这些宗教渗透行为容易诱发宗教事件，且会削弱民族凝聚力、破坏民族团结。③

与上述观点稍显不同的是，有学者讨论了中越边民跨境谋生的现象，认为双方边民追求更好生活的愿望是促使这一行为发生的原因，而其中的周期性举行的宗教仪式以及日常节日活动等是影响边民经济

---

① 张金鹏、保跃平：《云南边疆民族地区跨境婚姻与社会稳定研究》，《云南民族大学学报》（哲学社会科学版）2013 年第 1 期。
② 高志英、沙丽娜：《宗教诉求与跨境流动——以中缅边境地区信仰基督教跨境民族为个案》，《世界宗教研究》2014 年第 6 期。
③ 罗兆均：《云南跨境民族宗教渗透问题及对策研究——基于构建和谐边疆的视角》，《民族问题研究》2015 年第 1 期。

行为的非经济因素，所以边民间的宗教活动交往是一种跨境亲属之间交流信息、沟通情感的交际手段。①

由于历史的原因，当代的缅甸克钦人中有 80% 以上是信仰基督教的。就缅甸的克钦浸信会（Kachin Baptist Convention，简称 KBC）一个宗教教派而言，就有 40 万名成员，其中大多数是克钦人。②从 1824 年第一次英缅战争之后，西方传教士逐步到缅甸北部山区进行传教。直到 1929 年 10 月 17 日创制景颇文《圣经》的美国传教士 Dr. Ola Hanson（汉森）去世，很多缅甸克钦人都改信了基督教。这还仅仅是克钦人信仰基督教的开始，随后很多到达缅甸克钦地区的西方传教士，连同他们培养起来的本土教牧人员一道在克钦人中继续开展传教工作，并且成绩斐然。时至今日缅甸克钦人依然保守着这份信仰，即使他们出于不同的原因来到中国也会定期到教堂做礼拜、领圣餐、祷告、参加教会活动等。

此处关于缅甸克钦人信仰基督教的历史梳理主要针对浸礼宗教派基督新教在缅甸克钦人中的传播，不涉及天主教或新教其他教派。一是因为本文的研究对象大部分属于浸礼宗基督新教教派，二是由于"传入缅甸的主要是天主教和新教，其中新教浸礼宗在缅甸的影响最大"③。故后文中提到的基督教，若非特别注释，也是指浸礼宗基督

---

① 周建新、蒙秋月：《跨境谋生：现象与策略——以广西那坡县那孟屯中越边民跨国谋生个案为例》，《广西民族大学学报》（哲学社会科学版）2013 年第 1 期。
② 资料来源于 Kachin Baptist Convention –Wikipedia：https://en.wikipedia.org/wiki/Kachin_Baptist_Convention，查询日期 2017 年 1 月 18 日。
③ 钟智翔、尹湘玲：《缅甸文化概论》，广州：世界图书出版广东有限公司，2014 年，第 97 页。

新教。

在基督教传入缅甸之前，克钦人的传统宗教信仰是"原始宗教"，即相信世间万物都有鬼灵。鬼灵可以分为三类：有天上的鬼，以"太阳鬼"为最大；有地下的鬼，以"地鬼"为最大；还有家鬼，以"木代鬼"为最大。其中山官家的鬼就是"木代鬼"，同时"木代鬼"又是天鬼之一，所以克钦人会为了祭祀"木代鬼"而跳"目瑙"。除此之外，克钦人还常举行祭祀"能尚"（官庙）等村社性集体祭祀活动，以及家庭和个人在日常生活中的消灾祈福等祭祀活动。伴随各种祭祀活动的是杀牲献祭，在物质极为匮乏的山区，这无疑给克钦人的生产生活带来了负担。所以基督教的来临在某种程度上改变了克钦人传统的生活方式，减轻了民众的负担，因此便为自身的进入提供了先决条件。

美国人 Adoniram Judson（贾德森）应该是较早到达缅甸传教的浸礼会传教士之一。"1813 年 7 月 13 日，美国浸礼会传教士贾德森夫妇从印度马德拉斯到仰光，开始了他在缅甸漫长的传教生涯。"[1]贾德森虽然学会了缅甸语，并且用缅文翻译了部分《圣经》，可是直到 1824 年第一次英缅战争之前，皈依基督教的缅甸人依然屈指可数。"直到 1824 年，改宗基督教的缅甸人不超过 25 人。到 1834 年，皈依基督教的缅甸人不超过 600 人，其中缅族不超过 125 人。"[2]随后因为缅甸进一步丧失国家主权，大量来自西方的传教士才得以深入缅甸腹地进行

---

[1] 陈真波：《基督教在缅甸的传播及其对缅甸民族关系的影响》，《世界民族》2009 年第 3 期。
[2] 钟智翔、尹湘玲：《缅甸文化概论》，广州：世界图书出版广东有限公司，2014 年，第 99 页。

传教。他们吸取了以往传教不利的经验教训,将重点放在了深山中的少数民族上。传教的对象包括克伦人、掸人、克耶人和克钦人等。

从1896年开始到1898年,缅甸与云南西北部相邻的边界地区的传教士由之前的数人猛增到110人之多。①来到缅甸山地的英、美籍传教士中不乏德才出众且刻苦自持之人,其中必须提到的就是创制克钦文字并且翻译了景颇文《圣经》的Dr. Ola Hanson(汉森)。汉森在克钦人地区生活了38年(1890—1928),他于1890年到达缅甸的八莫地区,那个时候的克钦人无论在文化上还是宗教上都被认为是"落后"的:他们没有书写的文字,信仰原始宗教;他们当地的祭司并不在乎人们的愚昧和落后,似乎只要能平息和安抚那无处不在的恶灵就能万事大吉。②汉森在克钦地区传教期间,先是用罗马字母创制了克钦文字,并于1910年编纂完成了一部《克钦—英文字典》,不过这已经是在汉森夫妇到缅甸20年之后了。而后又过了16年,在多次修改和校订后,汉森终于于1926年8月11日③完成《圣经》新旧约的全部翻译和校订,并于1929年逝世。"如果他现在还活着,能见证如今浸礼会在八莫传教站建成的75周年纪念的话,他一定会为这20000名受洗过的克钦基督徒而兴奋不已。"④进入20世纪后,开始信仰基督教的缅甸克钦人迅速增多。"克钦族基督徒在1901年为184人,1914年为

---

① 爱国:《云南基督教源流》,《中国宗教》2002年第5期。
② Gustaf A, and Sword, D. D. 1954. *Light in the Jungle——Life Story of Dr. Ola Hanson of Burma*, p. 33. Illinois:Baptist Conference Press.
③ 参见 Gustaf A, and Sword, D. D. 1954. *Light in the Jungle——Life Story of Dr. Ola Hanson of Burma*, p. 99. Illinois:Baptist Conference Press.
④ Gustaf A, and Sword, D. D. 1954. *Light in the Jungle——Life Story of Dr. Ola Hanson of Burma*, p. 109. Illinois:Baptist Conference Press.

872人，1931年为6090人，1947年达到11844人。"① "截至1992年底缅甸全国基督徒总人数约为230万。信教群众多为克伦族、克钦族、钦族、傈僳族等少数民族。"②

　　跨境迁移到云南瑞丽的缅甸克钦基督徒主要以位于瑞丽市城郊的帕色基督教堂为宗教实践的场域。瑞丽市位于中国西南边陲，云南省西部、德宏傣族景颇族自治州的西南部。东经97°51′—98°02′，北纬23°38′—24°14′。东面连接畹町、芒市，北面连接陇川，西北、西南、东南三面与缅甸毗邻。瑞丽市境内东北至西南最大纵距57.25千米，西北至东南最大横距25.5千米，市境周长约为200千米，国境线长141.4千米。瑞丽市东距省会昆明896千米；东南距自治州首府芒市104千米；距畹町27千米，北距陇川61千米，距盈江142千米；东南距缅甸木姐市5000米，西南距缅甸南坎镇36千米；西北距离缅甸八莫100千米。③

　　瑞丽市帕色基督教堂位于瑞丽市政府驻地东部约3000米处，瑞章公路南侧，占地面积为5亩。教堂始建于1993年5月，1994年6月完工，属于瑞丽市基督教"三自"爱国运动会、瑞丽市基督教协会驻会地，并于2003年挂牌成立瑞丽市基督教培训中心。帕色基督教堂，既是瑞丽市基督教"两会"的驻会地，又是瑞丽市城区基督徒的宗教活

---

① 钟智翔、尹湘玲：《缅甸文化概论》，广州：世界图书出版广东有限公司，2014年，第100页。
② 钟智翔、尹湘玲：《缅甸文化概论》，广州：世界图书出版广东有限公司，2014年，第102页。
③ 云南省瑞丽市编纂委员会编：《瑞丽市志》，成都：四川辞书出版社，1995年，第79-97页。

动场所。

关于最初为什么会在帕色这个寨子建盖基督教堂，有两种不同角度的说法。一种认为帕色基督教堂是为了把瑞丽市基督教"两会"的办公室从勐秀乡的回崩村搬迁至距离城区近一点的地方而建。虽然当时购买土地的经费来源大部分是缅甸的信徒奉献，但是土地是以"两会"的名义所购买的，所以教堂一开始就是基督教"两会"的驻地。只是之前在建盖教堂的时候并没有太多经费，没有多余的钱建盖"两会"办公楼，所以直到2001年有了办公楼之后瑞丽市基督教"两会"办公室才最终搬迁过来。

这种说法强调1993/1994年的时候瑞丽这边还没有太多的缅甸人过来做生意，建盖教堂的资金是由中国的景颇族信徒去到缅甸找教会和亲戚朋友奉献的。教堂建起来之后来做礼拜的缅甸克钦族信徒起初并没有多少，直到2003年之后信徒人数总共也不过三四十人，其中还包括有部分汉族、傣族等民族。直到2010年以后来瑞丽做玉石生意的缅甸克钦人多了，来帕色教堂做礼拜的克钦族人才多了起来。

另一种说法则是从信徒的角度出发，认为帕色基督教堂是为了给越来越多跨境经商和生活的缅甸克钦人一个合理合法的宗教聚会场所而建。这种说法强调其实从80年代中期开始就已经有缅甸克钦族人陆续来瑞丽做玉石生意，而他们来做生意难免也把信仰带了过来。这群缅甸来的克钦族人在瑞丽生活了一段时间过后开始在瑞丽珠宝街进行宗教聚会，可是这种聚会经常被公安取缔和查封。他们为此感到很困惑，因为在他们看来中国改革开放以后应该是信仰自由的，可以过礼拜，但是来到这边以后既找不到教堂①，又不能私自聚会。之后他们在缅甸木姐一个牧师的建议下找到了瑞丽市政协副主席，也是景颇族的"老山官"②排线诺坎。于是在政协副主席排线诺坎、当时的三自爱国会主席牧师滚烫干，以及一些缅甸克钦族信徒的共同努力下，瑞丽城区于1994年有了第一座茅草屋教堂。因为教堂建盖在主城区周围的帕色③寨子，所以大家就称其为帕色基督教堂。

从1994年开始到现在，帕色基督教堂经历了3次搬迁和重建。虽说是搬迁和重建，但其实仅是由于修路和改路等市政规划的原因在教堂旧址周围挪动了一段距离。最近的一次搬迁，也是规模最为庞大的一次则是在2014年的圣诞节，关于这次搬迁的具体说明可参见以下文字：

> 原来的帕色基督教培训中心与瑞丽市景颇族帕色目瑙纵歌场紧密相连。为弘扬民族文化，加大瑞丽的对外宣传力度，拉动瑞丽旅游业，促进瑞丽经济发展，于2006年12月21日市委、市政府研究决定，由市政府统一规划，扩大目瑙纵歌场的规模，把现

---

① 这里的教堂是指位于瑞丽市区内或附近的教堂。然而其实在瑞丽的山区地带有景颇族生活的地方很早以前就有教堂了。比如改革开放后，在勐秀乡的邦达寨子，从1979年开始当地景颇族基督徒就恢复了在教堂过礼拜。

② 山官制（"贡萨"）是过去景颇族大多数地区的政治制度。山官有固定的辖区，有的辖数十个村寨，有的辖一个村寨或若干户。山官对外是本辖区的代表，对内是生产、法律、政治的领导者。山官的职责包括有保护百姓、调解纠纷、招待客人和照顾村寨孤寡等。反之，百姓也需要对山官尽相应的义务，奉献一些财物。通过我的田野调查得知，过去在整个德宏州一片的山区有景颇族居住的地方，排家（Lahpai）就是山官家，并且在当地非常有影响力。

③ 帕色二字是傣语的发音，帕色这个寨子最早是傣族居住的寨子。

有的目瑙纵歌场建设为瑞丽市景颇文化园。在总体规划中，把瑞丽市基督教培训中心，即基督教"两会"驻地也同时规划在拆迁范围。搬迁新址选定在市景颇族文化园西北约 300 米处，占地面积为 5 亩，新教堂于 2012 年破土动工，于 2014 年 12 月 24 日举行新教堂落成典礼。新建教堂及综合办公楼建筑面积 1665.64 平方米，其中教堂建筑面积 832 平方米，设计教堂可容纳 500 人；综合办公楼建筑面积 705.6 平方米；砖混厕所 62.04 平方米；伙房 66 平方米。①

3. 缅甸克钦人基督教信仰的文化内涵

宗教可以被看成是人类活动的自然体现，并且所有宗教无一例外都具有启迪意义，因为所有宗教都以其特有的方式表达了人性，能够帮助我们更好地理解人性的一个方面。②所以研究宗教其实就是研究实践宗教的个体——人的宗教生活。解释宗教生活是一个复杂的进程，它至少包括个人、文化与终极这三个层面：就个人层面而言，宗教生活包含有个人的主观因素，影响着信仰者的生活态度；文化的层面则赋予宗教生活以特定的社会历史形态，构成了宗教体验的架构；终极的层面则凸显了宗教生活价值的建立，是一种精神状态。③

---

① 以上帕色基督教堂简介内容来自于云南省基督教教职人员资格认定备案管理系统，由帕色基督教堂工作人员棍腊央于 2015 年 12 月 27 日提供。
② 爱弥儿·涂尔干：《宗教生活的基本形式》，渠东等译，北京：商务印书馆，2013 年，第 30 页。
③ 斯特伦：《人与神——宗教生活的理解》，金泽等译，上海：上海人民出版社，1991 年，第 1—25 页。

本文研究的宗教生活主要基于两个基本范畴：信仰和仪式。一切宗教信仰对所有事物都预设了分类，即神圣的与凡俗的，宗教思想的显著特征便在于此；而所有宗教仪式则都具有神圣性，它往往是个人脱离凡俗世界迈向神圣世界的方式，同时也是参与宗教生活的形式。① 因此神圣/世俗、自然/超自然的区分仍然是一个很有用的分析工具，在这个工具的帮助下，我们能描述和梳理处于时刻变化之中的宗教生活的情境，并对宗教对于日常生活的浸入提供解释。因此，本文将与宗教生活相关的宗教仪式和教会组织的社会、文化功能置于社会结构的框架内分析宗教生活如何使得一个有序的社会结构得以在跨境缅甸克钦人这一群体中存在和持续。由此进一步探讨对于跨境缅甸克钦人而言，在异乡形成的社会生活和群体内部的社会交往有着怎样的意涵和功能，以及宗教在构成社会体系、维系或阻隔社会的团结、融合和平衡方面所起的重要作用。

此外，本文关切到以往针对景颇族/克钦人的研究的一大特点为研究空间相对割离，研究对象相对单一，研究方法也不够多样化。国内的学者大多偏向于研究国境线内的景颇族，而国外的学者则大多对缅甸的克钦人展开研究。研究的方式虽然均在强调景颇族/克钦人是跨境民族，但是并没有突出其跨境互动的成分，而只是相对单一的对中国的景颇族或者缅甸的克钦人二择一地进行研究分析。所以研究的结果要么是利用跨境民族是同源民族的概念将中国景颇族的特质完全等同于缅甸克钦人。要么只论其一不论其二，即忽视分布在其他国家的景

---

① 爱弥儿·涂尔干：《宗教生活的基本形式》，渠东等译，北京：商务印书馆，2013年，第30页。

颇族而单一地对中国景颇族或者缅甸克钦人进行讨论，并就此概括整体的景颇族的状况。

本文将缅甸克钦人视为跨境民族，而且将跨境流动到中国的缅甸克钦人视为短期移民来加以考量。突出缅甸克钦人的跨境流动的特征，解析移民对新环境的适应过程，同时也并没有忽略跨境民族在文化和习惯上的相似性。在此两种不同因素的作用下，对跨境到中国生活的缅甸克钦人的解读既不能完全套用文化适应理论，也不能将其同质化为对中国景颇族或者对缅甸克钦人的单一研究，而是应当尝试从一种独特的和多维的视角进行分析，方可得出结论。

文化适应理论是目前学界研究与流动人口相关主题中使用的较为频繁的理论模型，也是有关跨国移民的宗教研究所使用的主要理论。约翰·贝利（John W. Berry）将它分为同化型、分离型、整合型和边缘型四种类型：同化型模式的文化适应策略发生于移民个体极力摆脱母文化而渴望尽快融入移入地文化；分离型模式则与同化型模式相反，移民个体为避免被同化而与移入地文化保持距离；整合型模式则是融合了同化型与分离型，移民在维持母文化的同时，又寻求融入移入地文化；最后，如果移民既没有保持同母文化的联系，又不能融入移入地文化，那么就会采用边缘型模式。①

文化适应（acculturation）是不同文化间相互影响、相互作用、相互吸收的过程。②在全球化和多元的世界文化背景下，不同的文化群体

---

① Berry, John. W. 1990. *Psychology of Acculturation: Understanding Individuals Moving Between Cultures.* Newbury Park: Sage.
② 司马云杰：《文化社会学》，北京：中国社会科学出版社，2001年，第310页。

在相互交往和相互融合的过程中，大都面临着文化适应的问题。文化适应最早被界定为来自外文化者模仿新文化中的行为所导致的心理变化；现在被普遍认可的定义是由个体所组成并具有不同文化的群体之间在发生持续的、直接的文化接触之后所导致的彼此原有文化模式发生变化的现象；约翰·贝利则进一步完善了文化适应的概念，认为文化适应包括两个层面：一是群体在文化接触之后在经济基础、社会结构、政治组织等方面发生的变迁，二是个体在文化接触之后在价值观念、行为方式、态度、认同等方面发生的变化。①

移民宗教是观察移民社会文化变迁的透视镜，其中同化论和多元论是针对移民的宗教问题提出的两种较早的文化适应理论模型，随后还包括有基于主流文化吸收程度差异的二维模型、交互性文化适应模型、相对文化适应模型等衍化模式，以及对移民宗教在民族认同与国家建构过程中所起作用的关注。②本文的研究对象缅甸克钦人跨境迁移到瑞丽后也必然经历文化适应的过程。而宗教作为社会文化生活的有机组成部分，也必将历经适应与变迁。从文化适应的角度考察宗教适应，能够展现宗教的立体结构和多重功能；通过宗教适应反观文化适应，则能映照出个人生活和社会组织之间的有机平衡关系。流动人口或者移民往往会通过宗教适应来实现文化上的适应和调和，以此建构多元文化背景下的社会和经济秩序。然而迁移群体并不会因为信仰同一个上帝就获得完全融入当地人社会的机会，移民的融入需要时间并且融入本身也具有多重的形式。在大多数情况下，移民的文化适应和

---

① 杨宝琰、万明钢：《文化适应：理论及测量与研究方法》，《世界民族》2010年第4期。
② 薛熙明：《移民与近代广东基督教文化圈的形成》，《世界宗教文化》2016年第5期。

社会融入只能是在多元的社会文化背景下部分地实现。

虽然文化适应理论的提出具有西方殖民主义的色彩，但国内学者还是基于这一理论，对移民在移入地的宗教生活状况进行了深入的探讨。李守雷以西双版纳一个移民村寨为个案，分析其在融入目标社会过程中信仰体系、仪式、象征意义等三个方面的宗教适应状况，说明移民群体可以通过宗教适应来维持群体界限以及推动社会融合。①李四龙以美国的华裔佛教徒为例，说明移民的宗教身份更多的指的是一种主动的文化认同，并且有助于化解族群之间的隔阂，与作为被动认同的国家和政治认同不一样，宗教身份认同是维系社会稳定的重要力量。②何平在梳理移居印度的云南傣族即阿洪姆人的历史时提到，随着时间的推移虽然许多阿洪姆人接受了当地人信仰的印度教和当地的语言文化，然而有相当一部分改信印度教的阿洪姆人仍保持着他们早期的宗教信仰，并在自己的宗教中继续使用他们最初的语言。③

另外，有学者强调的是移入地的宗教对移民的影响。如杜倩萍探讨了新移民（移居到加拿大不到10年的移民群体）到加拿大的华人宗教信仰转变为基督教的现象，对新移民群体的宗教选择做出相应文化上和政治上的解释。④也有学者强调的是移民的原生信仰对移入地宗教生态的影响。如马伟华以宁夏吊庄移民为例，讨论了吊庄回族移民

---

① 李守雷：《移民社会融合的宗教适应研究——基于西双版纳一个移民村寨的调查》，《世界宗教文化》2015年第1期。
② 李四龙：《论移民社会的宗教徒身份——以美国华裔佛教徒为例》，《北京大学学报》（哲学社会科学版）2013年第4期。
③ 何平：《移民印度的云南傣族——阿洪姆人》，《世界民族》1999年第1期。
④ 杜倩萍：《简析加拿大华人新移民群体的宗教信仰转变现象》，《世界民族》2010年第1期。

如何通过教派的调适来适应移入地文化，使得教派之间相互"涵化"，最终改变了移入地的宗教格局。①除此之外，还有学者讨论的是具体的宗教在移民社区的传播状况。如梅莉以正一派道教在中国近代汉口宝庆码头移民社区的传播为例，认为通过共同的信仰和仪式能激活集体记忆，凝聚移民的社会关系。②

总的说来，基于文化适应理论模型对移民的宗教生活进行讨论，重点在于探究移民如何在异文化中实现宗教适应。然而对异文化的适应并不总是有清晰的界限，通常上述四种模式是以"钟摆"的形式呈现出来。新移民（如上述移居到加拿大不到 10 年的移民群体）通常会易于投入移入地的宗教生活，以期待尽快融入主流社会。但上述提到的美国华裔佛教徒，如果他们是在美国土生土长的亚裔，那么他们的宗教信仰选择更多的是为了彰显自身在移入地文化里的独特性，而后又通过相应的调适，如上述保存原生宗教形式的阿洪姆人印度教徒那样，达到整合的效果。

另外，跨国移民的宗教社会生活也因为成为文化全球化的重要表征而备受关注。"跨国移民社会中的宗教反映了人口迁移过程中文化特性的变迁，同时还与政治、经济、社会、环境等因素紧密相连，是文化全球化的一种重要表征。"③而"移民从做出迁移决定的那一刻起，在其准备行程、旅行、抵达目的地和发展跨国联系的各阶段中，都充

---

① 马伟华、胡鸿保：《宁夏生态移民中的宗教文化调适——以"芦苇洼"吊庄移民为例》，《宁夏社会科学》2007 年第 5 期。
② 梅莉：《移民·社区·宗教——以近代汉口宝庆码头为中心》，《湖北大学学报》（社会科学版）2014 年第 3 期。
③ 薛熙明、马创：《国外跨国移民宗教研究进展》，《世界宗教文化》2012 年第 3 期。

分利用了宗教"①。也就是说，以宗教为切入点，通过阐释移民的宗教文化适应来理解移民这一群体，不失为一条有效的途径。本研究正是以一群移居到中国边境县市瑞丽的缅甸克钦人为研究对象，以缅甸克钦人的跨境宗教生活为研究主题，力图在宗教生活与跨境迁移之间进行探讨。反之，通过对这群跨境克钦人的宗教生活的民族志的记录和解析，更进一步地、微观和具体地认识和理解这群跨境移居者。

通过对跨境缅甸克钦人在中国的基督教生活的观察和解析，本文将阐述他们跨境流动的不同原因，对基督教信仰的多层次理解，对民族观念的认识，以及对不同主权国家的看法。在此基础上，本文试图结合移民、跨境流动、宗教生活等不同话题，呈现出一幅多角度、多层次的边民交往的场景，对关于移民的宗教生活相关研究内容进行补充，并且与云南跨境民族研究的主流趋势形成对话。

在民族志构建和文本写作的过程中，本研究力图追随"解释人类学"的文化理论和方法论，将跨境缅甸克钦人的宗教生活、社会交往、个体互动视作一系列可供解读的象征性符号，通过解析各象征符号和行为的文化意涵，阐释缅甸克钦人的情感世界与认知世界，解锁缅甸克钦人跨境迁移到瑞丽生活的意义，建构出一种负载着意义的社会性话语流。格尔茨认为文化是一个可以行动的象征文本，其中个体只是在一个特定的文化背景下对可以涉及的重要象征体系进行阐释，这种阐释即为想象、建构、书写，包含在特定的外在的、集体的、公

---

① Hagan, J., Ebaugh, H. R. Calling upon the sacred: migrants' use of religion in the migration process. *International Migration Review*, 2003, 37 (4): 1145—1162.

共和共同的文化背景之中。①所以人是生活在由自己所编织的意义之网中,人类为了自己而使自己有意义,而人类学对这种意义的记录是采用"深描"的民族志写作方式,以揭示型塑人们行为的概念结构,以及论证这些结构在决定人们行为时扮演的角色。②格尔茨的解释人类学的观点主要是"意义取向"的:首先,格尔茨将文化的各个层面,例如宗教、艺术、常识、法律、意识形态等当作一种文化系统,这种文化系统是建立在人与人互动过程中的象征性行动;其次,格尔茨还认为意义的传递与交换是社会性的,意义是在同一脉络中的行动者共同建构出来和共同分享的。③

因此,作为一种文化系统的宗教是:"一个象征符号体系,它所做的是在人们中间建立强有力的、普遍的和持续长久的情绪及动机,依靠形成有关存在的普遍秩序的概念并给这些概念披上实在性的外衣,它使这些情绪和动机看上去具有独特的真实性。"④而将宗教作为研究对象就是要解释宗教的象征符号所表现的意义系统,以及将这些系统与社会结构和心理过程联系在一起。⑤

总而言之,本文对跨境缅甸克钦人宗教生活的研究既是一种追求

---

① 拉波特、奥弗林:《社会文化人类学的关键概念》,鲍雯妍、张亚辉等译,北京:华夏出版社,2005年,第176—180页。
② 拉波特、奥弗林:《社会文化人类学的关键概念》,鲍雯妍、张亚辉等译,北京:华夏出版社,2005年,第304—307页。
③ 庄孔韶主编:《人类学经典导读》,北京:中国人民大学出版社,2008年,第132-145页。
④ 克利福德·格尔茨:《文化的解释》,韩莉译,南京:译林出版社,2014年,第111页。
⑤ 克利福德·格尔茨:《文化的解释》,韩莉译,南京:译林出版社,2014年,第125页。

研究对象客观、研究方法客观、文本写作客观的实证的社会科学研究，同时也是对研究对象和研究内容的一种诠释、一种转译和一种建构。在对跨境缅甸克钦人的宗教生活进行表述的时候，本文尝试呈现出一幅多声道、多层次、多角度的图景，在将跨境缅甸克钦人作为一个研究整体的同时，又强调所研究个体的多样性和独特性，尽可能地让不同的被研究个体发声。最终在被研究者与研究者，客观与主观，他者与自我之间书写跨境缅甸克钦人的宗教生活这一社会文化事项，并勾勒出一幅跨境缅甸克钦人宗教生活和社会交往的生动画卷。

二、缅甸克钦人在瑞丽的生活

缅甸克钦人通常经由姐告口岸进入瑞丽。进入瑞丽的缅甸人凭借边民护照可以在德宏州境内逗留7天的时间，但是若要长期居住就得申请暂住证。暂住证是一人一本，申请时需要出具边民护照、健康证、房东的介绍信、缅甸身份证翻译件、照片等等。有了暂住证后缅甸克钦人就可以合理合法地在德宏州境内一直生活下去。如果暂住证到期了，接着去办理延期即可。如果是"缅甸媳妇"则不需要办理暂住证，只需拿着结婚证去到当地派出所备案后领取通婚证，而通婚证在全中国范围内都适用。据报道人介绍，之后中国的政策会更加严格，有可能取消边民护照的7天有效期，变成当天有效。如果情况确实如此，那么一个拿着边民护照的缅甸克钦人通过姐告口岸进来到瑞丽住一晚，到了第二天他的边民护照就失效了，就有被逮捕的可能。

目前的情况是几乎所有在瑞丽生活的缅甸克钦人都必须每周通过姐告口岸往返一次，以便能在边民护照上盖上章，同时用以保证他们作为缅甸公民的政治合法身份以及在德宏州境内合法短期逗留的权限。

在一次入户访谈中，被访谈人 Kaira 和 WJW 夫妻俩向我阐述了他们在瑞丽生活的程序问题：

我们在这边是只要有暂住证就可以了，就可以一直住下去，中国这边不会管。Passport① 主要是缅甸那边会管。所以我们每周都要跑一次姐告，出去，再进来。如果不这样的话，要是不回缅甸了，一直在着这边也行。但是就怕以后回去缅甸的话有问题。这里不是自己的家，住的地方也是出钱租住的。但是目前为止我们也没有赚到很多钱，所以目前肯定还会在这里。将来年纪大了，不管赚没赚到钱还是要回去自己的地方。

另外，除为了维持作为缅甸公民的政治合法身份每周往返一次姐告口岸之外，在瑞丽生活的缅甸克钦人每周必定前往的一个地方就是帕色基督教堂。

在谈到这个问题时 Kaira 和 WJW 夫妻俩是这样阐述的：

因为在这边只有帕色一个教堂，所以只有去这里。不过我们现在都不想去了，反而是去木姐的比较多一点。因为去木姐的教会呢，语言比较通顺，讲道也是讲得好一些。有些时候这边的语言会不清楚。因为在帕色这边，有些时候是用载瓦语讲道，我们就听不懂了。在木姐的话，我们去的是说缅语的教堂，就比较清楚。帕色这边的虽然说的是景颇语，但是他们的景颇语也是不流利，最后信徒们都听不清楚到底是在说什么。另外我们本来也是

---

① 缅甸克钦人口中的 passport 就是指他们的边民护照，通常又被称为小红本。

要回木姐盖章的嘛，就刚好一起弄了。

当然，在田野调查中我注意到多数缅甸克钦人不会刻意每周回缅甸木姐做礼拜，除非是在星期天时刚好需要回去缅甸办事。关于这一点，WJW是这样认为的：

> 有些人是图近，所以就来帕色这里。但是另外一些人如果要追求好的，那么远一点的他们也去。有些人就是为了尽义务，星期天的义务。他们把星期天守安息日当作义务来完成，这些人只要随便找个教堂去了就行，也不管讲得好不好，反正不想听就在下面玩手机。

生活在瑞丽的缅甸克钦人并没有集中居住的地点，他们通常分散地租住当地居民的房屋，并且生活空间往往和工作空间重叠。在缅甸克钦人居住的房屋内通常可以看到摆放着许多大大小小的玉石毛料，又或者他们会直接租下两到三层的商铺，一层用作铺面，二至三层用于生活。然而无论是缅甸克钦人在瑞丽租住的房屋或者商铺位于何处，他们几乎每周必定前往的两个地方就是姐告口岸和帕色基督教堂。因此，若想在瑞丽这个城市集中找到缅甸克钦人这一群体，帕色基督教堂是不二的选择。

1. 缅甸克钦人在瑞丽的主要生计方式

瑞丽帕色基督教堂的教牧老师棍腊央①曾向我介绍说:

> 他们缅甸克钦人在这边主要有打工的,跟父母过来的,旅游的,卖玉石的,做木材的,卖衣服的(从这边进货拿去缅甸卖),卖玩具的(从这边批发玩具去缅甸卖),工地打工的,按摩店、理发店打工的,等等。

棍腊央提到的以上几种缅甸克钦人的职业,除了批发衣服和玩具的之外,其余类型我在田野调查中亦均有接触过。接触最多的当属做玉石生意的"老板"们,而"老板"二字所代表的名气似乎要大于其所承载的实际意义,所蕴含的辛苦往往要大于幸福。

在瑞丽从事玉石生意的缅甸克钦人基本上做的都是玉石毛料而非成品。通常情况下,他们会不定期地前往缅甸的帕甘玉石场进货,通过帕甘的运输公司拉过来瑞丽出售。现在帕甘玉石场不同的场口已经被大公司承包了,禁止个人私自开采。个人只有去到当地跟大型开发公司买玉石毛料。被大公司挑选出来的毛料通常是比较好的,所以价格不菲。被大公司挑剩下的则专门倾倒在一个地方,于是有很多玉石"老板"去捡大公司挑剩下的石头,也有很多帕甘当地的老百姓去那里捡,之后再在路边卖给从瑞丽过来进货的"老板"们。

---

① 棍腊央是瑞丽市帕色基督教堂的教牧人员,也是瑞丽市基督教"两会"的副总干事。从2003年开始在瑞丽市帕色基督教堂工作至今,主要负责下午景颇语礼拜的教牧工作,教会组织活动和堂点建设方面的工作,以及缅甸克钦族人信徒的管理工作。

棍腊央的妻子是缅甸克钦人，他的舅子和岳母，以及很多朋友都是做玉石毛料生意的，所以他对此也颇有了解。在一次访谈中他向我介绍说：

> 在帕甘，那些大公司都养着人，用挖机挖了之后就让这些人把翡翠挑出来，然后把不是翡翠的或者看着不好的就扔掉。有些时候就会扔掉一些好的东西或者是他们挑剩的。这些挑剩的废品就专门倒在一个地方，然后有人就去捡。所说的废品就是人家挑过一次的，但其实挑漏的很多。现在很多人发达就是发达在挑漏的这些翡翠上，因为翡翠好的和不好的它的表皮是一样的，一般人看不出来。现在他们一般判断是不是翡翠就是用一个专门的小锤子一敲，也不用去磨就能看出来。但是这样就容易判断失误。那个地方都是各个地方挖的泡土全部集中丢过去的，然后大家都去那里捡。

一般情况下，如果本金只有几千、上万元人民币的人，基本上就只能买到这些被挑第二手的玉石毛料。本金多的，十万人民币以上的则可以直接向大公司购买，这样买到好货的概率较高，拉回瑞丽后便能卖个好价钱。但这也不意味着被大公司挑剩下的那些翡翠里面没有好的，关键是要"会看"。而会看不会看，也就是缅甸克钦人所说的会不会做生意的其中一环。有的人在帕甘进了石头之后，拿回到瑞丽慢慢看，比较有把握的话就拿这个石头去洗、去磨、去加工，这样的话就有可能赌到好的色料，卖个好的价格。如果不自己加工的话，就将从帕甘拉过来的石头原封不动地直接卖掉,而这种情况通常卖不上很高的价格。所以有些缅甸克钦人会开玩笑地说自己是玉石的搬运工,每次就只能赚一点搬运费。

报道人 ZN 说在前几年的时候,有一次他往帕甘进了一批石头过来瑞丽卖。才到瑞丽没有几天就全部卖完了。ZN 应该属于比较会看石头、比较会做生意的人,而且前几年也正是玉石生意红火的时候。在一次访谈中,ZN 向我简要阐述了他来瑞丽的经历:

> 我 20 岁到瑞丽,现在 28 岁,8 年了。来瑞丽就是为了做玉石生意,那个时候生意还很好做,现在不行了。LBZ 和我是一个寨子的,我叫他表哥,我们俩一直都一起在做。其实是 LBZ 先来的瑞丽,我一点来的。前几年他去缅甸读了一段时间的神学院,现在毕业回来了,我们还是一起做生意。以前玉石生意好做,我们也是去舞厅什么的到处潇洒,吃烟吃酒,甚至有些时候一晚上用掉一万块人民币。后来慢慢地,感觉心里面真正得着耶稣了,行为习惯才发生了很大的改变。现在我手上有一块石头,前年有个老板出三万多,我没卖。现在我朋友帮我拿去盈江给一个老板看,我卖两万四,卖不出去。

同 ZN 一样的在瑞丽做玉石生意的缅甸克钦青年有很多,他们或许同自己的朋友或家人,或许自己单个人在瑞丽生活和做毛料生意。比如 DW 和 YD 就在瑞丽合伙做着玉石生意。而 KMD 曾经也同 DW 和 YD 合伙过。GR、LZD 和 ZKS 也是合伙人,另外 ZKS 还和 XLG 合伙在瑞丽开了一个卖玉石毛料的店铺。XX 则是同她哥和她姐合伙，不过有时也自己单干，又或者和一些朋友合伙。SR 则说自己历来是单干。

值得注意的是，做玉石的缅甸克钦族人的合伙关系实则是一种非正式的、比较松散的合作关系。很多时候朋友之间，甚至家人之间的合伙都是一次性的。比如一次性地去帕甘合买一批料子来瑞丽卖，或者就针对单独的一块毛料进行一次合作。LZD 曾向我描述了他们合作的其中一种方式：

> 比如说我看上一块石头想买，我就问你要不要一起。一起的话本钱一人一半也行，或者你想出多少都行，或者有些时候三四个人合买都行。买了以后，石头拿过来了我们就赌嘛。压得住的话就去开个窗，看种水好不好，有没有对庄的老板想买去赌。我们胆子大的话就自己拿去直接把它切开，切开是好料子就赌到了嘛。我都切废掉好多了。

针对缅甸克钦人的玉石生意和是否合伙的问题，KMD 是这样认为的：

> 现在在那个瑞丽宾馆和友谊宾馆还有德隆那边，这些在的都是从缅甸来的。他们租在那个小房间，有钱的、一直在的就租一栋。回去回来的那种就住宾馆，住一晚至少就是 80 块，好一点的 100。料子到了住下来，等到料子什么时候卖了又回去。料子卖不出去，本钱收不到的话就一直住着。所以在瑞丽还是要找一个房

间租着，一个月才 500 嘛。不然住宾馆的话一天 100 还要吃，这样就不行了。我是不喜欢和别人合着做，合着做的话不好。即使合着做了也只能跟朋友搭伙，特别不能跟亲戚。我都知道的在瑞丽这边那种兄弟姐妹之间做生意闹翻的很多。问题就是比如一块料子大家合在一起买了 5000，有人出 8000，我不卖，我要卖 10000，那么其他人跟不跟。如果跟了，那 10000 块卖不出去又怎么办，大家耗不耗得起。如果我等得起，你又要急等着回本，那就有很多问题啦。

我在 2016 年 9 月份在瑞丽见到 KMD 时，他还在跟 DW 和 YD 合伙做着毛料。可是等到了 2016 年 12 月份时，KMD 已经没有再跟 DW 和 YD 合伙了，而是又回去到他以前打过工的按摩店上班了。KMD 认为这阵子在缅甸去帕甘搞石头太危险了，反正在瑞丽这边也是闲着，先在按摩店上着班，等缅军和克钦军打仗平息一点的时候再接着做玉石。

根据我田野调查遇到的访谈对象，粗略估计有超过 70% 的缅甸克钦族人在瑞丽从事玉石生意。在帕色基督教堂工作的教牧人员和一些缅甸克钦族信徒则认为，在瑞丽生活的缅甸克钦族人有 90% 以上都是做玉石生意的。无论如何，可以得出的结论是做玉石生意是缅甸克钦族人在瑞丽的主要生计方式。

而在瑞丽做玉石生意究竟能给缅甸克钦人带来怎样的生活，可以借用帕色基督教堂的教牧老师张文兵①的一段话加以阐述：

> 他们这些做玉石生意的有些时候真的很惨的，我们是在这里那么长时间了见得也多了。有些人拉了石头过来，找个地方住下来，就等着那些石头卖了挣一笔钱。可是如果几个月都卖不出去，自己身上带的钱也慢慢花光了，一天吃一顿维持不饿死的人都有。另一种情况是，石头倒是卖了出去，赚了一大笔钱，然后在这边买吃买穿，也许在回去之前就已经全部花完了。等到回去了，也没有钱再买石头了，就再也起不来了。

2. 流动的缅甸克钦族人

在瑞丽生活的缅甸克钦人来自缅甸全国各地，当然实际的情况是他们大部分来自克钦邦和掸邦。他们的社会经济背景千差万别，但他们却拥有着相同的目标，为了更好的生活。张俪在写生活在北京的温州人的民族志时得出的一点结论是：人的迁移不仅是一种个人努力，它经常是经济多元化的一种家庭策略；人口流动通常也不是一步到位，而是为了寻求更好的商机而从一地到另一地的漫长旅程。②在某种程度上，跨境到瑞丽生活的缅甸克钦族人无疑印证了这一论断。

LJ 来自缅甸的密支那，五年前来到瑞丽做玉石生意。LJ 在中国没

---

① 张文兵是瑞丽市帕色基督教堂的教牧人员，从 2002 年开始在瑞丽市帕色基督教堂工作至今，主要负责上午汉语礼拜的教牧工作、堂点管理的工作，以及汉语信徒的管理工作。
② 张俪：《城市里的陌生人：中国流动人口的空间、权利与社会网络的重构》，袁长庚译，南京：江苏人民出版社，2013 年，第 59 页。

有亲戚，只是因为有朋友在这边做玉石，自己也想做就跟过来了。有一次LJ的一个朋友带他去瑞丽城边的一个饭馆吃饭，便认识了他现在的老婆。LJ的老婆当时是那个餐馆的服务员，也是缅甸克钦人，来自缅甸的木瓜坝。他们结婚后就一直在瑞丽生活，现在已经有两个女儿了。除了做玉石生意，弹电子琴也算得上是LJ的半个职业。瑞丽帕色基督教堂下午景颇语礼拜时献唱歌曲的伴奏便是由LJ弹奏电子琴。除此之外，如果瑞丽附近乡下景颇族的教会举办活动，有时也会邀请LJ去弹奏电子琴以及教唱景颇语歌曲。现在LJ回缅甸基本都是因为石头卖完了要去帕甘进石头，生意好、石头卖得快的话回去的就频繁一些，生意不好、石头没有卖出去的话就没有资本回去。关于来回往返于缅甸和中国的动因，LJ阐述了自己的情况：

> 只要是这里卖完货就要想办法去那边进货。一年上上下下十多回的。一个月一回，一个月两回这样子。生意好么一个月一回可以去的，生意不好么就不又回家了嘛。我不又回去三个多月啦。石头么都是我自己的了嘛。石头么本钱多么是好卖的，本钱不多么就没有好东西了嘛。我们是本钱不多了嘛，一般的。
>
> 说到回家么，才来的时候还是想家的。但是我们家兄弟姐妹很多，确实是要自己出来闯的。如果是一直待在家里面也是给家的负担，全部挤在那里对家庭也没有好处。还有一个根本原因就是缅甸毕竟也是穷，各方面没有像中国一样发展得好。相比缅甸，在中国这边好找钱呢啊。比方说在中国找了一年的钱，拿回去缅甸就能用四五年啦。现在我们很多人就是看中这些经济方面的原

因，反正出境政策也比较宽松。然后么在这边慢慢地积累，根也打下来了，也就不想回去了。顶多就是比如说家里面亲戚结婚呀、父母去世啊回去一下这样子。

实际上，多数像LJ一样的缅甸克钦族人一开始来瑞丽的原因很简单，就是为了生活、为了赚钱。来到瑞丽之后要么经别人介绍，要么自己无意中发现这边有教堂、有教会。加上很多缅甸克钦族人都是出生在基督徒的家庭，从小就有每周上教堂敬拜的习惯，所以来到瑞丽之后肯定也会找着教堂去。特别是对于出行在外的人而言，上教堂找平安尤为重要。结果教堂就慢慢地把在瑞丽的缅甸克钦族人聚拢了起来，同时也为他们提供了一个维持原来生活习惯和彰显民族特色的场所。

在瑞丽生活的缅甸克钦族人中，做玉石生意的是往返缅甸和中国比较频繁的一类。由于需要不断地进行买货和卖货，加之玉石行业本身的特殊性，导致他们不得不亲自去选货、进货，又亲自回来将其卖出。这多少是因为在非正式的经济交往中，一个人不会相信不面对面打交道的商人，也不会相信一笔不能逐一检查商品的交易。①而此种由于生计和工作而导致的跨境流动其实是一种被动的流动，也是不可避免的流动。

而同样是在瑞丽做玉石毛料生意的WJW和Kaira一家的情况则稍显不同。WJW和Kaira一家原来是在缅甸的帕甘生活，也是频繁来回

---

① 麦高登：《香港重庆大厦：世界中心的边缘地带》，杨玚译，上海：华东师范大学出版社，2015年，第176页。

于缅甸帕甘和瑞丽。他们有两个儿子和一个女儿。现在孩子们都长大了，所以他们家目前的情况是 WJW 和 Kaira 带着小女儿在瑞丽卖货，而两个儿子在帕甘负责进货。在这种情况下，因为建立起来了家庭式的经济网络，由于工作而导致的跨境流动就相应地减少。

在瑞丽生活的缅甸克钦人中，流动性相对较弱的群体是"缅甸媳妇"。KT 和 PSM 都属于此类。KT 的老家是在缅甸的八莫，丈夫是四川人、汉族，常年在缅甸曼德勒做生意。KT 嫁来中国已经二十多年了，来到中国后就一直努力学习汉话，在家里面也不讲景颇话，所以她的三个孩子都不会景颇语。KT 的大儿子在昆明读大学，另外两个女儿在瑞丽读初、高中。因为丈夫长年在外做生意，家里面和孩子的事基本由 KT 操持，所以也就没有很多时间回去缅甸。PSM 也有着类似的情况。PSM 的老家是在缅甸的密支那。在缅甸神学院读书的时候，PSM 认识了丈夫 PZD，后来结婚成家，就一直生活在瑞丽。由于丈夫 PZD 是中国景颇族教牧人员，需要经常外出参加各种宗教节庆活动或者教牧工作的培训，家里面的事也就主要落在 PSM 身上。而他们的女儿今年刚在瑞丽上小学一年级，孩子接送、家务等工作也使得 PSM 基本没有时间回缅甸。

与上面提到的两种情况都不尽相同的是 NSH 和 Kai 夫妻俩。NSH 和 Kai 原来生活在缅甸八莫，于 2010 年来到瑞丽开裁缝店。在缅甸的时候 NSH 是在一个教会里面服侍，而 Kai 则是在学校里面做老师。NSH 和 Kai 有三个儿子，现在都在缅甸读大学。Kai 是这样讲述他们跨境流动的历程和当前的生活状况的：

当时来之前还是有一些准备的。老大是学习比较好，所以我们就鼓励他读医学院。但是老大说现在家庭这么困难，如果考上了怎么办。那时候我们就说如果你考得起的话我们俩就来中国这边挣钱供你读书。结果就考上了。我们就过来中国这边挣钱。我在陇川那边有亲戚，而且2009年之前就来过一次瑞丽。他（指NSH）以前是从来没来过。我一般是等到夏天，来做衣服的人比较少的时候，有时间、有事情就回去。他（指NSH）是每三个月就需要回去一趟，主要是回去看他90多岁的老父亲。因为老父亲很舍不得我们出来，而且需要给老父亲剪头发、洗澡等等。前几天圣诞节我们也回去了一趟，主要是到了这个时候也回去跟亲人团聚一下。

相比大多数在瑞丽做玉石生意的缅甸克钦人被动的流动方式，NSH和Kai表现出来的是一种主动的流动。他们不需要定期回缅甸购买做生意的原材料，而是出于家庭和情感方面的特定需要频繁地往返于边境线两端。

另外，田野调查数据还显示了另外一种值得提及的跨境流动的方式，也是最为频繁的一种跨境流动。PP从三岁开始就跟着母亲来到瑞丽生活，他是家里面最小的孩子。他有两个大哥现在在缅甸木姐生活，另外一个哥哥和一个姐姐在瑞丽生活。PP在瑞丽生活的那个哥哥也是做玉石毛料生意的，娶了一个来自中国盈江的景颇族妻子。PP的姐姐则是嫁给了一个瑞丽本地的景颇族男子。2017年元旦的时候PP在瑞丽帕色基督教堂受了洗，以下是当天受洗仪式结束后，我与PP的部分对话内容：

> 我们家有五个兄弟姐妹，除我还没有结外全都结婚了。芒市去过，陇川去过。我原来在木姐读书，然后回来瑞丽住，来来去去的。现在我十年级毕业了，就是你们的高中毕业了。我前不久在理发店打工，打了半个月。现在我在按摩店上班，也是半个月了。我现在就跟我姐他们住，如果我回木姐的话我就去找我哥他们。

其实很多在瑞丽生活的缅甸克钦人的家庭都有类似的情况。因为缅甸克钦人不能够、也不愿意让孩子在瑞丽当地接受教育，所以只能在缅甸找学校读书。由于父母都在瑞丽做生意，所以孩子只能每天来来去去往返于木姐和瑞丽两地。如果是年龄稍大一些的孩子就自己骑电动车上学，放学后再从木姐回到瑞丽。如果是年纪比较小的孩子就必须要有人接送了。针对这个问题，瑞丽市帕色基督教堂曾经尝试开办过一个幼儿园，以方便在瑞丽生活的缅甸克钦人。我在2016年年初去到帕色基督教堂做田野预调查的时候，正是这个幼儿园开始招生的时候。当时报名的名单上有20人左右，实际来的有六七人。负责这个幼儿园的老师主要有3人，她们是NP、TNN和KN。可是当我于2016年9月份再次回到田野点时，幼儿园已经停办了。帕色基督教堂的老师棍腊央向我简要介绍了这个暂时被搁置的幼儿园的情况：

> 因为缅甸人过来这边生儿育女之后，等孩子长大一点是要回

去缅甸读小学的。缅甸的小学入学规定是要有教会发给的幼儿园毕业证书。他们往返接送孩子来回缅甸上幼儿园又不方便，另外中国这边非教会的幼儿园发给的毕业证书缅甸那边又不承认。就是如果有教会发的幼儿园毕业证书就可以在缅甸直接上一年级，如果没有教会的证书就不能直接入一年级，就还得接受缅甸的幼儿教育才可以入一年级。我们在这里给他们办幼儿园也是提供给他们方便，以后他们的孩子回去就直接上一年级，在他们孩子幼儿教育的阶段不用往返缅甸。但是现在已经办不了了，因为要有政府批文等手续。不过我们也还在努力，希望找一个适当的方式进行下去。

总的来看，在瑞丽生活的缅甸克钦族人的跨境流动较为频繁。而这一频繁的跨境流动的原因主要有职业、生计的需要，孩子教育的需要，探亲访友的需要等。当然，缅甸克钦人必须每周往返一次姐告和木姐口岸盖章，以保证他们的边民护照的有效性，也构成了频繁的跨境流动的一个不容忽视的动因。

三、跨境缅甸克钦族人的主要宗教生活形式

何为宗教生活？这是一个显得较为复杂和多元的界定。就非信仰者而言，祭祀、礼拜、祷告等宗教仪式是宗教生活最明显的表征。而就信徒而言，日常生活中的方方面面无不包含着宗教的理念与价值观。对于一些全民信仰某一宗教的民族，宗教既是生活，生活亦是宗教。但从研究的角度出发，宗教生活与世俗生活也还是有其区别。因此本文在对跨境缅甸克钦族人的宗教生活进行研究时，选取祈祷、礼拜、团体活动、家庭祷告会、婚礼这五种在田野调查中最为常见的宗教生活事项进行阐述与解析。

1. 祈祷

祈祷是作为宗教生活中的一个关键构成元素而存在的，也是宗教生活中最重要的现象之一。特别对于基督教而言，祈祷可谓是占据了其宗教生活的很大一部分，它属于信徒与上帝之间生动的交流。正如马塞尔·莫斯所言："对于所有宗教现象来说，甚至仅仅只是从宗教之外来考虑时，也很少会有哪种现象像祈祷一样给人如此具有活力、丰富和复杂的深刻印象。祈祷有着非凡的历史，在时间的长河中，它

逐渐将自己提升到了宗教生活的顶峰。"① 据田野调查显示，有超过90%的报道人在被问到他们的日常宗教生活形式有哪些时，首先想到并讲述的就是祷告这一行为：

> 我们基督徒的家庭就是早起吃早饭前祷告一天的生活，这就是晨祷。然后全家人一天的生活就此展开，孩子该上学的上学，丈夫该做生意的做生意，我自己是家庭主妇就在家做家务。到了晚上10点左右全家再一起进行晚祷，然后大家一起唱歌、聊天。同时这也是父母教育孩子的时间。再之后就是大家自由活动的时间了。

以上是KT所描述的她们家一天的宗教生活，也许描述的并不全面，但其中无疑突出了祈祷这一行为对基督教宗教生活的意义。除此之外，如果再把祈祷这一行为往前推进一步来讨论祈祷的功能，就更能凸显出祈祷的重要作用了。比如WJW在谈到祷告的问题时认为祷告在基督徒的生活中很重要：早上起来要祷告，晚上要祷告和读《圣经》经文，以此可以得到上帝的智慧，在社会上就能辨别很多是非。WJW举了一个发生在自己身上的例子：

> 我们刚到瑞丽的时候，语言不通而且人生地不熟，带过来的玉石被人全部骗走了。那个时候困难到一块钱的方便面钱都拿不出来。晚上肚子饿就盼第二天天亮，赶快去找活干，找吃的。就

---

① 马塞尔·莫斯：《论祈祷》，蒙养山人译，夏希原校，北京：北京大学出版社，2013年，第23页。

是在这样困难的情况下，我们也没有别的办法，就是祷告。最后虽然失去了玉石，可是又得到了新的玉石，很赚钱的玉石。

另外，祈祷也是维持这群缅甸克钦人宗教信仰和文化传统的重要仪式。来自缅甸密支那的DW曾经去到过广州的一家炼石场打工，在了三个月。因为找不到教堂，所以也没有去做礼拜。当我问到他在这三个月期间是如何维持自己的宗教信仰时，他说："不（到教学）做礼拜就（在）心里面。教堂是在哪找也不知道啊，星期天不上班就在心里面祷告。"

在田野调查期间，我几乎会问到每一个调查对象的问题是过来瑞丽这边生活后宗教生活有没有什么改变。不同的人自然会给出不同的答案和想法，其中LH是这样回答的：

没有什么不一样，宗教生活在哪里都是一样的。在缅甸也是，在中国也是，都是信的同一位主。我在哪里祷告都是向上帝祷告。我开车的时候也可以祷告，睡觉、吃饭的时候也可以祷告。那是我自己个人内心的东西，跟我在哪里生活没有关系。

从LH的讲述中不难看出他基本上将祈祷等同于宗教生活的全部，并且认为祈祷是一种个人的、个体的现象，与个体所处的社会环境无关。虽然莫斯在《论祈祷》一书中极力反驳这种观点，并且认为祈祷的社会性大于个体性。"没有任何个体能够从一开始就发明纯粹的精神性祈祷。尽管个体的角色事实上很重要，但相比社会性仍是其次的。"① 然而对于生活在瑞丽的缅甸克钦人而言，由于他们频繁的跨境流动在某种程度上削弱了传统宗教仪式的社会整合功能。即涂尔干所认为的宗教仪式的目的在于不断重新加强个人属于集体的观念，使人们保持信仰和信心，使共同体维持下去。② 所以不难理解他们会将祈祷视为一种个体的宗教仪式。而个体实践祈祷这一宗教仪式的最终结果则是协调个人动机与社会现实之间的矛盾，缓解对现实世界的畏惧和焦虑，增强缅甸克钦人跨境生活的信心。

以上是就祈祷这一行为作为宗教现象进行的讨论。无疑，祈祷作为宗教生活的一个重要组成部分，有助于我们解释和理解宗教行为。而如果进一步从祈祷的内容来分析，则会发现祈祷实际上与个人所面临的境况息息相关，它是宗教情感与个人生活境遇的桥梁。并且祈祷的内容往往可以反映出个体的渴望、需求和道德上以及物质上的危机。

NSH 和妻子 Kai 于 2010 年来到瑞丽，来瑞丽之前先去了盈江一段时间，但在那边生意不好做。来到瑞丽后找铺子开了一个裁缝店，专门缝制景颇族传统服饰。在一次访谈中妻子 Kai 说到最近在他们身上发生的一件事：

> 我们想在旁边那个菜市场里面另外找一个铺子，已经找了一年了一直没有合适的，因为钱的问题是很大的问题。有些要求是

---

① 马塞尔·莫斯：《论祈祷》，蒙养山人译，夏希原校，北京：北京大学出版社，2013年，第16页。
② 王铭铭主编：《西方人类学名著提要》，南昌：江西人民出版社，2006年，第91—108页。

马上要付三四万,有些找的好一点的甚至要一下拿出九万多。找来找去是真的没有办法了,很困难。在这个时候我们读到一段经文,大意是让神来负责一切,你就在那里安静地等待。我们是真的没有办法了,只能祷告、祷告、祷告。前两天我姐过来找我们,我们就又去了那个菜市场看看,结果就找到了一家。那个房东问我们是做什么的,我们回答是做裁缝的,房东听了以后比较满意。因为房东喜欢干净一点的,不喜欢那些个卖烟卖酒卖其他东西的。最后谈价钱的时候,定为一个月500元一层。可是就在我们租的旁边一家租的是1000元一个月,而且还只有一层楼,我们的有三层楼。而且前两天去签合同的时候本来约定的是三年,后来街委会那边说三年太短签四年。所以我们昨天就把协议拿下来了,在整个菜市场里面我们是唯一一家如此便宜的,而且条件也不差。

另外,我的两个互不相识的报道人跟我讲过的两个非常相似的故事也能从另一个角度证明,祈祷作为一种触手可及的宗教仪式行为占据了缅甸克钦人宗教生活的重要位置,也诉说着他们在跨境生活中所要面对的现实的悲喜。

LNS 的故事:LNS 在瑞丽拥有两家卖珠宝的店面,算是属于做珠宝生意的"缅甸大老板"了。有一天她的一个熟人带了一个保山的汉族小伙子来店里看石头。结果那人顺走了一块价值 100 万人民币的石头,这一行为在店铺的监控里可以看得很清楚。但是 LNS 并没有报警,也没有采取别的非法手段。不报警的原因有很多,LNS 说是因为想到价值那么贵重的东西丢了报警的话,怕偷东西的人来报复。她唯一能做的就是祷告，祷告。然后打电话给她的那个熟人说我们看到东西是被他拿走了，如果你们拿了还回来我们就不报警了。后来那个偷东西的人主动打了电话给LNS，承认东西是他拿走的，说他现在人在保山，让LNS过去拿。

CY的故事：CY夫妻俩是在瑞丽代卖玉石毛料的中介。部分流动性较强的、不会逗留在瑞丽的缅甸人会选择把石头放在她们家寄卖，她们卖出去后收取中介费和提成。有一次一个玉石老板拿了放在她们家寄卖的一块上百万的石头去看①，拖了很长时间没有给钱，石头也没有还回来，她非常的焦急。有一天她在老公LX的建议下突发奇想做了次祷告，然后第二天CY就给那个人打了个电话说："大哥你可以把那个石头拿来还我吗，我这边是亏了不得了。"那个人说："可以的嘛，等两三天。"结果那个老板过了两天果真就过来找到CY他们两口子。虽然其间两方还有一些纠葛，但是最终CY和LX还是把石头卖给了那个人，而且收到了钱。

对于基督徒而言，在祷告后会经历到良心上的平安和安慰。"然而，神喜悦我们承认他出于自己的慷慨所赐给我们的一切，是借我们的祷告而来。"②对于生活在瑞丽的缅甸克钦基督徒而言，祷告也是一类治疗仪式和通过仪式。因为当个体开始进行一项特定祷告的时候往往是个体生命在面临危机之时，无论这种危机是来源于经济方面的压

---

① "看货"是玉石毛料买卖中的惯常做法。通常有意向的买家可以先将毛料带走以进行品鉴和估值，最后确定购买后再付款。不过在此处由于涉及的金额巨大，可以想见买卖双方信任关系的程度。
② 约翰·加尔文：《基督徒的生活》，钱曜诚等译，北京：生活·读书·新知三联书店，2011年，第154页。

力，还是身体健康方面的担忧。当个体进行祷告仪式时，祷告者本身成了"阈限人"①——祈求能通过祷告直接与上帝进行沟通，从而对所处的生活境况进行适当的改变。而祷告本身象征着从原有的结构和经济的束缚中解脱出来。"财产与结构是彼此联系，互不可分的，而现存社会单元的构成，不但将这两个维度都整合了进来，也将核心的价值观整合了进来。这种价值观，就是将财产与结构的存在和形式合法化的依据。"②在瑞丽生活的缅甸克钦人是善于运用祷告这一治疗仪式的，通过这一简单易得的仪式，可以尝试着使暂时失范的经济结构和生活秩序重新回到他们所期望的那样。

2. 礼拜

做礼拜是缅甸克钦基督徒在瑞丽的主要宗教集体生活形式。每周的星期天是瑞丽帕色基督教堂最热闹的时候，尤其从中午 12：30 开始，就有青年人在教堂领唱节奏欢快的景颇语歌曲，身着传统景颇族服饰的缅甸克钦人也陆陆续续来到教堂。尤其是在领圣餐日时，缅甸克钦妇女会特别穿着纯白色的上衣加深色筒裙，象征着这是纯洁的一天。如果遇到宗教节庆、新年，或者婚礼等则穿着颜色鲜艳的现代景颇族服饰，代表喜庆和欢乐。

每周日来帕色基督教堂做礼拜的人群包括有缅甸的克钦族、钦族、傈僳族、拉祜族、那加族、华侨，中国的景颇族、傣族、汉族等，其

---

① 维克多·特纳著：《仪式过程：结构与反结构》，黄剑波、柳博赟译，北京：中国人民大学出版社，2006 年，第 144—145 页。
② 维克多·特纳著：《仪式过程：结构与反结构》，黄剑波、柳博赟译，北京：中国人民大学出版社，2006 年，第 147 页。

中以缅甸克钦族人人数为最多。每周日的礼拜分为两场：上午的礼拜用汉语进行，从9点开始到大约11点结束；下午的礼拜用景颇语进行，13点正式开始到大约15点结束。由于语言的原因，下午来参加礼拜的几乎是缅甸的克钦族人，而包括部分中国景颇族在内的其他民族基本上参加的都是上午的礼拜。①根据教堂工作人员提供的数据以及田野调查记录，平均来帕色基督教堂参加礼拜活动的人数约为800人。早上的汉语礼拜参加人数约为200人。下午的景颇语礼拜参加人数约为600人，主要为周边村寨及城区的当地景颇族群众，以及来瑞丽做生意的缅甸克钦人，而这部分缅甸克钦人人数有500左右。

据教堂的工作人员介绍，将礼拜分为汉语礼拜和景颇语礼拜大约是从2006年开始的，目的不是要将汉族和景颇族/克钦人刻意区分开。而是因为随着来做礼拜的人越来越多，汉族和景颇族/克钦人语言又不通，如果只举行一场礼拜的话就需要双语进行，这样一场礼拜下来耗时过长，讲道也不连贯，整体效果不好。另外，如果只用汉语做礼拜也不行，因为来帕色基督教堂活动的信徒中90%左右都是缅甸克钦人，他们听不懂汉话。

表1 帕色基督教堂主日礼拜程序

步骤	上午	汉语礼拜	下午	景颇语礼拜
一	9：00—9：30	赞美诗领唱	12：30—13：00	赞美诗领唱

---

① 由于中国的景颇族大部分属于"小山"支系，即为载瓦或者浪速等，他们不太能听得懂属于"大山"支系的景颇语。

续表

步骤	上午	汉语礼拜	下午	景颇语礼拜
二	9:30	主持人宣布礼拜开始，请诗班入场。全体唱赞美诗 带领祷告	13:00	主持人宣布礼拜开始，带领祷告。全体起立唱赞美诗 事功报告
三	9:40	诗班献唱	13:10	诗班献唱
四	9:50	启应读经	13:20	启应读经
五	9:55	主持人询问是否有首次来此教堂的，有请起立，全体对其表示欢迎	13:30	收奉献金 为奉献金祷告 团契献唱
六	10:00	主日代祷	13:40	主日代祷
七	10:10	讲道	13:50	全体起立唱赞美诗
八	10:50	事功报告	14:00	讲道
九	11:00	全体起立唱赞美诗，念主祷文，礼拜结束	14:30	全体起立唱赞美诗，念主祷文，礼拜结束

资料来源：田野调查期间记录整理，2016年9月。

从表1中可以看出无论是上午的汉语礼拜还是下午的景颇语礼拜，礼拜的程序和时长都大体相似。①区别主要在于参加礼拜的人员构成。

---

① 上述表格所记录的礼拜各项程式的时间并非精确时间，随着每次礼拜的内容不同，上台主持、讲道的人员不同，或者恰逢节庆等，时间上都会有差别。但是寻常礼拜日的敬拜活动的程序大致如此。

将参加景颇语礼拜的人员同参加汉语礼拜的人员相对比，可将缅甸克钦族人在瑞丽的宗教生活窥见一二。

首先从参加礼拜的人员的人数和年龄段来看。参加汉语礼拜的人数通常平均在100左右，且主要为中、老年人，妇女明显多于男人。而参加景颇语礼拜的人数通常在500左右，中、青年人偏多，妇女和男人数量相差无几。就礼拜开始前的赞美诗领唱环节而言，汉语礼拜主要由中年妇女领唱，所领唱歌曲的旋律较为缓慢。而在景颇语礼拜中则由青年人领唱，所领唱歌曲的旋律较为欢快，并且在随后的礼拜中也有青年团契献唱环节。主要带领汉语礼拜的老师曾不止一次地提起想要组建青年团契的愿望，他说现在他们教会（主要指来瑞丽帕色基督教会参加汉语礼拜的信众）面临的最大的困境就是老龄化。包括在汉语礼拜时的事功报告中，主持人也多次呼召30岁以前，或者未婚的青年人都积极参与教会活动，组织起青年团契。可是从我2015年12月开始进入调查到2017年1月结束调查时，帕色基督教会始终没有组成汉语的青年团契。另外尤为令我印象深刻的是报道人CY①说过的这样一段话：

> 如果全部瑞丽的人都来帕色敬拜，那人数肯定是超过景颇族的。像浙江、福建、广东等好多在瑞丽的人，他们的小团契特别多。但是人跟人处不拢，你要这样搞，我要这样搞，矛盾就多了，

---

① CY是缅甸的汉族，也是华人，她老公LX是缅甸克钦族人。他们结婚5年，育有两个男孩，一直生活在瑞丽。LX和CY是我的一组报道人，基本上对LX访谈的内容都是经由CY转述或者翻译而来。因为CY不懂景颇语，LX略懂汉语，所以他们夫妻俩都是来参加上午汉语的礼拜。

人家也就自己搞自己的了。我是不想跟他们去那些地方敬拜,感觉偷偷摸摸的不舒服,我还是喜欢来大地方。但是这里么是太沉闷了,你看看全是老人呢。

在田野调查的过程中,也有其他一些人说过类似的情况。我自己在瑞丽也接触到了一些信仰基督教的汉族、中国景颇族青年,他们多半曾经去过一两次帕色基督教堂做礼拜,但是后来慢慢就不再去了。相比之下,在瑞丽城区的缅甸克钦人几乎都会选择到帕色基督教堂做礼拜,少数的一些则偶尔会去芒市、盈江、陇川等地的教堂,或者有时候会去缅甸木姐的教堂敬拜。

其次,就敬拜时献唱歌曲的旋律而言,无论是诗班献唱还是全体起立合唱赞美诗,都可以直观地感受到景颇语礼拜时所献唱的歌曲要比汉语礼拜时所献唱的歌曲节奏强、旋律欢快、音调变换多。而且除了唱传统的赞美诗外,克钦人也偏爱演唱他们本土歌手创作的赞美上帝的歌曲。而这些新创作的歌曲听起来就更加现代,甚至有些还加入了摇滚的曲风。在景颇语礼拜的时候,有一个颇具特色的环节发生在表1的步骤五,即在收奉献金的过程中会有信众主动献唱。这种类型的献唱通常是以个体的形式进行,演唱的要么是自己创作的歌曲,要么是当代流行的景颇语赞美歌曲。报道人共佳[1]曾说过:

---

[1] 共佳是等嘎教区的一位传道老师,他曾在缅甸木姐的教会实习服侍过,毕业于缅甸的 Nawng Nang 神学院;也在帕色基督教堂服侍过几年,现在则主要负责瑞丽等嘎教区的教牧工作。

一般他们在教会里面唱歌赞美主的好像就是主赐给他们会写歌的才能。我们景颇族会创作歌曲的一般都是读过神学的,受过《圣经》和教会教育的,他们写出来的歌好像有灵性,就会出名。好像是他们结合了《圣经》懂得了世界的一些观念和美好,写出来的歌词也就比较有意义。现在 Nawng Nang 神学院毕业的传道员当歌星的比较多。我非常了解现在缅甸的好多非常出名的我们景颇歌星,他们都是教会长大或者读过《圣经》的。那些年轻人唱歌如果不在教会里面他们根本没有机会,他们能去哪里唱呢?他们是每天都在教会里面唱呀、赞美呀。好像他们的那些唱功都是在教会里面练出来的。在教会里面唱也有观众,那种感受跟在 KTV 里面是不一样的。

最后,在帕色基督教堂汉语礼拜和景颇语礼拜还有一个突出的不同点是在奉献金的问题上。每周景颇语礼拜时都会有固定一个程序是收奉献金的,而在汉语礼拜时,除非有特别说明需要为举办活动等特殊情况而奉献的话,是没有这一环节的。通常的做法是主持人首先会在台上通知收奉献金,然后信徒们纷纷从钱包或者包装景颇语《圣经》的布质书壳中准备好钱捏在手中。这时候会有五六个妇女代表上前去取奉献袋,然后分别有序地走到信徒中间收取奉献款。装奉献款的奉献袋是圆口的布袋,奉献袋传到自己的时候,大家把握有钱的手伸进距离袋口里面一点的地方把钱放下,再把奉献袋传给旁边的人。这样做的好处是,若不是有意观察彼此之间就不知道奉献的金额,也就免去了为奉献金而攀比的心态。即使有人生活很困难奉献不了,他依然可以实行这一动作，不至于因为无法奉献而在信徒中间感到尴尬。奉献就这样依次进行，直到每个人都奉献完毕后，奉献袋又会传回到那些妇女代表的手上。伴随着音乐和献唱，妇女们又将手中的奉献袋放回到教堂前面的长桌上。紧接着就是教牧人员为奉献金祷告，大意是将刚才信徒所奉献的交托给上帝，也意味着大家的奉献对象是上帝而不是特定的教堂。

除了这一礼拜时的奉献外，在帕色基督教堂大门口还分别设置了两个奉献箱，分别为主日奉献箱和十一奉献箱。根据我在田野调查过程中的观察，下午来礼拜的人中大多数进入教堂后会往奉献箱里面放钱，甚至有些带了米或者油直接放在奉献箱上。而在上午的礼拜中，奉献的情况则很少见。教堂的若干工作人员也证实了这一点：帕色基督教堂的经费有90%以上是来自缅甸的信徒奉献。关于奉献的问题，缅甸克钦人是这样认为的：

DM："中国这边教会的情况我们就不知道了，在缅甸的情况是我们收入的十分之一是全部要交给KBC的。KBC是我们克钦基督教的总会，他们会用我们奉献的钱做爱心，哪里有什么事情他们都会过去帮忙。我们在中国是有些时候交，有些时候交在我们那边。因为这边毕竟不是我们的国家嘛，在中国我们只是过来做生意而已，我们还是要回去缅甸在的嘛。别人我倒是不知道，但我是这边和那边都会奉献。"

ZN："奉献主要是为了感恩神。但是如果是按照律法的规定，有些地方是遵守不了的。比如说在农村种了一棵辣椒树结了十个果，难道摘一个给上帝么？所以奉献就是一个大概。另外奉献也不挑地点，只要在教堂里面都可以,有时候这个钱也用于传福音和宣教。十分之一奉献虽然不是死规定,但是作为基督徒是一种义务,是对神的感恩回馈。因为包括我们的身体都不是自己的,所以挣的钱其实也不是自己的,所以要奉献给神。"

NSH:"有些人觉得说十分之一奉献只能在教会里面奉献,但是如果我们仔细看了《圣经》就会发现它说的是按着需要来奉献。比如说你现在有很大的需要,我就直接帮助你了,不可能是我先交给教会,再由教会帮助你。另外十一奉献在旧约里面是义务,但是在新约的话其实已经不是限制在十分之一了,是在你自愿的条件下越奉献越好。有些时候我也会直接把十一奉献带回家给父母,因为父亲原来是做牧师的。"

以上几个报道人分别谈到了自己个人对奉献的看法,事实上在访谈的缅甸克钦人中,每一个人都确定地说自己在奉献,并且认为自己不得不这么做。当然,有些人觉得这是他们克钦浸信会(KBC)的规定,而作为这一组织的成员,奉献是应该履行的义务之一;有些人则认为这是《圣经》对自己的教导,是基督徒就必须按照《圣经》上的要求做;还有一些人似乎把奉献当成了一种习惯,来到了教堂做礼拜或者到了收奉献金的环节就拉开他们包装《圣经》的布质书壳,拿出早已准备好用作奉献的零钱。

2017年1月1日是帕色基督教堂比较特殊的一个礼拜日,因为它既是1月的第一个星期天,也就是发圣餐日,又是新年的第一天。同时帕色基督教堂还在这一天上午组织了一场洗礼。帕色基督教堂所采用的洗礼的方式是浸洗。在教堂旁边的一个不大的洗礼池中放上齐腰深的水,信徒跪在水中,一个牧师和一个长老分列两侧。在把信徒浸入水中之前,牧师会问:"某某某,你愿意接受耶稣基督为你的救主么?"受洗者答:"我愿意。"然后牧师和长老分别托住信徒的两只手,迅速将其向后浸入水中又拉起来。最后等所有信徒都受洗完毕后,由牧师带领大家一起做个祷告,洗礼就算完成了。当天受洗的信徒有 16 人,其中有汉族,有缅甸克钦人,还有一对缅甸佤族的青年男女,他们准备洗礼过后在教堂举行结婚仪式。

当天下午的礼拜照常开始。主持人首先让上午受洗的人坐到教堂第一排的位置,让前来礼拜的其他人能够特别认识他们,并为他们祷告。也许是因为日期特殊,当天来帕色教堂做礼拜的人尤其多。根据我当时在场的粗略估计,人数至少在一千以上。在田野调查期间发生的,类似于元旦节这样参加人数上千的活动还有 2016 年 12 月 25 日的圣诞节礼拜,以及 2016 年 11 月 11 日的感恩节、新米节聚会。

3. 团契活动

每周日除了全体的敬拜仪式,帕色基督教会还组织有父亲团契(弟兄团契)、妇女团契、青年团契、主日学、唱诗班,这些也都属于礼拜的一部分。其中,汉族的活动较少一些,只有唱诗班和主日学。而主日学并不区分汉族和景颇族,通常在周日上午 9 点的时候,孩子们聚在教堂一起学习《圣经》儿童知识,以及唱歌、跳舞等。当然,也不是所有来参加礼拜的缅甸克钦人都会加入父亲团契、妇女团契,或者青年团契中。

在一次访谈中，我特意询问了 KMD 他不参加青年团契的原因，他给出了如下的说法：

> 瑞丽教会这边年轻的都是缅甸那边有点钱的，虽然不是很有钱。瑞丽教堂那些年轻人都是有钱人的娃娃多嘛。他们就像是小娃娃一样不懂事，不懂礼貌。如果你说什么他们会说他们更知道的。然后他们不像我们这种感觉，玩的、说的话都不一样。你们中国这边的是很讲礼貌的嘛，见到比你大的都是要叫姐的啊什么的。缅甸景颇族也是很讲礼貌的，但是两边的是不一样的。我是过来这边之后学到了。

而另外一些人则认为不参加团体活动多数是因为没有时间。

ZKS："有些人不参加青年团契主要有两个方面的原因。一是生意上的原因，比如说有些缅甸来的去中国老板的店打工，他们星期天都不休息就没有时间去。二是自己不想去。像有些在中国老板的店打工的如果星期天去的话扣工钱，还要养家的话，收入上就有困难了。"

LX："不参加那个弟兄团契么是因为要送她（指 CY）早上过去礼拜嘛，刚好时间不对啦嘛。但是如果教会有什么事、有什么活动需要弟兄帮忙的，我都还是去。"

Kai："因为帕色这边我们也不是经常去，有些时候也去瑞丽这边乡下的教堂，或者回去缅甸。所以也就不太有机会参加这里的团契。"

SKD："以前么还是有什么活动也去的，现在么经历的太多了。年纪轻的时候想得也不多,现在是年纪一大把了自己家都还没有,所以很多瑞丽这边教会的也不很去。像我的话就是想法很简单,自己平平安安的,简简单单的信就可以啦。"

帕色基督教堂的父亲团契聚会是每周日的上午9:00左右开始,每周轮流在不同的弟兄家进行;妇女团契聚会则是在每周主日礼拜结束后在教堂进行,大约下午3:00左右开始;青年团契聚会是每周日的晚上7:00在教堂举行。以上三种团契聚会的形式和主日礼拜的形式大同小异,其实更像是一场场小型的礼拜会,只是在聚会时讨论和祷告的内容稍有区别。参加父亲团契的人都是结了婚的男性信徒,在团契时他们通常会讨论一些关于信仰、家庭、经济,以及时事政治方面的话题。妇女团契则是已婚妇女参加的聚会,大家通常会分享一些关于孩子、家庭、丈夫的话题。KT认为妇女经常在一起团契的好处是:"通过妇女团契,我们妇女可以从中得着力量!"而青年团契则是所有未婚青年男女都可以参加的聚会。很多在瑞丽的缅甸克钦青年都认为青年团契提供给大家一个一同侍奉上帝和交流学习的平台。他们认为青年团契第一是敬拜和侍奉主,第二是团结各地的青年,第三是联谊和交朋友。

当然,团契聚会和主日礼拜还是有很大不同。因为参加人数较少,而且互相之间也较为熟识的缘故,大家往往会在团契聚会的时候分享一些比较私密的故事,或者是为上帝"做见证"①。下面通过两个在团契聚会中分享的见证,直观地对缅甸克钦族人在瑞丽团契聚会的内容进行阐述:

见证一:有一对缅甸瓦城的克钦族夫妇,他们都是基督徒。有一次老公在从瓦城来瑞丽买货的路上遇到车祸死了。妻子很伤心,因为丈夫临走前没有与她告别,而且很多的后事都没有交代。妻子很着急,实在想不出其他办法了便去找了以前景颇族传统宗教的巫师,希望巫师能给她丈夫招魂,问到一些丈夫生前没有交代的事情。结果招魂仪式一开始,巫师就发现不对劲,说:"你老公不能叫,因为他是另一个世界的人。"也就是说,因为丈夫信了耶稣基督,他的灵魂已经去到了上帝那里了,其他的鬼怪是撼动不了他的。

见证二:帕甘有个玉石场,很多克钦族人都从帕甘找原石(玉石毛料)拉来瑞丽卖。有一种说法是去帕甘的那条路路途艰难,而且路上不干净,所以各种奇怪的事情都会发生。有一次一个基督徒在去帕甘的路上突然生病了,后来越来越不行了。在他断气之前他说希望车上的人帮他祷告。刚好当时大巴车上有个牧师,于是就帮他代祷。最后这个人是面带着笑容死去的。

信仰基督教的人通常觉得和神建立了个人关系,在日常生活中会时刻感到与神同在,甚至在特定的时候会接收到神的特殊启示。"对

---

① "做见证"在基督教里面的意思是指把耶稣基督为了救赎罪人被钉十字架的内容去传给别人听,也指信徒们把自己得到耶稣救赎的经历告诉别人,目的是证明耶稣基督是真实存在的。现今的基督教教会的团契多有见证和分享的部分,目的是彼此在信仰方面相互鼓励。

信徒而言，神的存在不再是理论问题，而是个人的切身体验了。"①总之，做见证在基督教中是一种常见的坚定信仰的方式，而又加之见证的内容往往与自己生活的状况密切相关，所以在瑞丽的缅甸克钦人这一群体中体现出来的就是，他们不仅在团契聚会中坚定了自己的宗教信仰和民族意识，同时也通过团契活动中的见证和分享加固了彼此间的情感纽带和社会联系。

ML 是经常参加父亲团契的一员。他从 90 年代开始就已经往返缅甸和中国做玉石生意了。只要他人在瑞丽，帕色基督教堂的所有活动他都会参加。ML 曾向我介绍说现在他们父亲团契里面比较熟的十多个人正在进行一项合资：

> 每人平均拿出几万块合起来。然后这笔钱放在那里，就是合资款。比如有人看上一块石头了，觉得可以做，那么他可以随意地动用这笔钱拿去买。不需要经过大家同意，只要他觉得可以买就行。那么买了石头之后卖出去了，赚得的钱拿出一部分给教会（指瑞丽市帕色基督教会），再拿出一部分做我们弟兄团契的活动经费。其余剩下的钱则由几个合资的人平分，当然实际操作的人会多分到一些。但是如果用这笔钱投资亏了，或者在一年之内石头都卖不出去，损失就由那个人全部承担。亏了多少钱都由他自己拿出来还进去。

很明显，通过这样一种方式由宗教礼拜活动所产生的人际关系逐

---

① 里程：《游子吟——永恒在召唤》（简体版），海外校园杂志社、新加坡逐家文字布道会联合出版及发行，2007 年，第 18 页。

渐转变成了一种社会关系，甚至是一项经济资本。在瑞丽的缅甸克钦人之间的联系也不再仅限于每周的主日礼拜活动和团契聚会。在经济合作的基础上，宗教生活的联系被扩展到了世俗生活的领域。反之，共同的基督教信仰以及都是缅甸克钦族人的身份又加固了这样一种经济合作的稳定性。

相似的情况也同样发生在缅甸克钦族青年人的身上。之前简要提到过 XLG 和 ZKS 合伙在瑞丽开了一个卖玉石毛料的店铺，而 GR 在这个店铺里面也有一点投资。另外，包括 LZD 在内的其他伙伴则可以将自己找来的石头放到 XLG 和 ZKS 的店铺里面卖。实际上，XLG、ZKS、GR 和 LZD 他们彼此之间在来到瑞丽之前都是互不相识的，他们相识的地点正是在帕色基督教堂。在一次访谈中，我询问了 ZKS 他们是如何决定开始一起做生意的，他给出了如下的回答：

就是先在教会里面，青年团契呀这些相互认识。然后觉得好处了，处得来了就开始慢慢接触更多，然后就一起做生意了。有一次我独个去帕甘，结果在那里和 LZD 相遇了，就聊了一些生意什么的。

另外，即使是不怎么参加团契聚会的缅甸克钦人也表示他们的经济生活或多或少受益于帕色基督教会提供的社会关系。

WJW 和 Kaira："比如我们刚到瑞丽的时候，就是教会里面的弟兄姐妹帮忙卖玉石。我们跟好多这边的弟兄姐妹一见如故。如果跟非基督徒的话可能就没有这种感受，也没有那么多信任把玉石交给对方去卖。神通过他的牧者，在教会里面做了彼此的介绍。比如我和你过去不认识，但我们一起去了教会。如果我有什么困难，我跟牧师讲，牧师可能认识另外一个人可以提供帮助的，就相互介绍认识了。在教堂里面有各种各样彼此帮助的方式和渠道，教会就是一个平台，我们能认识很多人。"

KMD："现在瑞丽教会那边的知道我在这里上班的，好多人身体不舒服都是来找我，我帮他们按摩好的都好多。那个 SR 你认识的嘛，她脖子不舒服，也是来找我帮她按。"

NSH 和 Kai："我们在教会里面没有宣传我们的生意，只是在那里彼此介绍认识的时候就会互相说到彼此的职业。然后慢慢地一个传一个就有了现在的客户。不过来我们这里做衣服的现在大部分是瑞丽当地这边寨子里的人，比如寨子里要搞什么活动，组织迎宾队这些他们统一需要服装的时候，等等。瑞丽教会那边的话是有些会来，有些也没有来。今年（2016 年）5 月份在密支那那边搞了 KBC 妇女培训大会，那个时候瑞丽教会这边妇女（指在瑞丽帕色基督教堂做礼拜的缅甸克钦妇女）也去了一些，但她们没有来这里做衣服，而是去了另外一家。那个另外一家他们倒是经常在帕色做礼拜。"

综上所述，祈祷、礼拜、团契活动是生活在瑞丽的缅甸克钦族人最普遍和常见的宗教生活形式。祈祷主要强调个体的宗教仪式行为，个体可以通过祷告获得内心的安慰和对现实矛盾的消解；礼拜聚会和团契活动则重点突出宗教仪式的社会性和教会的社会功能，教会在发挥宗教作用的同时，同样重要的是为来到瑞丽的缅甸克钦人提供了社会交往、个体互动，甚至经济往来的入口。

4. 家庭祷告会

这里将要论述的跨境缅甸克钦族人的家庭祷告会是区别于上一部分提到的礼拜聚会和团契活动等，活动范围更小、更集中的聚会。如果说礼拜和团契是属于基督教的宗教特色，那么家庭祷告会则更加体现了生活在瑞丽的缅甸克钦人如何将基督教民族化、本土化，并且在跨境生活中很好地运用这一具有景颇族特色的基督教生活方式。

一般情况下，举行家庭祷告会的缘由有很多，或是家庭里面有成员过生日，或是家庭中有人出生或死亡，或是恰逢新年伊始或年终岁末，或是家庭中有值得庆祝和祷告的事情发生等等。当然也有一些家庭在举办家庭祷告会时没有任何特殊的祈求或者原因，仅仅是出于人情或者聚会的需要。比如 LJ 在讲述他们家举办过的家庭祷告会时说："我也是父亲团契的嘛，父亲团契刚好轮到我了么就在我们这里搞了嘛。"

在田野调查的过程中，我参加过数十场家庭祷告会。其中包括关于孩子满月的、过生日的、新年伊始求平安的、消灾祈福的、家庭发生重大变故的等等。以下将以两场家庭祷告会为例进行详细阐述，它们分别发生在 2016 年圣诞节前夕，以及 2017 年新年伊始。

表 2 跨境缅甸克钦人的家庭祷告会

	生日家庭祷告会	新年家庭祷告会
举办时间	2016 年 12 月 18 日（星期日）	2017 年 1 月 8 日（星期日）
举办事由	为儿媳妇举办的生日祷告会	庆祝男主人回家以及为新年祷告祈福

续表

	生日家庭祷告会	新年家庭祷告会
步骤	一、主持人主持家庭祷告会开始,并用汉语念了一段圣经经文。	一、主持人主持家庭祷告会开始,并为这场家庭祷告会进行交托祷告。
	二、全体参与者唱诵景颇文赞美诗。	二、全体参与者唱诵景颇文赞美诗。
	三、主人家说明本次家庭祷告会需要代祷的事项。	三、主持人询问本次家庭祷告会需要帮忙代祷的事项,然后由主人家说明。
	四、由诗班献唱赞美诗。	四、由 ZN 进行个人献唱。
	五、主持人让大家准备奉献金进行奉献,奉献过后则是为奉献金祷告,意为将奉献金交托给上帝。	五、主持人宣布由帕色基督教会的杨老师为奉献金祷告。(ZN 献唱的过程中,参与者们已经自行完成了奉献的环节。)
	六、由帕色基督教会的棍腊央老师为主人家需要代祷的事项进行逐一祷告。	六、由诗班献唱赞美诗。
	七、本场家庭祷告会的记录者 KN 念出她所记录的本场祷告会的参与人员名单、祷告会事由等。	七、帕色基督教会的棍腊央老师为这个家庭所需要代祷的事项进行祷告。

续表

	生日家庭祷告会	新年家庭祷告会
	八、帕色基督教会的棍腊央老师给主人家发请柬，邀请这家的女主人为即将到来的圣诞节大型聚餐活动做主厨。	八、青年团契献唱。
	九、由主人家邀请来的缅甸牧师进行正道分享。	九、事功报告，即主持人通知家庭祷告会的相关事项，包括下周家庭祷告会的相应安排等。
	十、为过生日者祷告、唱生日歌、吹蜡烛。	十、由帕色基督教会的TNN进行正道分享。
	十一、为接下来的饭食进行祷告。	十一、全体献唱赞美诗、念诵主祷文。
	十二、全体献唱赞美诗、念诵主祷文。	十二、主人家邀请前来参加家庭祷告会的人留下来享用他们提前预备好的饭食。
	十三、牧师给予祝福。	十三、由帕色基督教会的排老师为接下来的饭食进行祷告。

资料来源：田野调查期间记录整理，2016年12月至2017年1月。

实际上就程序和形式而言，家庭祷告会类似于小型的礼拜活动。

只是相较于集体性质更为突出的团契聚会而言，家庭祷告会更强调的是以特定的家庭为中心所举行的祷告仪式。通常情况下，多数家庭祷告会选择在星期日的下午举行。在主日礼拜活动以及妇女团契聚会结束之后大家相约前往举办家庭祷告会的人家中。计划举办家庭祷告会的家庭可能会提前告知教会，并由教牧人员在主日礼拜的事功报告时进行通知。也可能在主日礼拜结束后，他们找到与自己相熟的人邀请对方稍后去自己家里面参加祷告。

表2中所描述的新年家庭祷告会是由DM家举办的。当天下午主日礼拜结束后，先是DM的妹妹AX找到我，说他们家今天举办家庭祷告会，让我一会儿过去。当我问到他们家举办这场家庭祷告会的原因时，AX回答说："因为我姐夫回来了么，又是新年了么，就祷告一下。感谢去年上帝保佑我们家平安度过一年，今年祈求家庭平安呀这些。"稍后我在教堂门口碰到了DM，她又再一次地告诉我他们家今天举办家庭祷告会的消息，让我一会儿过去。DM说："我们家一下有那个家庭礼拜，来嘛。等的妇女团契完了么，你跟我过去，我们有得车子呢。"举办家庭祷告会的家庭通常以口头邀请的形式通知教会的信徒和朋友。在我访谈的所有报道人中，大家都一致认为如果有人邀请你去他们家参加家庭祷告会，你有时间就去，如果有其他别的事情而没有时间，就可以不去。帕色基督教会的老师棍腊央提到说：

> 你到后面会慢慢发现，经常参加家庭祷告会的也就是那些，那么二三十个人。比如他们有些在缅甸就经常参加这些教会活动的，那么到了瑞丽后也就会积极地参加。如果在缅甸就很不参加

的，来了瑞丽后也不怎么参加。而且如果别人家举办家庭祷告会你都去了，那么你差不多时间也会想着要举办一次。如果别人家举办家庭祷告会你都不去，一段时间后人家也可能就不喊你了。

因为通常在家庭祷告会的仪式结束之后是由主人家提供餐食，请前来参加聚会的朋友们吃饭。所以家庭祷告会除了包含宗教活动的性质之外，也是生活在瑞丽的缅甸克钦人互相之间的人情交往活动。就类似于别人家请客请了好几次，自己家也应该请一次客的感觉。

在家庭祷告会时主人家提供饭食的形式是具有景颇族特色的"绿叶宴"，即用绿色的大芭蕉叶将煮熟的饭食分类包裹起来并分装在塑料袋中。等到吃饭的时候便一袋袋地分给每人。通常每家准备的饭菜基本上大同小异，会有一包米饭、一包春菜、一包鸡肉或猪肉、一包咸菜等。而多出来的饭菜则可以由来参加家庭祷告会的人带回家。

表2所提到的两场家庭祷告会的举办事由分别是为了给家庭中的儿媳妇庆祝生日和庆祝男主人回家（出狱）以及为了新年祈福。实际上，主人家说的代祷事项往往会更为具体和烦琐。例如表2的生日家庭祷告会。主人家在说代祷事项时除了首先说明这场祷告会是为了给儿媳妇过生日外，还讲述了其他很多一些零碎的事情。其中就有提到说他在八莫有个姑妈最近身体特别不好，希望帮忙祷告她平安；他还有些亲戚在帕甘做玉石，希望帮忙祷告他们生意好等等。另外在由DM家举办的新年家庭祷告会中，主人家即DM的老公MC在陈述代祷事项的时候则说到自己前几天刚从戒毒所坐牢出来、刚回家，所以希望举办一个家庭祷告会为这个家庭祷告、祈福，也算是代表一个新的开始。因为无论是自己的妻子、母

亲，还是丈母娘都对自己很好，很感谢她们。另外妻子的妹妹 AX 两个月前新婚，也希望祝福他们小两口的家庭等等。

总的来说，家庭祷告会是一种范围较小的宗教聚会。通过不定期地举办家庭祷告会，在瑞丽生活的缅甸克钦人不仅可以维持和巩固彼此间的人际关系，也能表达和重塑民族的精神状态和人生理想。菲儿·朱克曼在《宗教社会学的邀请》一书中讨论宗教聚会时提到说，宗教确实涉及信仰和精神奉献，但它同时也牵涉到社会群体的归属问题，也就是说即使有些人缺乏信仰、不信上帝、从不祷告，但却依然冲着这类成员身份所能分享到的社交和公共乐趣去参加聚会。①当然，自诩虔诚的宗教信徒大概是不会赞同这一观点的。即使他们承认宗教聚会所包含的人际交往的成分，也会坚决强调宗教聚会的主要目的在于彼此在属灵方面的相互鼓励。

5. 婚礼

对于在瑞丽生活的缅甸克钦人而言，婚礼是一种比较常见的带有宗教性质的聚会。通常情况下，举行一场婚礼至少需要有一位主持人，一位牧师和一位讲道的老师。婚礼举行的场所则不仅限于教堂。实际上，大多数的婚礼都是在瑞丽市区各个大大小小的饭店进行。人们觉得先到教堂举行仪式再去饭店吃饭，会带来不必要的麻烦，不如直接在饭店举行整场婚礼仪式。

---

① 菲儿·朱克曼：《宗教社会学的邀请》，曹义昆译，北京：北京大学出版社，2012 年，第 14—18 页。

表3 跨境缅甸克钦人的婚礼仪式

步骤	名称	内容
一	主持人宣布婚礼开始	新郎出场。
二	迎接新娘	由父亲/至亲将新娘交给牧师。
三	献唱	演唱迎接歌曲。(演唱者可以是教会的诗班、团契,也可以是亲戚朋友)
四	读经文	通常由主持人选择《圣经》中关于婚姻家庭的一段经文诵读。
五	交托祷告	即为开场祷告,把这场婚礼交托给上帝,祈祷整场婚礼顺利举行。
六	正道分享	正道也作讲道,即选择《圣经》中一段相关经文讲解其中的含义,起到教育和警醒新婚夫妇的作用。
七	献诗	献唱赞美诗歌。(演唱者可以是教会的诗班、团契,也可以是亲戚朋友)
八	宣誓	由牧师主持新郎、新娘对婚姻进行宣誓
九	签名仪式	新郎、新娘、伴郎、伴娘、牧师、证婚人在结婚证上面签字,签字后代表结婚证生效。

续表

步骤	名称	内容
十	献诗	献唱赞美诗歌。(演唱者可以是教会的诗班、团契,也可以是亲戚朋友。)
十一	祷告	牧师为这一新缔结的婚姻祷告,祝福新婚夫妇白头偕老等。
十二	事功报告	主要是邀请前来参加婚礼的人随后留下来或去特定的地点用餐。
十三	唱赞美诗	全体齐唱赞美诗。
十四	祝福祷告	牧师最后给予新婚夫妇祝福。整场婚礼仪式结束。

无论是在教堂还是在饭店举行仪式,缅甸克钦人的婚礼程序大致如表3所示。在仪式结束后通常是请客用餐。表3中提到的步骤五、六、十一、十四这些涉及祷告和讲道的部分基本上由牧师、长老,或者其他教牧人员完成,而步骤三、七、十关于献唱的部分则由来参加婚礼的亲戚朋友或者教会的信徒完成。如果是婚礼规模比较大,请的客人比较多,则会有来自不同地方的、代表各地教会的信徒组成唱诗班进行献唱。有时甚至在一场婚礼中会请到三四个牧师分别在不同的环节进行祷告。而最后给予祝福祷告的牧师是整场婚礼的主牧师,也是在结婚证上签字的证婚牧师。如果整场婚礼的规模比较小,来的客人也并不是很多的话,则会缩减一些步骤。另外还值得特别一提的是表3中列举到的步骤三与步骤七、十、十三虽然都是为婚礼献唱歌曲,但往往在步骤三所演唱的歌曲是具有传统景颇族民族特色的迎亲歌曲,

而在步骤七、十、十三所演唱的歌曲则为具有基督教宗教特色的赞美诗歌。由此也可以看出缅甸克钦基督徒的宗教生活并不是全基督教化的，而是融入了传统景颇族民族特色与地方特色的本土化之后的宗教生活。

三年前LJ在瑞丽的一家傣味餐馆结婚，请了缅甸的两个牧师和中国帕色基督教会的一个教牧人员共同帮他主持婚礼仪式。LJ说他们缅甸克钦人结婚是有两个证，一个是缅甸国家给的结婚证，另一个是教会里面发的。如果是教会给的结婚证的话就需要请牧师、长老过来做婚礼仪式的见证，并在结婚证上签字后才算生效。牧师和长老做见证的婚姻只能是结婚的双方都是第一次结婚的情况，而且教会给予了结婚证就代表这段婚姻永久有效，不能够离婚。

LX和CY则是六年前在瑞丽的一家川味饭店请客结婚。帮他们主持婚礼的是来自缅甸的一个牧师和一个长老，以及一个瑞丽帕色基督教会的教牧人员。他们是先在家里举行婚礼祷告仪式，然后才去饭店吃饭。类似于LX和CY的这种情况，来到家里参加婚礼祷告的多为教会的信徒，而其余不信仰基督教的朋友、亲戚会直接去到饭店。

三研究的访谈对象有将近一半为已婚。其中只要是较为年轻一点的并且婚龄不长的均是从缅甸请牧师来到瑞丽为他们主持的婚礼。比如AL、AX、DM、LH的婚礼都同前面提到的LJ和LX的婚礼相似，均是请缅甸的牧师过来到瑞丽为他们证婚，同时婚礼当天也会请到一些帕色基督教堂的教牧人员参与婚礼仪式。

关于为什么大家都倾向于请缅甸牧师过来瑞丽为自己主持婚礼的问题，我访谈过很多缅甸克钦人。有人觉得无论是请中国的牧师还是缅甸的牧师都是一样的，只不过他们刚好和缅甸的某个牧师相熟就请他过来帮自己主持婚礼。另一些人则认为，请缅甸的牧师是因为他们可以颁给缅甸的结婚证书，中国牧师就不可以，没有这个权利。另外，缅甸那边的牧师可能也比较了解缅甸婚礼的程序。在我田野调查的过程中，恰逢一对缅甸克钦青年男女结婚，他们的婚礼仪式是在帕色基督教堂举行的，请的就是中国的牧师。随后我了解到，其实缅甸克钦人在瑞丽举行婚礼是可以请中国的牧师为他们主持的。只不过需要多一道程序，就是瑞丽这边的教会需要提前跟缅甸的教会联系，取得缅甸的结婚证书。随后在婚礼仪式的过程中，中国的牧师在结婚证上照常签上字（参考表3：步骤九）即可。也就是说缅甸的结婚证书也承认中国牧师的签字。

那么为什么大多数在瑞丽结婚的缅甸克钦人还是倾向于请缅甸的牧师来为自己主持婚礼呢？答案似乎呼之欲出："因为他们是缅甸人呀。当然什么事情都想着请缅甸的牧师嘛。"这是一个和缅甸克钦人互动较多的中国景颇族青年给出的答案。而这一答案似乎也暗示着中缅国境线两边的景颇族不言而喻的国家认同和民族认同。

此外，需要特别说明的是作为宗教生活的一个重要组成部分，丧礼是必不可少的一个环节。但在田野调查中发现，生活在瑞丽的缅甸克钦人多为50岁以下的青壮年，死亡对于他们来说尚显遥远，而一般到老年亦即60岁以后，大部分生活在瑞丽的缅甸克钦人会选择返回自己的原住地——缅甸去生活。另外，部分缅甸克钦人也表示即使是在瑞丽遭遇不幸而早逝，丧礼也只会回缅甸去举行。因此，在本文的研究中，跨境缅甸克钦人的丧礼这一宗教生活内容成了一个缺失。

四、跨境缅甸克钦人的宗教生活解析

综观以上几个部分的民族志记录可知,跨境到瑞丽的缅甸克钦人进行宗教活动的场所主要在帕色基督教堂,宗教活动的形式有主日礼拜、团契聚会、家庭祷告会、献唱赞美、宗教庆典等,参与宗教活动的人群则是包括了所有克钦男女老少在内。对跨境缅甸克钦人的宗教生活进行解析,需要从宗教生活对于跨境流动的缅甸克钦人的功能和意义入手,以缅甸克钦移民的宗教适应性为分析对象,探讨基督教信仰生活与缅甸克钦人跨境流动之间的关系。另外,由于跨境的缅甸克钦人具有移民和跨境民族的双重身份,所以还需要在讨论宗教适应与认同的基础上,对民族认同、国家认同,以及跨境宗教活动与宗教渗透和国家边境安全的关系等问题进行思考和论述,并透过跨境缅甸克钦人的宗教生活反思宗教生活对世俗生活的指导意义。以宗教生活洞察世俗生活,以跨境缅甸克钦人的宗教活动和社会交往反观当今社会人们的行为和思想,来展现一个观点,即无论世界如何发展,人们终究还是要给自己的生活寻求一个终极意义,而宗教在其中的位置不可或缺。

1. 宗教生活与跨境迁移

在西方宗教社会学的研究中，一般从"补偿""结合"与"世俗"三个出发点来评价宗教的社会功能。"补偿"即宗教是连接人类社会的重要纽带，起着不可取代的社会补偿作用，而"结合"认为宗教起着团结整个社会的作用，"世俗"则认为因宗教价值观及伦理观的不同，从而形成了社会结构及经济行为的不同。宗教生活是宗教理念在人们日常生活中的行为体现，同时也展示了宗教所发挥的社会和文化功能。

社会整合功能是宗教社会功能的核心。因为"宗教明显是社会性的。宗教表现是表达集体实在的集体表现；仪式是在集合群体之中产生的行为方式，它们必定要激发、维持或重塑群体中的某些心理状态"①。不同的个体通过相同的宗教信仰与集体的祈祷与敬拜仪式形成共同的价值观，以及对共同身份的认同感和归属感，宗教组织便具备了凝聚社会群体的功能。实际上，社会本身就是具有整体性的，而个人乃是在社会这个大环境下被塑造而成。在某种程度上，无论个人意愿如何，都需要按照符合社会标准的行为规范行事。

在田野调查中几乎所有被采访人都表示过类似的观点：基督徒的习惯就是无论去到哪个地方，先住下来、安顿好，然后就是找教堂，找到了一个教会就是找到了在当地的归属。瑞丽市帕色基督教会就在跨境缅甸克钦人的宗教生活中发挥着这一功能。它将跨境到瑞丽的缅甸克钦人聚拢起来，提供给他们过集体生活的平台。也将来自缅甸不

---

① 爱弥儿·涂尔干：《宗教生活的基本形式》，渠东等译，北京：商务印书馆，2013年，第11页。

同地方、信仰不同教派基督教的缅甸克钦人整合起来，赋予他们在异乡一个统一的、特定的身份标识。反之，这一特定的身份标识则在跨境的缅甸克钦人集体内部起到了不断强化和巩固的作用。"每个集体成员都能够感到，他们有着共同的信念，他们可以借助这个信念团结起来。集体成员不仅以同样的方式来思考有关神圣世界及其与凡俗世界的关系问题，而且还把这些共同观念转变成为共同的实践，从而构成了社会，即人们所谓的教会。"①

当然，最能体现宗教的社会整合功能的还是宗教仪式。仪式是社会群体定期巩固自己的手段，因为集体、情感、气氛等种种因素能构造出道德和社会集体感，从而激发信众关于共同信仰的集体记忆。②仪式所涵盖的社会整合功能是多层次、多方面的，它既是个体表达情感的渠道，又是群体强化集体意识的手段。本文论述到跨境缅甸克钦人宗教生活的五个内容，即祈祷、礼拜、团体活动、家庭祷告会和婚礼，既属于跨境缅甸克钦人日常宗教生活的范畴，又是他们践行宗教信仰的仪式。通过祈祷、礼拜、团契、婚礼、家庭祷告会等宗教活动以及仪式行为实践，跨境生活的缅甸克钦人一方面可以强化和延续业已形成的信念和价值观，甚至是民族身份，另一方面可以调节由跨境带来的世俗生活的暂时失序状态，重新整合自身、信仰和日常生活。总之，宗教生活的社会整合功能表现为使具有共同信仰的跨境缅甸克钦人，定期或不定期地相聚到同一地点进行集体的宗教敬拜仪式和宗教聚会

---

① 爱弥儿·涂尔干：《宗教生活的基本形式》，渠东等译，北京：商务印书馆，2013年，第54页。
② 罗惠翾：《从人类学视野看宗教仪式的社会功能》，《新疆师范大学学报》（哲学社会科学版）2009年第1期。

活动。由此相应的群体凝聚力、社会身份标识和普遍的价值法则得以在跨境缅甸克钦人这一特定的社会群体中成型。

无论是每周在瑞丽市帕色基督教堂如期进行的主日礼拜和团契聚会，还是不定期举办的家庭祷告会和宗教庆典等都是开放的宗教活动，在瑞丽的缅甸克钦人几乎是以参加这些宗教活动的方式加入特定的集体中。缅甸克钦人跨境来到瑞丽生活主要是受到经济因素的驱动，为了追求更好的世俗生活。来到瑞丽后找到当地的教堂参与宗教活动则是出于生活习惯和情感需要，为了维持跨境之前的生活惯性和对神圣理想的追求。最终的结果是帕色基督教堂/教会聚集了很大一部分跨境来到瑞丽的缅甸克钦人，这里成了他们集体交往的入口和平台。而由共同的宗教信仰产生的教缘关系也逐步转化成了一种以神圣信念为名的社会关系。

拉德克里夫·布朗在对他早期的作品《安达曼岛人》做总结的基础上，提出如下关于宗教的社会功能的观点："社会成员头脑中的某些情感不仅是人们有序的社会生活的决定因素，而且它还控制着个体与他人之间的行为。对这些情感的有规则的象征性表现就产生了仪式。因此，仪式特定的社会功能就表现在它对这些社会情感的作用方式上，仪式对这些社会构成所依赖的社会情感在某种程度上起着调节、维持和代代传承的作用。因此，我冒昧地提出一个普通公式，即无论宗教在哪里，它只是人们对自身以外力量的一种依赖感的不同体现，我们称这种力量为精神或道德力量。"[①]宗教所发挥的集体交往功能建立在

---

① 拉德克里夫·布朗：《原始社会结构与功能》，丁国勇译，南昌：江西教育出版社，2014年，第142页。

宗教的道德规范作用之上，而宗教的道德约束力又是宗教社会控制力的一种形式。宗教信仰通过仪式表现强化了社会情感，社会情感进而决定社会秩序，而社会秩序规定社会规范和一定的道德准则。在这样一个通过宗教而形成的有序的社会关系之下，社会中的个人良好地进行互动交往，并且通过社会的内聚力和连续性，也就是宗教的社会整合功能得以相互依赖，最终形成有机的集体。

跨境的缅甸克钦人就是这样一个有机的集体，他们的宗教生活也就是他们的社会生活。或许他们自己并没有意识到，但实际上缅甸克钦人在跨境迁移的过程中充分利用了宗教。移民和移出国之间保持联系的一种方式即是通过参与跨国宗教实践，从而使相应的宗教团体得以在移入国产生和被强化；宗教在跨国移民身份建构的过程中具有关键作用，也就是制造共同的价值形态；移民也会利用宗教认同和宗教实践建构双重身份，也就是对移出国和移入国之间双重的归属感。①

此外，宗教的情感共鸣功能也不容忽视。它实际上蕴含在宗教文化功能的层面，因为宗教与人类的基本需要有着内在的联系。"文化对于宗教的需求虽然是衍生的和间接的。但宗教最后却是深深地生根于人类的基本需要，以及这些需要在文化中得到满足的方法之上。"②宗教可以消解世俗生活中所产生的困惑、忧虑与挫折，个人将内心情感依附于宗教信仰的时候也就是寻找情感共鸣的时候。不可否认，在某种程度上宗教的情感共鸣功能体现了一种"集体意识"以及宗教仪

---

① Levitt, Peggy. 2003. " 'You Know, Abraham Was Really the First Immigrant': Religion and Transnational Migration." *International Migration Review* 37 (3): 847—873.
② 马林诺夫斯基：《文化论》，费孝通等译，北京：中国民间文艺出版社，1987年，第79页。

式对于群体情感的唤起作用。然而，这里将着重从宗教能满足个人心理需要的角度，解析宗教生活对跨境缅甸克钦人在个体和文化上所起的作用。

"人类生活上的每一重要危机，都含有情绪上的扰乱，精神上的冲突和可能的人格解组……所以，宗教信仰满足了一种固定的个人需要，这需要乃为社会组织所连带的心理上相配部分所造成。另一方面，宗教信仰及仪式使人生重要举动和社会契约公开化，传统地标准化，并且加以超自然的裁认，于是增强了人类团结中的维系力。"[1] 对于缅甸克钦人而言，跨境的过程即是他们生活上的一项重要危机，而宗教生活在于将个人在这种情绪上的扰乱和精神上的冲突所公开化和标准化，因此跨境的缅甸克钦人变成了一个有共同情感特征的群体，而群体中由宗教信仰所激发的情感共鸣又促进了他们团结中的维系力。

此外，迁移和频繁的跨境流动加剧了缅甸克钦人的疏离感、陌生感和孤独感，他们迫切地需要在异乡找寻情感的归宿和对未来的寄托。而宗教生活则恰好能满足跨境缅甸克钦人这一在个体层面上的心理需要，即对归属和爱的需要[2]。而在宗教文化对个体的归属和爱的驱动力量之下，缅甸克钦人便能更好地面对跨境迁移后的世俗生活。

综上所述，宗教生活在跨境缅甸克钦人中所发挥的社会整合功能、集体交往功能，以及情感共鸣功能都属于宗教在社会中和对于个人而言所发挥的积极的、正向的功能。然而不容忽视的是，宗教也会发挥

---

[1] 马林诺夫斯基：《文化论》，费孝通等译，北京：中国民间文艺出版社，1987年，第78页。
[2] 马斯洛：《动机与人格》，许金声等译，北京：中国人民大学出版社，2007年，第26—28页。

消极的、反向的功能。比如宗教使人逃避现实，消极处事；宗教仪式会产生大量不必要的花销；宗教信仰的不同可能会导致社会群体的隔阂；在宗教信仰者内部有发生敛财和贪腐的可能性，等等。就跨境缅甸克钦人的宗教生活而言，宗教的负功能则主要体现在对群体交往的阻隔上面。

帕色基督教堂/教会在这方面的功能似乎是一个悖论。因为将汉语礼拜和景颇语礼拜分开，无形中也就是将中国人（包括中国景颇族、傣族、汉族等）和缅甸克钦人分开，所以中国人和缅甸克钦人由于语言相异而产生的交往障碍也不会通过宗教生活得以缓释。反而是，随着缅甸克钦人通过宗教生活逐渐在他们自身群体内部积累了人际关系和情感归属后，也就越发地不会寻求对当地主流社会文化的主动融入。也就是说，跨境到瑞丽的缅甸克钦人与除了他们自身群体之外的人群互动较少，而宗教生活则促进了这种群体间的隔阂。

那么在这样的情况下，是否意味着在瑞丽的缅甸克钦人最终会被边缘化呢？宗教生活既然不能有助于跨境移民融入主流社会，那它对于缅甸克钦人而言又有着怎样的意义？从跨境缅甸克钦人的宗教适应性着手或许可以解决这些疑问。

长久以来关于移民和宗教问题的研究，学界的共识是认为宗教是新移民进行社会生活适应的一种手段，在陌生城市获取资源的一项社会资本，以及融入移入地主流文化的一条途径。从本文对跨境缅甸克钦人宗教生活的民族志记录中不难看出，多数来到瑞丽的缅甸克钦人主要是受到经济因素的驱动、迫于生计方式的压力，然后才是在宗教、社会、文化等很多方面进行主动或者被动的适应与认同。移民在建立新认同的过程中，从本土带来的习惯往往会形成障碍，再加之社会文化层面的认同通常是双向的，即个人认同的确立要建立在被特定群体所接受和认同的基础上，这在根本上是在情感和心理层面上实现的。①

跨境缅甸克钦人的宗教适应是一种在文化层面上的适应，包括有两个方面：一是对中国社会文化的适应，二是对中国宗教环境的适应。

由于瑞丽是一个边境口岸城市，历来有很多缅甸人通过姐告口岸频繁出入，所以来到瑞丽的缅甸克钦人其实并不会感受到特别大的文化差异冲击。一些直观的例子是：在瑞丽的很多饭馆和烧烤摊可以用缅甸语点菜；缅语培训的广告牌分布在瑞丽的大街小巷；城市里面随处可见穿隆基、夹脚拖，灰黑色皮肤的缅族人等。在我进行田野访谈的时候，一些报道人表示由于自己不会讲汉话，很抱歉不能直接地回答我所问的问题。一方面虽然自己来瑞丽很多年了，可是除了会说一些买菜时候用的或者跟玉石相关的汉话，其他的即使听得懂一些也表达不出来。而另一方面，缅甸克钦人认为自己并没有学习汉话的必要，因为在瑞丽这个地方缅甸人很多，景颇族也很多，说缅甸话或者景颇话都可以。

另外，以缅甸克钦人在瑞丽举行婚礼仪式为例。前面提到过，大多数缅甸克钦人在瑞丽举行婚礼要特意从缅甸请牧师过来主持，其中当然存在个人之间情感的原因，也包括国家认同、民族认同的因素。但如果从缅甸克钦人自身的视角出发，这也是他们维持原来生活习惯的一种方式，特别是在婚礼这样的大型人生仪礼上，越发需要做到符

---

① 陈纳：《移民的困境与宗教的补偿作用——关于"百合团契"的初步研究》，《世界宗教文化》2016 年第 5 期。

合传统规矩、尽善尽美。在此可以借用一个跨境缅甸克钦人的评论，直观地阐释这个现象的文化意涵："中国的牧师（指中国景颇族牧师）就不太专业，虽然他们在这边主持过的也不少，但不是我们缅甸人喜欢的那样。而且我们的婚礼程序那些他们也搞不太清楚。"[①]由此可知，跨境到瑞丽的缅甸克钦人在社会文化方面并没有刻意地寻求融入，反而是希望保持他们原来的语言和生活习惯。

此外，从跨境缅甸克钦人对中国宗教环境的适应性角度出发，则更能揭示出一些本质的矛盾。在瑞丽的缅甸克钦人的普遍观点是：就基督教信仰而言，无论是在全世界的哪个国家都是一样的；就宗教生活而言，瑞丽的和缅甸的相比还是有很多不一样的地方。比如在缅甸，教会时常组织一些活动，包括足球赛、野餐、歌唱表演等，而在中国活动就很少，而且教会组织活动需要经过堂点负责人员，甚至中国政府人员的同意。另外，还令缅甸克钦人困惑不解的是，为什么他们从缅甸请来的缅籍教会老师不能在帕色教堂上台带领礼拜。更有一些缅甸克钦人明确地提出，虽然中国相比缅甸在各方面的条件都好，但是他还是觉得宗教和政治应该分开，宗教不应该受到政治的监管。相比之下，另外一些缅甸克钦人则认为在中国就应该跟着中国的做法做，这边的教会安排什么就做什么，况且瑞丽市帕色基督教会的形式也跟缅甸的差不多。"帕色这边的跟我们缅甸的是一样的嘛，可能是因为我们缅甸人在的也多。我们那边是星期天上午 11：30 开始敬拜，这边是下午 1：00 开始，刚好就是我们 KBC 的时间嘛。讲道也是用的景颇

---

① 来自被采访人 NP。

语,其他的也是在学我们缅甸那边的。因为我们那边的毕竟是要好一点嘛。"①

根据教堂工作人员的统计,每周参与瑞丽市帕色基督教堂礼拜的跨境缅甸克钦人平均有 500 左右,而且教堂的经费有 90% 以上是来自缅甸克钦信徒的奉献。除此之外,他们还组织有妇女团契、弟兄团契、青年团契和主日学等聚会和活动。这些现象都表明尽管跨境缅甸克钦人对中国的宗教环境和政策看法各异,但他们在移入地的宗教生活在总体上还是呈现出了一副积极的态势。然而,这并不意味着跨境缅甸克钦人已经很好地适应了中国的宗教环境。事实上,正如他们并没有融入当地的社会文化一样,他们的宗教生活虽然显得格外热闹,却也局限在了缅甸克钦人群体内部。

基督教是世界性的宗教,虽然在不同的国家、地区有不同的宗教政策规约,对于不同的民族、群体有不同的对基督教本土化后的宗教生活方式。总的来说,跨境移民的基督徒身份是易于保存和延续的。尽管基督教传入克钦族人/景颇族社会的历史不过上百年,缅甸克钦族人已经很好地将这一外来宗教内化成了具有民族特色的文化内容。基督教甚至起到了保护景颇族传统民族文化的作用。因此,缅甸克钦人对宗教的认同其实也是对民族身份的认同。有不少报道人曾向我表示说,克钦人的身份和基督徒的身份不可分开,现在有关景颇族的民族文化的东西,在教会以外反而很难接触得到。所以对于缅甸克钦人而言,保持他们跨境之后的宗教生活也就意味着保持了民族特性。

---

① 来自于被采访人 XX。

另外，团契聚会对于跨境缅甸克钦人的意义不仅是如他们自己表述的那样，在信仰上面相互鼓励，更是他们进行宗教认同和寻找群体身份的社交场合。无论是在妇女团契中大家分享见证，讨论婚姻家庭的话题，还是在弟兄团契和青年团契中产生的经济合作关系，都表明跨境缅甸克钦人的宗教认同已经拓展到了经济和社会交往的领域，甚至构成了他们的情感认同和归属。

然而需要特别指出的是，跨境缅甸克钦人的宗教认同并不等于移民对移入地的文化认同和社会融入，这与以往学界关于移民的宗教生活研究产生了很大的区别。一方面，正如前面讨论过的，跨境缅甸克钦人倾向于保持原有的社会文化习俗以及宗教生活方式。另一方面，宗教信仰作为移民社会融入的因素扮演着多重的角色——既提供融入的可能，又会加重同一宗教来自不同地区信众之间的区隔感；既为迷失在城市中的新移民提供精神支持，又会促使其社交圈子受到原乡宗教组织与信仰群体的局限。[1]这在跨境缅甸克钦人的宗教生活中体现得尤为明显。缅甸克钦人在瑞丽的宗教生活似乎总是在追求以缅甸的方式进行，而参与他们宗教生活的群体也只局限在跨境缅甸克钦人内部。因此，在瑞丽的缅甸克钦人与汉族、傣族或者其他民族的交往并不多，他们的社会交往范围也被限制在了自身群体内部。

实际上，跨境缅甸克钦人的宗教认同并非是对基督教这一整体概念的认同，而是对具有缅甸景颇族特色的基督教文化的认同。虽然在他们跨境迁移到瑞丽后，不得不对宗教生活做出相应的调适，但我认

---

[1] 范丽珠、陈纳：《宗教信仰与城市新移民（乡—城）刍议——社会融入问题的另一个视角》，《世界宗教文化》2014年第2期。

为在相当长一段时期内，在瑞丽的缅甸克钦人将会继续保持他们跨境移民之前的宗教生活形式。而瑞丽这个城市特殊的地理位置和文化结构不仅使得跨境缅甸克钦人的这种宗教文化认同成为可能，也能和谐地包容跨境缅甸克钦基督徒这一身份象征符号。"宗教一方面将我们的符号资源的力量固定在实在的整体形式的权威概念中，以便形成分析性的思想，同时，它另一方面也将我们的符号资源的力量固定在普遍存在的宗教要旨、内在的格调和禀性的相似概念中，用来表达情感——心境、情绪、激情、感情、情感。"①

因此，跨境移民到瑞丽的缅甸克钦人积极参与宗教活动虽然并不能有益于他们融入当地的主流社会文化，但是却能强化他们群体内部的民族宗教认同感和共同的价值观念。跨境移民在迁移后构建的这种共同体关系虽然有被边缘化的趋势和可能性，但也是他们在移入地社会赖以生存的社会资本和情感依托。

2. 关于跨境民族宗教问题的一些思考

宗教问题与民族问题历来关系紧密，特别是在少数民族地区，宗教往往对民族的社会经济发展和精神生活具有深厚的影响。在中国，宗教与民族社会生活紧密结合，大多边疆地区的少数民族几乎是全民信教，宗教矛盾和民族纠纷、冲突日益成为影响社会安定、民族团结和国家统一的重要因素和敏感问题；境外敌对势力把民族、宗教问题上升为制造民族分裂、破坏中国统一的政治问题，对中国社会稳定和

---

① 克利福德·格尔茨：《文化的解释》，韩莉译，南京：译林出版社，2014年，第128页。

发展造成严重危害。①特别对于边疆少数民族地区而言,由于其特殊的地理区位,似乎成了境外宗教渗透的核心目标。

针对跨境民族的宗教问题,学界主要通过两个方面和两个层次展开讨论。一是通过研究跨境民族的宗教交往探讨跨境民族的宗教认同、民族认同和国家认同这三者之间的关系;二是在辨析认同问题的基础上进而探讨跨境宗教活动可能导致的宗教渗透问题以及国家边境安全问题。

有学者指出在中缅边境区域的很多跨境民族中都形成了事实上的基督教文化圈,而且跨境宗教活动频繁。然而我想在此特别强调的是,相同的宗教信仰并不等于相同的宗教认同,同是信仰基督教的缅甸克钦族人与中国景颇族之间也存在因国家和社会文化背景不同而产生的对基督教文化的不同理解和宗教生活的相互区隔。很多针对国境线内的跨境民族的研究都提及这样一种观点,即虽然跨境民族由于共同的族缘、亲缘,甚至宗教信仰而保持着频繁的经济与文化往来,但是当涉及民族国家的经济利益时,他们往往会表现出对民族和国家的向心力。中国的景颇族如此,缅甸的克钦族人其实也一样。很多缅甸克钦族人表示:中国毕竟不是自己的国家,在这里房子也是租的;瑞丽就好像是他们工作的地方一样,虽然还会在瑞丽生活很长时间,但是等到恰当的时候来到,他们终究是要回去缅甸的。所以,正如中国的景颇族认同自己是中国人一样,跨境缅甸克钦族人也始终认同自己是缅甸人。至于"缅甸人"的内涵指的是对缅甸国家政府的认同,还是对

---

① 张志刚主编:《宗教学研究指要》,北京:北京大学出版社,2003年,第495—496页。

克钦民族主义的认同，又另当别论。

关于跨境民族的民族认同和国家认同的问题，已经有不少学者从不同的切入点做过详尽的讨论和深入的分析。这些研究的共性是，往往基于我们国境线内的跨境民族开展，讨论的是中国的跨境民族的认同问题。而本文的突破是，将国境线之外的跨境民族的民族认同和国家认同纳入讨论范围，以期在更为宽泛的意涵上探讨与认同相关的问题。

和少英等学者认为跨境民族问题与边疆稳定紧密相连，跨境民族信仰同一宗教并有一定的共同文化内涵，境外跨境民族的宗教和文化，甚至相关国家的政策若发生变化，必然对我国的跨境民族产生复杂的影响，这种情况应引起我们的重视。①正是基于这些方面的考虑，探讨跨境宗教活动可能导致的宗教渗透与国家边境安全隐患就显得颇为重要。

宗教是一种意识形态，具有较强的渗透能力；宗教渗透是指敌对势力以宗教交流、传播等为掩护进行一系列有目的的活动，比如借助宗教把自己的思想意识和文化价值理念传播出去；宗教渗透的最终目的是颠覆我国政权和制度，破坏祖国统一，它是一种以宗教为幌子的政治活动而非宗教活动；宗教渗透的对象尤以跨境民族为首，境外宗教渗透对社会稳定和国家边境安全的威胁日益显现；云南跨境民族地区宗教渗透的方式和手段是：或者印刷大量宣传品到处散发，或者吸引教徒到境外神学院接受宗教培训，或者派人以各种各样的名义入境

---

① 和少英等：《云南跨境民族文化初探》，北京：中国社会科学出版社，2011年，第2—3页。

私设聚会点开展活动，或者利用经济技术文化合作交流等形式施加宗教影响等。①基于以上有关宗教渗透问题的定义和范畴，下面对缅甸克钦人的跨境宗教活动有可能导致的宗教渗透问题和国家边境安全问题做出具体分析。

有学者提出，在云南跨境民族地区尤以基督教的渗透活动最为严重，其中规模较大的渗透活动之一是缅甸"浸信会"总会的渗透活动，他们的渗透形式包括指派教牧人员，有计划、有指标地发展教徒，散发经书、组织"福音宣传队"进行宗教宣传等。②通过田野调查，我了解到目前在瑞丽市帕色基督教堂做礼拜的大部分信徒都自称属于KBC（Kachin Baptist Convention），即克钦浸信会，而克钦浸信会又是缅甸浸信会总会的一个分会。现在帕色基督教堂服侍的 TNN 就毕业于缅甸的 Nawng Nang 神学院③，获得神学硕士学位，她于2014年来到瑞丽，计划在这边教会服侍三年。TNN 在瑞丽帕色基督教会主要负责教会幼儿园、主日学，以及每周礼拜前的教堂装饰等事功，同她一道负责相似的教会工作的还有 NP 和 KN，她们均是缅甸克钦基督徒。为了让我了解 KBC 和她所读的神学院，TNN 向我提供了一些相关资料。

根据 KBC 青年团契宣传册和 Nawng Nang 神学院的简介，可以归纳以下一些信息：

---

① 张桥贵主编：《云南跨境民族宗教社会问题研究（之一）》，北京：中国社会科学出版社，2008年，第7—65页。
② 张桥贵主编：《云南跨境民族宗教社会问题研究（之一）》，北京：中国社会科学出版社，2008年，第59页。
③ 据报道人共佳介绍，KBC 在缅甸共开办有三所神学院，总称为 Kachin Theological College & Seminary，其中包括有 Nawng Nang 神学院、Wai Maw 神学院和 Kutkai 神学院。

KBC 成立于1910年，是一个大型的信仰组织，由15个团契、382个教堂/教会、428500名成员和海外克钦浸信会社团（Overseas Kachin Baptist Community）组成。缅甸国内的大部分克钦人属于基督徒。KBC 是缅甸浸信会总会（Myanmar Baptist Convention, MBC）的一部分，而缅甸浸信会总会又归属于缅甸基督教协会 Myanmar Council of Churches（MCC），同时也属于其他一些世界性的基督教协会组织的成员。

KBC 的15个团契都开展有丰富的社会活动。青年团契主要负责发展类项目，目的是为改善社区和社会环境。KBC 青年团契有40000名年轻成员分布在克钦邦和其他27个国家，形成了强大的基础社会网络。通过这些关系网络，KBC 青年团契就能够实施这一战略构想：营造一个可持续和充满希望的未来。

KBC 神学院的愿景是：忠实地传授神的道；使基督教领袖们具备为他的国奉献的能力；进行全方位教育，培养有大使命的灵魂。

其实任何宗教都有对外传播的倾向，宗教的发展离不开其信徒的发展，基督教尤其如此。基督教的福音传播方式更加具有主动性，教会生活也更为开放，加之《圣经》里面有"大使命"[①] 的教导，即基督徒有义务将福音传到世界各地，所以当具备了这些宗教特征的缅甸克钦基督徒跨境到中国后，又加之他们与中国景颇族是跨境民族的关

---

① 《圣经》马太福音28：16—20。

系，宗教渗透的问题就显得尤为突出。

然而，基于田野调查资料，我想提出这样一种可能性：跨境缅甸克钦人的宗教生活以及缅甸克钦人与中国景颇族之间基于个体层面的宗教互动仅仅作为社会文化交往而言不足以构成跨境宗教渗透，更不能对国家边境安全构成威胁，对中国和平稳定的大环境也几乎没有影响。首先，大部分缅甸克钦人跨境到瑞丽生活的首要原因是经济因素；其次，跨境的缅甸克钦人与包括中国景颇族在内的本地人无论是在社会文化交往还是在宗教生活方面均呈现出了明显的区隔；最后，即使是通过跨境通婚产生的大量长期在中国生活的克钦族缅甸媳妇也无法改变当地的宗教格局。

但是，同样不能否认的是，我在田野调查的过程中也确实观察到了一些零星的相关现象。比如有个别跨境缅甸克钦族人在帕色基督教堂分发印刷品和影像制品；有些许中国景颇族到缅甸的克钦神学院学习；也有一些来自缅甸的克钦族神职人员在瑞丽帕色基督教会服侍等。所以，如果严格地按照上文学者所定义的宗教渗透的方式和手段来划分，那么这些现象确实又暗含着宗教渗透的可能性。然而，大量的缅甸克钦族基督徒往返于中缅边境并参加中国教堂的宗教礼拜活动是正常的物质、文化交往，虽然其中可能夹杂着宗教渗透或威胁边境安全的不稳定因素，但通过有效的管理和疏导，可以避免或消弭这些渗透与威胁，促进边疆经济文化发展和社会和谐稳定。

3. 宗教对世俗生活的指导意义

"你们看那天上的飞鸟，也不种，也不收，也不积蓄在仓里，你们的天父尚且养活它。你们不比飞鸟贵重得多吗?"①——这是我的一个报道人 ZN 同我讲过的一句来自《圣经》的话语,以此来表明自己的生活态度。ZN 认为:"我们应当按照《圣经》的教导来生活,不要为明天的事情而忧虑,你看那天上飞的小鸟,它们不种也不收,可是照样无忧无虑地生活着。"我想这个例子正好诠释了宗教对跨境缅甸克钦人的世俗生活的指导意义。

宗教对于缅甸克钦人而言如此,对于当今世界的所有人也应当如此。此处倒不是有维护基督教的意图,实际上所有的宗教都提供着对现实的启示,即使不同宗教之间有着截然相悖的核心教义,宗教信仰的本质都是相似的。

"宗教是关于超人间、超自然力量的一种社会意识,以及因此而对之表示信仰和崇拜的行为,是综合这种意识和行为并使之规范化、体制化的社会文化体系。"②作为一种社会文化体系的宗教,不但具有相应的社会文化功能,还是一种维护社会统一、和谐的文化工具。

无论是在原始社会的氏族宗教中,还是在民族国家的国家宗教中,或是由个人选择其信仰而结成的教派组织中,全氏族、全民族以及全教派由于有着共同的信念,信奉共同的神灵,参加共同的宗教活动,从而产生把他们联结在一起的道德力量,形成规范化的宗教礼仪,它把整个宗教共同体的全体成员纳入一个具有共同信仰、普遍化的行为模式和统一的宗教体系之中,共同的教义和信念、规范化的宗教礼仪、神圣的宗教体制具有超越个人的权威,对其每一个成员的思想、信仰、

---

① 《圣经》马太福音 6:26。
② 吕大吉:《宗教学通论新编》,北京:中国社会科学出版社,2010 年,第 63 页。

行为和活动都具有神圣性的社会强制力，因此这些神圣的信念、禁忌规定和行为规范逐渐演变成为社会共同体的价值取向，形成社会的风俗习尚。①

宗教在论断神启的道德诫命、上帝至善、人性本善等人类道德观念的起源时，已经将其自身与道德紧密地联结在了一起，主张道德直接或间接地来源于宗教，即神是道德的源泉。规范人类的道德行为确实是宗教对世俗生活指导的一条路径。宗教中有关灵魂不灭、因果报应、天堂地狱、轮回转世等教义信条促使人们去恶向善，为自身选择道德的行为提供神圣的保证。各种宗教体系中所谓的道德，实际上有两个组成部分：一是涉及人—神关系的行为规范，如对宗教神灵的信仰、敬畏和爱，与宗教生活有关的宗教禁忌和戒律等；二是涉及人—人关系的行为规范，如佛、道教的五戒、十善，犹太教、基督教"十诫"中关于必须孝敬父母、不可杀人、不可奸淫、不可偷盗、不可作假见证、不可贪恋别人的妻子财物等规定，这在本质上是把世俗道德神圣化。②无论是以教义规定宗教生活的仪式还是通过将世俗的道德神圣化为宗教信条，宗教通过对神圣世界的掌控制约并指导着世俗世界，同时也为世俗世界中某些最为源远流长的疾苦给予神圣化的释义。

总的来看，缅甸克钦族人在瑞丽的宗教生活，一方面能为他们带来现实生活所必需的社会资本和人际关系，另一方面能为他们在精神领域提供神圣的教化和对生命意义的解释。在精神的领域，宗教生活的目标往往是将生命神圣化。如在《圣经》利未记19章第2节耶和华

---

① 吕大吉：《宗教学通论新编》，北京：中国社会科学出版社，2010年，第549－556页。
② 吕大吉：《宗教学通论新编》，北京：中国社会科学出版社，2010年，第588－630页。

对摩西说:"你晓谕以色列全会众说:你们要圣洁,因为我耶和华你们的神,是圣洁的。"对于许多现代的人来说圣洁二字是空洞的,可是对于那些感到神奇的鼓动并意识到那从各方面向他们生命做出不可言说的进逼的人,就会知道圣洁"起初是一阵战栗通过你全身,跟着就是那古老敬畏之情偷偷袭击着你",这是种奥秘、狂喜和神圣者的混合体。①而生命的神圣化往往又通过宗教仪式得以实现。如一顿简单的家庭晚餐,在这一日最好的一餐饭中,或许这是一家人在一日中第一次轻松地聚在一起,饭前的祷告能使这个场合神圣化,与沉重的负担相反,宗教仪式神圣化了日常的欢乐。②

同宗教信仰的道德规范功能相似,宗教仪式也指引着人类社会的世俗生活。宗教仪式可以调节自我与他人的关系,它是一种有节制的、经常也是美好动人的净化过程,它划出一个空间,在此范围内自我中心的要求可以得到尊重,但也需要得到驯化,这样才能处置并保障群体的长远和谐以及持久生存。③缅甸克钦人的祈祷仪式能帮助他们调节个体的需求和渴望与现实生活的境遇之间的矛盾;参加统一的礼拜聚会则可以让跨境缅甸克钦人在异乡收获归属感和群体认同感;宗教团契和家庭礼拜会也能带给跨境缅甸克钦人以积极向上的精神鼓舞和对负面情绪的消解。宗教仪式的群体性特征恰恰弥补了当今社会的个人化趋势。过去那种守望相助的熟人社会渐渐被匿名的社会关系所取代,人们之间的交流接触基本上只是为了特定的个人需求,群体间的聚会

---

① 休斯顿·史密斯:《人的宗教》,刘安云译,海口:海南出版社,2013年,第286页。
② 休斯顿·史密斯:《人的宗教》,刘安云译,海口:海南出版社,2013年,第285页。
③ 德波顿:《写给无神论者》,梅俊杰译,上海:上海译文出版社,2012年,第49页。

成为炫耀或膜拜金钱和职场成功的场所，我们甚至不再认为乐善好施是一种美德而认为是一种社会道德压力。为此宗教仪式却别开生面地打破现代生活的个体化，通过某些共同的价值理念和精神追求将不同年龄、不同职业背景和收入水平、不同教育程度，甚至不同种族的人们联结在一起。在基督教中，他们称呼彼此为弟兄姐妹。

现代社会的另一个特征是认为"上帝已死"，这无疑带来了神圣信念的崩溃和道德伦理框架的解体。当然，放弃宗教信仰并非意味着放弃勇气、诚实、坚贞、忠诚、信任、善良等优良品质，只不过在某种程度上如果缺失了宗教的约束和引导，人类可能会放任自流、为所欲为。曾经人们一度以为就其指导人生、弘扬人道、抚慰心灵的能力而言，世俗教育的效力应当不会低于宗教，因为在历史、绘画、哲学思想、文学故事中都可加以挖掘借以提供有关训导，而这些训导在伦理指导性和情感影响力方面应与《圣经》所传授的相去不远，民众便能获得脱离了迷信包袱的意义。①然而世俗文化教育虽然能提供事实性的信息，培养具有专业技能的人才，但却无法将文化当作智慧的宝库。"我们绝不缺乏可用来取代宗教圣典的文化材料，只是我们在用错误的方法对待这份材料。我们不愿意以足够宗教的方式来看待世俗文化，换句话说，我们不愿意将其视为人生指南之源泉。许多无神论者如此强烈地反对宗教信仰的内容，乃至他们未能领会其大有启发的、至今不失有效性的总体目标，即要为我们提供关于如何生活的系统

---

① 德波顿：《写给无神论者》，梅俊杰译，上海：上海译文出版社，2012年，第94—96页。

劝导。"①

我的研究对象跨境生活的缅甸克钦基督徒曾经告诉我，人生是依靠着三种粮食活下去的，一是我们身体所必需的食物，二是我们思想所需的文化知识，三是我们精神生活所需的灵粮，三者都必不可少。我认为身体所需的食物来自日常的饮食，思想所需的文化知识来自世俗的文化教育，而精神生活所需的灵粮则来自宗教信仰。世俗的文化教育培养我们的社会性，教授我们如何将文化知识变为赖以为生的手段。但是在关于生命的终极意义、命运的变幻莫测、人生的悲欢离合等问题上，世俗的文化知识就显得力不从心了。相比之下，宗教关注的是我们的精神需要和迷茫的内心世界。宗教信仰为灵魂提供粮食，培养博爱、宽容、救赎等神圣的美德，为灵魂在世俗世界中所不断遭遇的挑战提供慰藉和忠告。就像努力锻炼身体和训练头脑一样，宗教为我们的精神和灵魂提供了一系列操练的方法，用以强化我们向善的品性、规范我们为人处世的行为举止、监督我们头脑中一闪而过的恶念等等。通过宗教所带来的精神操练，可以缓解俗世生活的忧虑、求得内心的满足感和对生命终极意义的追求。

在全球化背景下，人类社会在信息领域、科技领域、生物领域都取得了长足的进步并且未来发展乐观，宗教领域却面临着世俗化和多元主义的双重压力。宗教的世俗化意味着宗教从内容到形式都变得越来越适合于现代社会的市场经济，并且宗教与社会相分离，失去其公

---

① 德波顿：《写给无神论者》，梅俊杰译，上海：上海译文出版社，2012年，第97—98页。

共性与社会职能，变成了纯私人的事务。①而宗教所面对的多元主义则与现代性相关联，因为现代性带来了集体的分化即个体化，所以宗教的社会整合功能逐渐式微。另外，多元主义也意味着我们不再需要承受集体或者家庭的宗教信仰压力，而是可以自由选择信仰或不信仰一种宗教，甚至用自己独特的方式去信仰某种宗教。"现代社会不再需要一种用宗教语言来表述的、凌驾于万物之上的价值规范体系。随之而来的，是宗教成为私密生活的一个部分，只是个体根据自己的喜好，从一大堆备选的信仰形式拣选出来，用以满足自己灵性需要的信仰体系。"②

那么在当下这个全球化、现代化、个体化、商品化的时代，宗教该如何找寻自身的位置，又该如何为人类提供精神上的指引呢？

从对跨境缅甸克钦人的宗教生活的研究中我们能明显地看到宗教仍然在现代生活中占有一席之地，也能隐约地感觉到宗教正在以它特有的方式影响着当今世界。宗教是一种信仰和仪式，也是一套社会文化体系，还是一种个人的生活方式。通过缅甸克钦人的跨境宗教生活反观我们自身所处的这个社会和时代，虽然我们无法再利用宗教共同的信仰和实践体系来构筑集体的价值观念，也很难将宗教所倡导的传统美德和行为规范运用在当下的社会生活中，甚至羞于在科学的知识和方法面前提及宗教对世界之解释的合法性，但是宗教仍然事关重大。首先宗教悲观怜悯的气质削弱了现代科学所带来的普遍的乐观主义，

---

① 张志刚主编：《宗教学研究指要》，北京：北京大学出版社，2003年，第301—304页。
② 斯蒂芬·亨特：《宗教与日常生活》，王修晓译，北京：中央编译出版社，2010年，第43页。

让我们保持足够的清醒而不至于急功近利又敏感失望；其次宗教的神灵观念映照出人类的懦弱与不完美，让我们在世俗世界中所遭遇的不幸与苦难有所告慰并给予未来希望；最后宗教世界和世俗世界的二分关系让人类能够更好地理解自我，在此岸世界习得有关生命历程的人生教训，在彼岸天堂找到生命的终极意义。

总之，我们可以不信仰任何一种宗教，这对个体的本质没有任何影响。但是我们或许可以采纳一些宗教的敏锐视角，以超然处事的态度摆脱对现实生活不切实际的熊熊野心，让个人在宗教和世界面前谦卑下来。

五、结论

本文以跨境缅甸克钦族人为研究对象，选取位于中国云南边境县市瑞丽城区的一座教堂作为田野点，以缅甸克钦族人的基督教生活为研究切入点，在跨境流动的语境下探讨缅甸克钦族人在瑞丽的生计方式以及个体间的互动方式；缅甸克钦族人频繁的跨境流动的原因和具体形态；缅甸克钦族人在瑞丽宗教生活的主要形式和特点；缅甸克钦族人在瑞丽的宗教聚会和社会交往；缅甸克钦族人在瑞丽的宗教活动对当地社会和宗教格局所可能带来的影响；跨境缅甸克钦族人自身对他们在中国的宗教生活和移民社会适应的理解和阐释。

在对以上内容进行民族志田野调查记录和整理的基础上，进一步分析宗教生活对于跨境缅甸克钦族人的社会文化功能和意义；阐述跨境迁移的缅甸克钦族人的社会文化适应性和宗教适应性，以及宗教认同、民族认同和国家认同三者之间的张力；解析跨境宗教活动与宗教渗透和国家边境安全的关系；讨论在当今社会宗教的意涵和影响力，以及神圣世界对于世俗生活的指导意义。最终得出以下结论：

首先，宗教生活对于跨境缅甸克钦族人而言，一方面提供了社会整合、集体交往、情感共鸣的正向社会功能，另一方面则阻碍了跨境缅甸克钦族人融入当地的主流文化与社会，造成了民族、群体间的隔阂。当跨境缅甸克钦族人通过宗教生活在自身群体内部形成共同的价值观念和情感依托时，就加重了他们与其他信众群体间的区隔感，也限制了他们社会交往的范围。

其次，跨境迁移到瑞丽的缅甸克钦族人既不适应中国的社会文化环境又不适应中国的宗教政策环境，他们的社会交往和宗教生活均局限在了自身群体内部。这一局限在群体内部的宗教生活反之强化了跨境缅甸克钦族人的民族身份意识，又因为这种民族身份意识和克钦基督教信仰有着千丝万缕的联系，所以跨境缅甸克钦族人的宗教认同即是对克钦民族身份的认同。缅甸克钦族人在瑞丽的宗教生活虽然无益于他们融入移入地的社会文化，但却为他们在移入地的生活建构了一个共同的身份象征符号，提供了社会归属感和集体感。

再次，跨境缅甸克钦族人的宗教生活对中国国境线内的景颇族所可能产生的影响是微观而又具有特殊性的。跨境民族之间的宗教交往与互动是一种常态化的文化交流和情感沟通，并不必然改变相互间业已成型的宗教认同、民族认同和国家认同。跨境民族之间共同的宗教信仰并不等于同质化的宗教认同，缅甸克钦族人认同的是具有缅甸克钦族民族特征的基督教文化，而中国景颇族的基督教认同则又受到中国国家文化和社会背景的涵化。

另外，跨境民族之间的宗教文化交流与往来虽然暗含着宗教渗透的可能性，但并不足以构成跨境宗教渗透的事实，适当的管理引导，几乎不会对国家边境安全造成威胁。大量缅甸克钦基督徒跨境到中国的首要原因是受经济因素的驱动，宗教生活只是随之而来的一种社会文化习惯。通过有效的沟通和疏导，定能避免这些潜在的渗透与威胁，促进跨境民族之间良好的经济交往与文化互通。

最后，宗教信仰和宗教活动作为社会文化和社会生活的重要组成部分，无论是对跨境缅甸克钦族人而言，还是对人类整体而言，都具有提供身份认同、塑造价值取向、促进人际和谐、抚慰精神追求等社会文化功能。宗教之于世俗生活的影响超越日常生活现实，它神圣化世俗经验，将个人的动机与精神上升到超验的范畴。在此范畴下，宗教又循序渐进地为日常俗世生活提供意义、解释和消解的渠道。

曼德勒云南籍华人华侨之华文教育及其功能变迁研究

作　　者：李敏君
指导教师：高志英
写作时间：2018 年

一、绪论

1. 走进曼德勒

缅甸联邦，简称缅甸，位于中南半岛的西北部，与中国、印度、泰国、老挝、孟加拉国接壤，陆地边境线总长5858千米，其中中缅边界滇缅段为1997千米①。人口约5338万人（2017年10月），共有135个民族，主要民族缅族占65%，全国85%以上的人信奉佛教，约8%的人信奉伊斯兰教，其余的分别信仰基督教、天主教与各民族原始宗教。

曼德勒省位于缅甸中部，面积3.5万平方千米，省会曼德勒市，又名瓦城，为缅甸第二大城市②。曼德勒为缅甸古都，历史上曾是全国的政治、经济、文化中心，也是佛教胜地之一。曼德勒省现有人口639万③（2017），曼德勒市辖区人口为172.6万④（2014）。其中全省

---

① 贺圣达：《当代缅甸》，成都：四川人民出版社，1993年，第3页。
② 资料来源：中华人民共和国驻曼德勒总领馆，曼德勒市概况，http://mandalay.chinese-consulate.org/chn/mbly/mandalay/t214249.htm
③ 资料来源：http://www.webaobo.com/index.php?m=article&f=view&id=4023
④ 资料来源：缅甸曼德勒云南会馆内部资料。

内华人、华侨约 40 万。曼德勒市华人、华侨约 10 万①，包括祖籍为云南、福建、广东以及其他省份的华人华侨②。自 1954 年以来，前往曼德勒居住的云南籍华人华侨逐渐增多，在 2006 年云南同乡会曾粗略统计，云南籍华人华侨已经超过 6000 户，人口已增加至 50000 以上。曼德勒云南会馆历来都是当地华人华侨的活动中心和福利慈善事业机构，还是华人华侨发展华文教育的重要空间。100 多年来为维护华人华侨福祉，传承中华传统文化，推动居住国与祖籍国之间的友好往来，包括文化交流、经贸合作以及民间的各种自然灾害的救济捐款做出重要贡献。

中国与邻邦缅甸的交往历史悠久，在中国古籍里有关缅甸的资料中对缅甸的相关历史记载最早可追溯到《史记》卷西南夷列传③。位于中国西南边陲的云南省，凭借与缅甸独特的区位优势，长期以来与缅甸友好往来并结下"胞波"④情谊。近代⑤以来，华人华侨对当地经济和中缅两国友好关系的发展做出重要贡献。缅甸与云南具有独特的区位优势，居住在云南边境地区的许多少数民族同缅甸境内的一些民族渊源相同，言语相通，宗教相同，长期以来经济互补，文化互动，彼此互通婚姻，交往极为密切。在中缅关系中，云南具有极为特殊的

---

① 资料来源：中国 – 东盟博览会官方网站：《走进曼德勒·侨团及华校情况》，http：//www.caexpo.org/gb/news/special/Mandalay/jianjie/t20050908_ 48954.html
② 资料来源：中华人民共和国驻曼德勒总领馆，曼德勒市概况，http：//mandalay.chineseconsulate.org/chn/mbly/mandalay/t214249.htm
③ 余定邦、黄重言：《中国古籍中有关缅甸资料汇编（上册）》，北京：中华书局，2002 年版，第 1 页。（西汉）司马迁：《史记·西南夷列传》，原文为："使间出西夷西，指求身毒国。"西夷为汉时称今我国西南少数民族或其地区，西夷西指缅甸、印度等地。
④ 贺圣达：《当代缅甸》，成都：四川人民出版社，1993 年，第 342 页，第 342—345 页。
⑤ 从 1824 年第一次英缅战争爆发到 1948 年缅甸独立的缅甸近代史时期。

地位。多民族文化并存是缅甸社会的重要特征，在研究对曼德勒社会环境的影响时不可忽视。云南籍华人华侨群体在缅甸繁衍生息并经历着缅甸的历代社会变革，他们在不同时期的生存境况及其生存调适引起了笔者的研究兴趣。

学术界对于海外与域外华人华侨的研究始终保有热度。作为域外华人华侨的研究，更为关注由地缘关系所延伸出的这段华人华侨历史，这个群体或为经商、或为谋生、或为逃难，选择背井离乡跨越边境，形成当地的华人华侨社会，并对居住国与祖籍国发挥着重要作用，研究他们自身的文化与身份认同对于学者而言都极其具有吸引力。

经过文献梳理与缅甸实地调查，旅居缅甸的华人华侨，尤其是缅北的华人华侨，云南籍占有较大比例，缅甸曼德勒具备研究云南籍华人华侨的独特优势。其中，由于历史与个人因素，依然存在着未取得缅籍身份的华侨群体，因此云南籍的华侨与华人都将作为研究对象进行讨论。笔者最终能够与曼德勒华人华侨社会结缘并开展调查，得益于导师与其朋友在缅甸的人脉，进入当地的云南会馆与设立在其中的云南同乡会后发现，当地的云南籍华人华侨虽然已经在缅甸繁衍生息数代，但依然保存着自己所认知与认同的中华传统文化，当地的华文教育在其中发挥着重要作用。

本文中，笔者运用域外民族志的田野调查方法为华文教育及其功能研究提供个案，对于曼德勒云南籍华人华侨的研究更重于概况性与历时性的描述与分析，以云南籍华人华侨的华文教育及其功能变迁为主，尝试在研究方法与研究视角上有所突破。他们将华文教育功能在当地社会文化中能动地进行调适，在华文教育的变迁中形成当地云南籍华人华侨自身独有的文化。在中国大力倡导"一带一路"倡议的时代背景下，这样的文化具有强大的竞争力，体现了当地域外华人华侨们的生存智慧。从"功能分析"的视角，有助于对域外群体的生存智慧及其意义进行探析，对"一带一路"倡议的实施与中华民族传统文化的传播，具有一定借鉴作用和意义，同时对当地华人华侨形成自身文化价值和文化生命力的文化自信具有一定探索价值。

鉴于域外田野调查的特殊性，笔者在选择缅甸曼德勒作为田野点之前，曾首次前往曼德勒开展了为期 20 天的田野调查。区别于以往前往云南村落的田野调查经历，在城市中的调查开展面临着诸多挑战。通过对当地云南会馆、福建会馆等这些当地华人华侨经常聚集的公共场所进行多次走访与观察后，笔者有幸通过一位云南同乡会理事介绍认识了他在曼德勒孔教学校①任教务主任的朋友，并前往孔教学校认识了诸多华文老师，在与他们进行交流沟通的过程中，笔者萌生了以在当地华文学校做志愿者的身份进入田野的想法，并与当地华文老师始终保持联系。正式确认将曼德勒作为田野点后，笔者决定申请这所当地具有悠久办学历史的曼德勒孔教学校的志愿者老师，申请有幸得到了孔教学校校方的同意与支持。这一"非正式"的进入田野方式（见图1）为笔者在调查过程中提供了诸多便利，通过华文教师的身份有利于融入当地的华文教育系统，并获得更多所需的客观信息。结合

---

① 缅甸曼德勒孔教学校，1966 年由缅籍华人吴中庸先生创立，命名源自于至圣先师孔子，为发扬孔子之教育思想而诞生。孔教学校以传承儒释道思想及发扬中华文化为宗旨。目前在缅甸曼德勒已有东区、南区、北区以及新城区四个校区，是缅甸历史悠久的华文学校之一，在全缅乃至东南亚地区都享有一定声誉。

本研究的研究对象与内容，笔者选用教育人类学①中的教育民族志研究法开展研究。搜集有关曼德勒华文教育发展的历史资料，通过与当地缅甸华人华侨的交流以及笔者的田野调查经历的情景体验，获得更多关于当地华文教育的第一手资料。

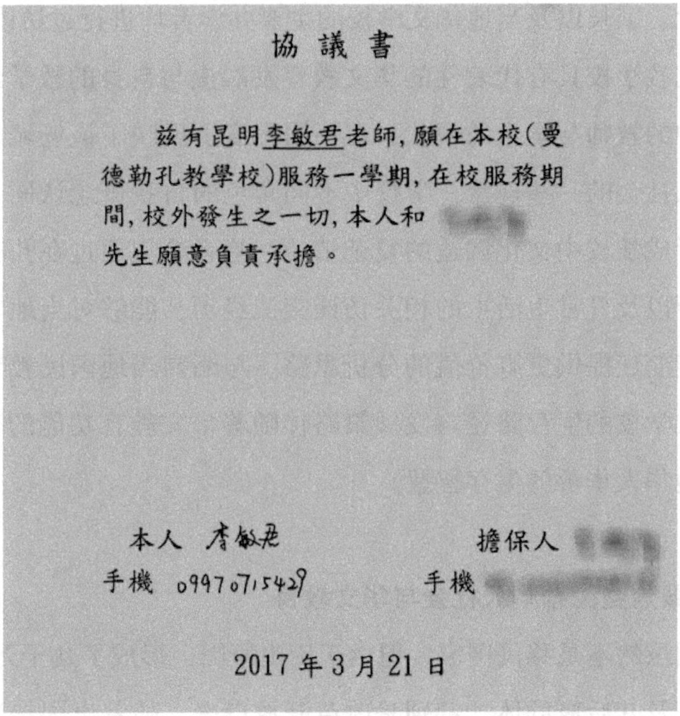

协议书

兹有昆明李敏君老师，愿在本校（曼德勒孔教学校）服务一学期，在校服务期间，校外发生之一切，本人和_____先生愿意负责承担。

本人 李敏君　　　　　担保人
手機 0997071542?　　手機

2017 年 3 月 21 日

图 1　曼德勒孔教学校入职服务责任协议书②

---

① 教育人类学家强调从不同层次开展研究：首先是基于实地观察的民族志描述和理解当地人的观点；其次是针对某些特定的族群与现象做实地调查与分析；最后是分析教育过程的民族志并加以理论概括。这一研究工作经常采用比较的方法。
② 资料来源：2017 年 3 月笔者担任缅甸曼德勒孔教学校华文教师前，应校方要求所签订的入职服务协议书。

2017年2月至7月，笔者在曼德勒进行了为期半年的田野调查，其间在曼德勒孔教学校新城区担任华文教师，承担中学部中三班国文课代课教师、小学部四年级社会课教师及幼儿园幼大班助教工作，课外也会有诸多机会前往当地其他华文学校进行走访，对学校董事会、在校师生、家长以及当地华文学校的主要办学者均进行过访谈与交流。曼德勒孔教学校具有代表性的华文教育发展史与自身的教学经历，以及学校中的教师与学生的现状，在不同程度上反映了该场域乃至整个当地华人社会的一些现状，学校中不同角色的自我概念认同与群体社会认同形成学校中文化调适的复杂情境。笔者希望通过在孔教学校的田野经历以及日常生活中的相关访谈交流经历，能够对当地华文教育及其功能变迁提供更有价值的分析思路。与缅甸当地国民教育体系并存的华文学校的生存路径与发展策略伴随着华文教育功能的变迁，凝结了当地华人华侨的生存智慧。

2. 聚焦曼德勒华人社会与华文教育

中国虽然不是移民国家，但由于历史原因，形成了几千万的海外、域外移民及其后裔群体。特别是改革开放以来，随着出国热潮的持续不衰，形成了新移民群体。中国国际移民的人数从1990年的410万人上升至2013年的930万人。目前，华人华侨规模达6000多万人，成为新闻媒体报道的热点之一。然而，华人华侨在备受各方关注的同时，也出现了对其称谓混乱、概念不清、随意使用新名词等现象。比如，用"海外侨胞"指代"华人华侨"，将"国际移民"与"华人华侨"

混为一谈,还出现了"海内外侨胞""海内外华人华侨"的说法①,调查发现界定"华人"这一概念是本研究需要最先关注并厘清的问题。华人华侨有严格的法律界定,二者既有联系又有区别。"华人华侨"虽然经常连用,但在法律上他们有严格的区别。

《中华人民共和国国籍法》第三条规定:"中华人民共和国不承认中国公民具有双重国籍。"第九条规定:"定居外国的中国公民,自愿加入或取得外国国籍的,即自动丧失中国国籍。"根据国务院侨办的界定,"外籍华人是指已加入外国国籍的原中国公民及其外国籍后裔;中国公民的外国籍后裔"。《保护法》第二条规定:"华侨是指定居在国外的中国公民。"据此,华侨的构成要素有两个:一是定居在国外;二是保留着中国公民的身份。②

总结来说,本研究中"华人"即缅籍华人,"华侨"即定居于曼德勒且持有中国公民身份。在界定华人华侨概念之后,本研究的研究对象——云南籍华人华侨,即"曼德勒云南人",本研究将从祖籍为云南省的华人华侨角度对其华文教育功能变迁进行探析。其中,由于不同原因无法取得缅籍身份的华侨虽然接触范围较小,但由于调查中的接触不可排除,因此依然是本次的研究对象之一。研究对象涉及多个代际,但是对于出生在当地的三代以上的华人是否还属于华人范畴目前还未明确定论,因此在这里统一界定为华人。

华侨向华人的转变以及其他各种重大社会历史原因,使华文教育发生了若干内容和形式的变化,导致华侨教育、华文教育等一组概念

---

① 张秀明:《华侨华人相关概念的界定和辨析》,《华侨华人历史研究》2016年第2期。
② 张秀明:《华侨华人相关概念的界定和辨析》,《华侨华人历史研究》2016年第2期。

的出现，而这些概念在被进一步剖析后，对于研究华文教育所联系的传统文化的传承具有重要意义。华文教育是海外华人在居住国为传承中华传统文化而发展的，同时具有表达族群认同的意涵，其教育对象主要是华人华侨子弟，其学校最早至少有百年历史。华人华侨在缅甸这一地域范围形成当地华人华侨所特有的一系列特征，通过对中华传统文化进行取舍，使中华传统文化与当地社会文化进行调适。

1916年，云南籍华人华侨在云南会馆内创办昌华小学；1923年创办华侨书报社；1983年建成大雄宝殿，承担着云南华人宗教仪式开展的重要职能。馆内设有舞台、礼堂与餐厅。每年春节，会馆均隆重举办春节和元宵文艺晚会，曼德勒华人华侨的各种文娱活动、所属祖籍省份各乡镇、各家族的聚会及各种活动都在此举办，承担了同乡会中同胞举办婚丧仪式的职能。馆内空地已成为休闲运动场所，斋堂会定期举办为老人义诊的服务。在缅历夏安居期的3个月期间，云南同乡会带领当地热心的云南籍同乡们在每周周日清晨向当地僧众进行布施活动，布施活动在云南会馆的标志性中式古典馆门前进行，布施现场沿会馆门口的街道进行设置。2013年云南会馆重新购买地皮，建成旨在培养本土华文教师的云华师范学院，并于2015年在校内启动缅北华文教育协会。

如今，代表着继承与发扬中华传统文化的华文教育已经逐渐被视为传播中华传统文化及塑造中国形象的重要方式[①]，孔子学校已经成为当下有关于中国的一个炙手可热的词汇。调查发现，曼德勒当地社

---

① 刘权：《整合与分化——从华文教育看曼德勒华人社会的内部关系》，云南大学博士学位论文，2015年。

会的华文教育的功能变迁与华人华侨生存境况微妙地契合在一起，华人华侨对于华文教育的发展又在进行着新的探索。当地学校、教育者以及社团组织正在通过华文教育，让中华传统文化成为与当地社会合作以及与祖籍国加强联系的媒介。当地华人华侨的社会关系网络是否可以看作是他们对于社会变迁所做出的能动性选择，而华文教育是他们在缅甸留住的"根"？其中华文教育承载着当地云南籍华人华侨们的故乡情怀，努力形成自己在当地社会可利用的社会资源，是否可以被视为当地华人华侨除了布施等诸如此类的行为建构良好社会关系之外的生存智慧的另一种尝试？这样的生存智慧是否对当地的云南籍华人华侨形成自身文化价值和文化生命力的文化自信具有一定的借鉴意义？笔者试图从当地云南籍华人华侨华文教育的动机与功能中寻求答案。

近年来，曼德勒市内的华文学校已经发展为 8 所，分别为曼德勒孔教学校、明德学校、福庆学校、云华师范学院、昌华学校、育才学校、新世纪国际高级学校与伊诺瓦底国际学校，后 4 所学校为近年来创办的与国际联合办学的私立学校。其中以曼德勒孔教学校历史最悠久，规模最大，目前已经发展成为分布在曼德勒东南北街区及新城区的 4 个校区。2018 年 3 月，孔教学校董事会聘请了来自台湾的 4 位专业校长对学校进行管理。8 所学校中，曼德勒孔教学校与明德学校的教材均来自台湾，进行繁体字教学。昌华学校与新世纪国际高级学校较早成立缅文部，云华师范学院与曼德勒孔教学校也陆续在 2016 年与 2017 年成立缅文部。这些华文学校已经成为当地华文教育的重要场域以及当地华人华侨形象的代表。

本文所探讨的曼德勒当地华文教育的教育功能变迁，关于教育功能理论，主要从"教育的个体社会化功能"和"教育的个体个性化功能"两方面，对"教育与人"从教育功能的角度进行探讨。对于本研究中关于华文教育对于"育人"功能的生成具有启示作用。

教育的个体社会化功能指教育在促进人的社会化过程中的作用。人都是生活在一定的社会中参与生活，并成为社会中的一员，不存在脱离人类社会的个人。所谓"社会化"，就是在一定社会与文化环境中，个体在与社会相互作用过程中，学习社会知识、获得价值规范、掌握社会经验、形成社会行为、发展自我，从自然人转化为社会人，成为合格社会成员的过程①。学校是个体社会化的场所，教育是个体社会化的途径，具有促进个体社会化的功能。

具体而言，以曼德勒华文教育的学校教育为例分析教育的个体社会化功能，即华文教育通过将学校教育传递给新生一代，其中，曼德勒当地云南籍华人华侨通过对于华文教育的能动性调适，对当地华文教育在不同时期的环境进行适应与调适，从而选择适合的参与路径进行学校教育办学，使学生们获得在未来社会结构中的相应角色，以维持社会运行机制和延续社会结构。具体包括：促使个体思想意识的社会化；促使个体行为的社会化；培养个体的职业意识和角色等。总之，教育的个体社会化功能，所指向的就是教育在再生产社会结构方面的作用。②

与教育的个体社会化功能相伴随的是它在促进个体个性化方面的

---

① 张晓燕：《教育的民生功能研究》，西南大学博士学位论文，2014年。
② 张晓燕：《教育的民生功能研究》，西南大学博士学位论文，2014年。

功能。对于教育的个体个性化功能的内涵，人们主要从三大方面进行认识：一是教育在促进个人有差异地充分发展，形成人的独特性方面的作用。所谓人的独特性，主要表现在人的个体心理上，诸如兴趣、爱好、理想、信念、世界观、能力、气质以及性格等。二是教育在促进人的主体性发展中的作用。主体性包括人的主体意识和主体能力，是人作为认识和实践活动的主体的自觉意识和能力。三是教育在发展人的创造性方面的作用。如果说人的社会化是为了生成人的共性，反映的是人对社会的适应，那么个体个性化则是为了生成人的个性，反映的是人对自主性、独特性与创造性的追求。①

对个体而言，以曼德勒华文教育的家庭教育为例，分析教育的个体个性化功能，个性化是家庭通过对不同时期华文教育的变迁，对家庭教育的教育理念与作为云南籍华人华侨子女的家长对于子女的入学选择、祖籍与家族观念、传统道德与习俗，对子女所进行的个性化的教育。

人的社会化与人的个性化不是两个相互独立的过程，而是个体发展过程中两个并行不悖的取向，二者是一个有机的动力整体，统一于同一过程中。华文教育通过当地华人华侨在不同时期的能动性选择，将"育人"教育从社会化与个性化的角度入手，促使个体形成共性与发展个性。教育的个体个性化功能基于社会需要，而教育个体社会化功能的实现则要以个体个性化功能的实现为基础与依托。可以说，教育的育人功能就是教育在促使个体社会化与个性化过程中所发挥的统

---

① 张晓燕：《教育的民生功能研究》，西南大学博士学位论文，2014年。

一作用。

在缅甸曼德勒自身独有的历史背景之下,华文教育也经历着自己独特的发展轨迹:从距今 100 多年的 1916 年开始,当地的云南、福建以及广东华侨都纷纷开始办学,其间伴随着当地历史变迁,虽有波折,但就像当地老一辈华人口中所说的——瓦城(曼德勒)华文教育的根没有断过。教育是人类社会文化的传承方式,也是人的社会化的重要途径①。学校教育是教育的一种特殊形式,与家庭教育、社会教育三位一体地形塑着其社会所需求的人,但是作为社会组织机构的学校,不仅仅是传递知识的地方,还承担着诸多社会功能,与当地其他社会组织有着密切的关系。华文教育在历史发展的不同时期,所承担的功能与华人华侨在其中对于华文教育的教育方式选择进行着能动性调适。笔者认为分析华人华侨对于华文教育变迁过程中"不变"与"变"、传统与变迁的选择,有助于挖掘其中所蕴含的当地云南籍华人华侨的生存智慧。在本研究中笔者将尝试从域外民族志、教育人类学的角度出发,充分利用这段历史蕴含着的丰富文献资料与口述史资料进行回应。

---

① 滕星:《族群、文化与教育》,北京:民族出版社,2002 年,第 7 页。

二、曼德勒云南籍华人华侨历史与现状

缅甸当地华人华侨社会的形成与发展，经历了漫长的历史时期。云南人从进入缅甸，到成为"缅甸云南人"——后文中的云南籍华人华侨，所形成的华人华侨社会在当地的政治、经济、文化、宗教领域中发挥着不可忽视的作用。本研究所关注的缅甸曼德勒华文教育与缅甸当地云南籍华人华侨迁移史及在不同历史时期的生活经历与发展状况密切相关。调查发现，这是真正理解缅甸曼德勒华文教育的基础，笔者在曼德勒云南籍华人华侨历史与现状中将引入更多的田野资料，关注在这段历史中云南籍华人华侨的真实内心写照与历史记忆。

1. 历史概述

"南方陆上丝绸之路"和"海上丝绸之路"在历史记载中都到达过缅甸，早在13世纪之前就已经存在了流落缅甸的中国人，但是由于数量极少，还不能够构成大的社会群体，不足以发展壮大。缅甸华人华侨的出现到当地华人华侨社会的形成，经历了漫长的历史积淀。由于特殊的地缘与族缘关系，云南与缅甸很早以来便有了密切的经济、文化交往。

古代缅甸华人华侨社会情况，虽尚无多方一手史料描述，但从中缅边疆的地缘关联以及缅甸与云南的往来资料中可以推断，华人华侨与当地主体民族往来的悠久历史在政治经济领域与文化宗教领域中都扮演着重要角色。

在我国汉代以前，云南与缅甸之间就存在一条连接印度北部与我国四川的商道，经由今下关、永平而达保山的"博南道"即是连接中、缅、印的"陆上丝绸之路"的极为重要的一段，博南道向西南途经今德宏和腾冲、龙陵地区进入缅甸境内①。此后，云南与缅甸之间的交通在各个时期都为官民不断维护和拓展而不断得以改善和延伸。通道虽说有便于接壤之故，但在几百年前交通还是很不便利，靠的是肩挑马驮，也难免会遇到很多自然与人为的重重阻挠。

> 最凶险过夷山，时刻担忧。动不动，就放枪，就使戈矛，也有那，围困到。数日之后。粮米尽，只饿得口水长流，受饥受风霜，面黄皮瘦。到八募，又焦着，过水乘舟。怕的是船只小，木头腐又焦着，投江边，遇着漂流，又焦着，过大坡。躲着贼寇。半夜里，不提把人来谋，世上的凶险事，虽则广有，自古道，三分命，骑马乘舟。②

在腾冲和顺乡流传的阳温墩小引中，当年云南人来此谋生，道途

---

① 贺圣达：《当代缅甸》，成都：四川人民出版社，1993年，第322页。
② 资料来源：缅甸曼德勒云南同乡会理事会杨秘书长所提供的《阳温墩小引》，2016年10月7日。

的险阻与历程的艰难跃然纸上,"披荆棘,安身立命"之经历伴随着几百年来此谋生存的云南人。

唐代樊绰在其《蛮书》中提到:"骠国在蛮界永昌城南七十五日程,阁罗凤所通也。"① 骠国(220—832)为伊洛瓦底江流域的古代佛国,骠国人即为缅人的前身,永昌为今腾冲、保山一带,阁罗凤是当时的南诏王,此意为南诏王修路通往缅甸,距离南诏国界边境永昌府辖地以南地区,七十五日可达;又有记载:"近城有沙山,不生草木,恒河经云,沙山中过,然则骠国疑东天竺也。"② 天竺即今印度,可知当时缅甸的位置与今大致相同。另外,《云南志》也记载了骠国商人穿过今德宏、保山到大理,以及南诏国商人往返于滇缅之间通商的情况③。宋朝对通道的记载更为详细,可见中缅两国人民交往由来已久。

根据腾冲文史资料提示,明朝洪武之季,就有腾冲、和顺刘姓始祖白马大将军曾到缅甸麓川。明朝弘治年间(1488—1505),腾冲和顺华侨李瓒,为缅甸王通事,随缅王使臣进贡中国。明朝正德年间(1506—1521),腾冲和顺华侨寸玉,任缅王通事,朝贡中国,被中国征任鸿胪寺序班。清乾隆之季,1736年腾冲和顺华侨寸仕楷、寸博学、尹学才先后任缅王朝贡中国使。根据年代推算,这些先后在缅甸王朝中任职的先侨应该都是东吁王朝及瑞波王朝前期的事了。通过这些史实可以理解云南人在缅甸的活动,不仅时间久远,并且涉猎广泛,在缅甸历朝的政治和外交上都有过一定的贡献。

---

① 樊绰:《蛮书·第十卷》,《滇行纪程及其他二种》,1939年,第45页。
② 樊绰:《蛮书·第十卷》,《滇行纪程及其他二种》,1939年,第45页。
③ 贺圣达:《当代缅甸》,成都:四川人民出版社,1993年,第322页。

13世纪之前，缅甸蒲甘王朝（1044—1287）时期的碑铭就已经提到了在缅甸的中国人①。明王朝时（1368—1644），缅北大部分地区曾为土司辖区明朝，后来这些地区尤与云南交往密切，两地相邻双边往来频繁，特别是滇缅贸易的发展，使得中国人入缅定居，个别城镇中逐渐有了华侨社会的雏形。

朱孟震曾到过缅北，在其《西南夷风土记》中记载："江头城（缅甸八莫附近），外有大明街……游艺者数万。"② 1520年，明朝特地把驻军基地移到怒江以西的腾冲，这期间存在着从缅甸勃固、曼德勒等地到云南保山的专供大象过往的通道。清初在缅甸的华侨，除了从事商业和手工业，还大量进入从事银矿开采。在清乾隆年间的缅清战争（1776—1779）结束后，双边贸易逐步恢复。18世纪70年代，云南华侨在当时缅甸首都建造了颇具规模的观音寺，19世纪初滇侨又在缅北重镇八莫、孟拱等地建造了关帝庙③。

当年云南人由八莫或乘木船，或赶骡马，到达了这里江边滩头，安顿下来，这里渐渐地形成了一道水陆码头。中国商品，以丝绸为主，以及其他手工业日用品输入缅甸。缅甸产品以棉花为大宗，及奇珍异宝，贵重山货，运往中国。很多商品物资，在这里堆存，在这里集散。据先辈传言，当年这里有商品寄存之堆栈，商旅往来有旅舍，骡马往来有安置骡马的马厩，茶肆饮食店一应俱全，应该具备一个较有规模

---

① 贺圣达：《当代缅甸》，成都：四川人民出版社，1993年，第325页。
② 贺圣达：《当代缅甸》，成都：四川人民出版社，1993年，第341页。
③ 贺圣达：《当代缅甸》，成都：四川人民出版社，1993年，第344页。

的小市镇①。

  1824年第一次英缅战争爆发到1948年缅甸独立，使此一时期缅甸华人华侨社会逐步发展。作为曾经的殖民地，缅甸经济的发展需要劳动力，中国边境的农民、手工业者迫于生计到缅甸谋生，也有一部分先到马来半岛，然后再迁移到缅甸去，因此近代华人华侨进入缅甸的速度与规模远超过去。19世纪下半叶至20世纪初，缅甸的一些主要城镇中已经有了成千华人华侨，缅甸殖民地经济继续保持增长的势头，华人华侨商人在购买者和销售者之间起到中介作用。例如：云南籍华人华侨虽以贫苦的劳动者为主，但在滇缅商道上从事贸易的也不少。滇西一些大商号都以云南为根据地，从事滇缅贸易，在缅甸设有商店货栈②。

    原来我们去摆街，但是终究不是长久之计，后来我又做皮蛋，但是很脏，再脏再臭也要做，因为要把生活翻起来。我的老表是做皮蛋，我又和他去学，学好就试验，试验成功我就开始大搞。我的皮蛋，中国北京都到过，昆明也到，以前叫我"皮蛋大王"。我到腾冲的时候，我就说我是哪家的人，他们就知道，你原来是皮蛋大王啊，我们以为是老公公，原来你还小啊。我的工人有80个，皮蛋公司有自己的商标，叫"瑞记"，按以前我公司的名字做的，二十岁开始做的，我就自己做了去卖，然后到处去卖，一个一个去推销，后来有名了以后大家来找我，有些是先给钱，有

---

① 资料来源：曼德勒云南同乡会所提供的《缅甸曼德勒（瓦城）云南会馆史略》，2016年10月6日。
② 贺圣达：《当代缅甸》，成都：四川人民出版社，1993年，第344—345页。

些先拿货，那个时候很赚钱。①

曼德勒云南籍华人华侨则多从事商业和服务业，开设饮食店、糕饼店、百货店、酒楼等，经营土产和进口商品。此外，华人华侨资本的工业也有入驻缅甸，即使在经济落后的殖民地缅甸，华人华侨工商业在社会经济中仍然占有重要的位置，仅次于缅甸的英国资本和印度资本。20世纪80年代后期，缅甸国内动乱，政变爆发，中国政府遵循"和平共处五项原则"，缅甸内部事务采取严格不介入的态度，使得中缅友好关系得到了发展。今有少数从事小型加工制造业和运输业，华人华侨的职业性组织较多②。

> 我们深深庆幸着在这里留下了这么一块使我们滇人和缅甸民族，在经济上共同互惠、紧密联系，在人际关系上亲密交往、情谊深厚的这一江边滩头'金多堰'……③

一则借求神拜佛，祈求祷祝以寄托人生美好的愿望，填补去国离乡心灵之空虚；再则可借同侨相期聚会，共叙乡情，互助互爱，共谋公益事业之发展，济困恤孤，以申同舟共济之壮举。④

---

① 资料来源：田野调查访谈对象，访谈时间：2016年10月15日，访谈地点：访谈对象曼德勒家中。
② 贺圣达：《当代缅甸》，成都：四川人民出版社，1993年，第354页。
③ 资料来源：田野调查访谈对象，访谈时间：2016年10月6日，访谈地点：曼德勒云南会馆礼堂二楼理事会办公室。
④ 资料来源：曼德勒云南同乡会所提供的《缅甸曼德勒（瓦城）云南会馆史略》，2016年10月6日。

身居异国,爱国爱乡之情更炽。对祖籍地的古风旧俗更加眷恋向往,于是修建寺庙之风渐盛。云南人能在此修建土地祠与财神殿,可见云南人往来之众,聚居之多,且有一定的经济实力。

在缅商业地位逐步凸显的华人华侨,为当地社会组织的建立提供了物质基础与群体数量条件。华人的商业团体随之成立,华人商会、华人兴商总会、华人工商会等组织逐步立足于缅甸社会,在后来的发展中,团体的组建形式、活动内容和目的都是多方面的,从而形成了社团,他们在族缘、地缘、家乡方言群体等基础上构成。①

初期形成的社团分为三种形态:私党会,源于中国的秘密会社,相当大部分演变为各种血缘、地缘或业缘关系的正式华人社团,互相帮助、联络感情,兴办各种公益福利事业;甲必丹公馆和帮公所,由企图"以华治华"的殖民政府建立监管缅籍华人事务;血缘宗亲、地缘同乡、业缘职业或经济事业性团体。② 尤其是业缘类相关团体在后期不断细化,演变为宗教社会、文化社团、俱乐部、校友会等,其中文化社团又分为文学艺术社团、音乐戏剧社团、学术研究社团;校友会则集中于当地同校或是在祖籍国及祖籍地的大、中、小学念过书。这些社团又都以各种形式来学习或传播中华传统文化,以中华传统文化为主体开展活动,促进会员及华人华侨社团之间的联系。特别是在抗日战争时期,又成了救国活动的重要力量,他们以各种形式宣传抗日救国,在华人华侨群体当中起到鼓舞性的作用。

可见,近代缅甸与中国都受到帝国主义的侵略与压迫,从而具有

---

① 吴凤斌:《东南亚华侨通史》,福州:福建人民出版社,1993年,第758页。
② 吴凤斌:《东南亚华侨通史》,福州:福建人民出版社,1993年,第759—825页。

相似的命运，之间的友谊也因此得到进一步发展。滇缅陆上商道对云南与缅甸的贸易往来产生重要影响，近代滇缅贸易作为资本主义性质的商品交换，对于促使滇缅经济从传统的自给自足经济向近代商品经济的演化，滇缅双边经济联系以及大商号的商业活动，对于云南和缅甸商品经济的活跃发展起到了不可忽视的作用，为之后缅甸曼德勒形成的云南籍华人华侨社会奠定了一定的人口与经济基础，并促进了当地会馆与社团组织形成，当地华文教育与文化事业也随之展开。

虽然在曼德勒当地以文本形式记录的当地云南籍华人华侨的相关历史中，多以19世纪曼德勒云南会馆创始人——旅缅侨领尹蓉的记载作为起始点，但是在当地老一辈的华人华侨中，一段有关于17世纪南明流亡皇帝永历帝逃亡缅甸的历史依然流传至今。并且，由于这段故事与他们的祖籍地云南省有所关联，因而受到了当地云南籍华人华侨们的关注，一些回到云南开展"寻根"之旅的华人华侨们还会专门在云南省昆明市停留一天，去看一看永历帝生命终结的地方。

1644年，明王朝为清朝所灭，1646年南明流亡皇帝弘光和隆武政权相继灭亡，1659年，南明永历帝即桂王朱由榔随后在广东肇庆登基，改国号为永历。时清朝委派降将吴三桂追剿南明残军，永历帝率领反清大将李定国、白文选由广东、广西、贵州一路逃到云南昆明，李定国、白文选护驾往滇西出走，经大理、保山到腾冲，时吴三桂等率清军占领昆明后，又马不停蹄跟踪追击，在下关附近击溃了白文选的殿后部队，白文选率余众转战中缅边境，被永历帝封为巩昌王。李定国一方则被叛军出卖，大败后转战于腾冲、龙陵之间的高黎贡山，游击抵抗清兵。永历帝大批随臣、宫眷及兵丁，共2000多人，无所适从。1659年8月,永历帝听从权臣马吉翔计策,逃亡缅甸,马吉翔认为只要进入缅甸国境就可以保住身家性命,在其鼓动下,大批乱兵在夜色笼罩之下,渡过襄本河,到达缅境,守关缅兵得知近两千人马随永历帝避难缅甸,便要求放下兵器才允许入关,永历帝只好同意。永历帝进入缅甸后,先到掸邦土司地"满炳",就这样轻易地被缅兵解除了武装,后又带领随从历尽艰辛抵达缅甸都城阿瓦①,进缅境时随从共有2000多人,由于沿途不断有随从逃离及流落中缅边境,还有沿途病亡的,抵达缅都阿瓦城时,随从只剩下700多人。抵达缅甸都城阿瓦后,永历帝便立即派人前往缅宫与缅王接洽,但是缅王拒绝接见流亡朝廷的使者,只派华侨从中传达消息。后来为了便于监视永历帝及其随从,缅王令人在阿瓦城隔江对岸,实皆城"亲苗杏"佛塔附近,用竹子围造了一座城池,让永历君臣居住。暂时有了安身之所,永历君臣开始了寄人篱下的生活……随着清朝政权的逐步稳固,缅甸王朝不愿为收留南明流亡政权而得罪实际统治者,在清廷昭告全国的同一天,在1662年4月25日,被擒的永历帝父子及眷属25人在昆明篦子坡金禅寺遭弓弦勒死②。

当地的云南籍华人华侨已经形成了这样的观念,认为南明永历帝及其随员流亡缅甸到被押回昆明,共历时两年零七个月,明朝最终的终结在云南,永历帝是明朝最后一个皇帝,同时也是汉族最后一个天子。这段历史被视为云南籍华人华侨在缅甸曼德勒繁衍生息、历史溯源的一个重要证明。

---

① Inwa,今因瓦古城,距离曼德勒市区35千米。
② 资料来源于2017年6月12日田野调查访谈对象。

2. "云南人"的概念转变

清光绪二年（1876）由时任缅王敏董的国师：腾冲和顺人尹蓉倡导于缅京雅得那崩①筹建滇侨会馆，蒙缅王御赐宝地一块，约今天的17亩，并永久免除房地产的一切赋税。建筑经费由尹蓉带头捐献，并向广大同乡乐捐，共捐资20余万卢比，请国内工匠建造。1881年，全部建筑竣工，建筑形式以中国飞檐斗角、雕梁画栋、大屋顶中式建筑为主，前后三进，以会馆为主体，附设有孔圣殿、关帝庙、观音殿和施馆组等福利慈善事业办事处，会馆建成后②，尹蓉被选为第一任会长。"二战"期间云南会馆整座建筑被焚毁，战后旅缅云南同乡福建观音亭内召开了复员后的首次会议，公推尹兆国先生为战后第一届云南同乡总会会长，并着手重建云南会馆，全体云南籍华人华侨群策群力，于1952年在原址恢复建设，后被誉为东南亚最大的会馆。

曼德勒云南会馆云南同乡会内设12个祖籍地区划定的管理小组。通过收集腾冲人物志后发现，这些资料对缅甸的腾冲华人、华侨、归侨的出国原因以及对国外、国内教育事业做出贡献的事迹进行了总结，并肯定了他们的教育情结，以及教育传承的必要性以及辐射作用。"二战"复员后重组至今已历11届，由第5届开始定为理监事制，每届任期4年，由同乡基层12乡镇按户口比例推选乡代表66人为理监事人选。馆内日常事务由理监事选出正副理事长、正副监事长、各组正副组长、理事部进行分工，另聘请乡中德高望重同乡15人为顾问，适时召开理监事及顾问联席会议，讨论决议重大事项，决议案由理事

---

① 缅语意为聚宝城，后又改名为曼德勒，华人华侨俗称为瓦城。
② 当时为腾越会馆，后改称为迤西会馆，最后才改为云南会馆。

部执行。战后的同乡理监事会组织更趋完备，目前共设秘书、外交、财政、稽核、会计、总务、互助、管理、佛教、桂香、墓园、慈善、福利、产业、文娱、体育、书报、文教、治安、验收、广告等 21 个组，各理监事各司其职，馆职都是义务工作，没有薪酬。

缅甸华人华侨聚居地的宗祠、庙宇、会馆、学校和各种公共建筑物上，其内容涉及历史、地理、政治、经济、宗教、文化、伦理道德及风土民情等。华人华侨逢年过节、喜庆婚嫁，大都遵循传统，在大门上张贴红纸书写对联，同乡逝世，灵堂丧礼上由社团单位或亲友奠书挽联，褒奖逝者生平。中华优良传统文化，在缅甸华人华侨中尚保留完整。

> 循故址，易新形，净洗劫灰光往绪；集众思，会群力，永留胜迹话乡情。

由腾冲和顺乡最后一位举人张砺①于 1956 年撰书的曼德勒云南会馆大门楹联概述了云南会馆的历史与沧桑往事，并强调同乡后辈在会馆故址上与时俱进，发扬前辈们优良传统，会馆的运作与发展，要凝聚广大同乡的智慧与思维，精诚团结，使这一为同乡谋福利，为同乡公益事业服务的地方，永远保留与传承下去。

20 世纪 50 年代末，缅甸移民局对外侨证还没有限制，取得了外

---

① 张砺，又名张德洋，字盈川，号虚谷，腾冲和顺乡张家坡人，20 岁赴省称乡试，中癸卯科举人，接着参加会试，中贡生，殿试后钦点广东知县，因母去世，辞官归里。1939 年张砺在和顺尹氏宗祠开办私塾，专教四书五经和文言文，1955 年被聘为云南省文史馆馆员，1959 年逝世。

侨证的人，当时每年需要上交给移民局50块钱，相当于当时雇工连续干50天才能取得的薪水。入缅身份证上是由内政司司长签字，需由所属县长、局长亲自发放此证。子女在10岁时可以申请缅籍身份证，办理过程不仅需要审查父母的合法证件，还需要父母双亲这些祖辈们的身份证明，缺少任何一个步骤都无法办理，这些户籍管理制度的设计在一定程度上受到以前英国殖民者的影响。

  我在1976年被中央内政部批准为合法公民后，随时打算搬家，搬家不是简单的心理作祟，而是我有很多搬家的理由，有的是我说不出口的隐忧和愤怒。经过几年的考虑，我终于在1984年的春节过后，只身先到瓦城，以投石问路的打算，经亲朋们介绍买房之物和帮忙很多事情，租得现成的饼灶一间，位置是皇城西部一千米处，谈妥后，仍操党阳旧业新招牌，商标是金地球，是专做面包干的。新到瓦城，人地生疏，工人新聘，顾客新找，家具新制，每天出产新品货，必须要托人找销售的地方。在不久后，购买的现在的这片地基，有地无房，开始筹建成饼干厂式的建筑。每天骑着单车从东到西去照顾和经营副食品手工业，还要到处托人代销，又要购买日用所需的原料，安置和嘱咐妥当后，再次骑着单车从西又到东来招呼新的建筑，购买木材、水泥、沙石、钢筋……两处工地的距离，从东到西，足足六里路程。①

---

① 资料来源：田野调查访谈对象提供的王陞鸿先生回忆录文本，访谈时间：2017年4月1日，访谈地点：曼德勒孔教学校新城区教师办公室。

调查发现，从缅甸北部迁至曼德勒的华人华侨们或多或少都会有这样打拼的经历，尤其是当地华文学校的办学者们，这些经历不仅为他们创造了可观的财富，也让他们在当地的华人华侨社会中享有一定声誉，在创办当地的华文学校时也更具有号召力。

从缅北地区迁至曼德勒的华人华侨们都必须要经历曼德勒从仲春开始的炎热，对于年轻人来说可能较为容易适应，但是对于那些在缅北已经有一定家业的，迁至曼德勒之后重新开辟生存之路的中年人们来说，无疑是残酷的。王陞鸿校长曾在自己的散文集中这样描述当时只身前往曼德勒艰难打拼的岁月：

> 我当时年正五十，干劲还算勉强，是我平生中最奔波最辛苦最劳累、心情最难形容的一年，身体力行最艰困的一段难忘的日子，为了改变一下环境和将来的永久之计，暂时弃舍亲情，为了工作的需要，有些事情，使我做着很多美好憧憬的同时，也有一种说不出口的心情对我无情地折腾……
>
> ……说起搬家，实际党阳家中的什么家具都没有搬运下来过，在瓦城什么都是新制新买的，所以，东迁西移，步步为营，坑坑洼洼，踩踏出坎坷不平，迢迢千里到曼德勒，这人生艰辛大路，都是自己走出来的。①

曼德勒华文教育的发展让越来越多的缅北地区的华人华侨们坚定

---

① 资料来源：田野调查访谈对象提供的王陞鸿先生回忆录文本，访谈时间：2017年4月1日，访谈地点：曼德勒孔教学校新城区教师办公室。

了迁入曼德勒的决心，虽然重新开辟事业实属不易，但是儿女在华文教育上的成绩能够给予华人华侨家长在心理上的平衡与安慰。

近年来，大部分的华人华侨都已经是缅甸国家的合法公民了，已经不再是水上的浮萍，也不是失根的兰花了，在缅甸这块肥沃的土地上落地生根，枝繁叶茂的缅华社会，华人对自己优良的传统文化和道德观念，都在继续保持和发扬，凡是有几十户华人聚居的地方都会有一块教育园地。①

由于近几年来，政府实行改革开放政策，大家都认为华文并非华人所独用，尤其华文的国际地位逐渐提高，变成了国际通用的语言文字，是沟通经济视野的重要工具，人们为了发展对内对外的视野，大家都顺理成章地办着补习班，为了培育下一代，也是为了我们自己的后代。②

曼德勒当地的华文学校，完全依靠华人华侨热心人士和学生家长的大力支持，学校的领导人是以董事会做根基，各地的董事会模式相近。没有政府和任何公司行业支持，都是以自力更生的模式维持着，大家都深知担着意义深远的责任。

缅甸曼德勒当地云南籍华人华侨的形成，需要追溯到早期云南人迁入缅甸的迁徙史以及之间的经济、文化往来。由于缅甸与云南特殊

---

① 资料来源：田野调查访谈对象提供《张子敦老师一百周年诞辰特刊》，访谈时间：2017年4月7日，访谈地点：曼德勒孔教学校新城区教师办公室。
② 资料来源：田野调查访谈对象，访谈时间：2017年6月12日，访谈地点：访谈对象曼德勒家中。

的地缘与族缘关系，云南人迁入缅甸的路线与通道最早可以追溯到 13 世纪以前，官方途径进入缅甸的历史在相关文史资料中有所记载，因交通所带来的迁移过程中的重重阻挠并未阻挡云南人到缅甸谋生存的动机，并且民间往来频繁，逐渐形成华人华侨社会雏形。缅甸曼德勒当地的云南籍华人华侨们对于与自己祖籍地所连接的历史，具有自己的记忆与解读，并作为自己与祖籍地建立联系的纽带。具备相应物质基础与群体数量基础之下的云南人在当地获得一定经济地位，并将对祖籍地的怀念与对中华传统文化的传承转化为在当地华人华侨组织之间的联系，为当地华人华侨的文化事业尤其是华文教育的开展提供可能性，同时也为当地华文教育依靠当地社会组织进行创办与发展的思维模式奠定了重要基础。

三、曼德勒华文教育发展的历史与现状

回顾曼德勒华文教育的整个变迁历程，当地的华文教育与缅甸的社会背景密切相关，其中笔者将20世纪60年代中期缅甸施行"国有化"①这个时期作为缅甸曼德勒华文教育变迁历程中的重要转折点，将梳理缅甸"国有化"时期前（20世纪30—50年代）的兴起时期、"国有化"初期（20世纪60—80年代）的过渡时期，以及20世纪80年代以来的再发展时期三个阶段的曼德勒华文教育的变化情况。

1. 华文教育的兴起

20世纪30年代，普通话在当时的缅甸曼德勒华人华侨社会还不甚普及，省籍地域观念较强，加上各省籍地区华人华侨所从事经营的行业各异，所以较隔阂。

当时，办了四五所学校，其中云南的一所叫"昌华"，福建

---

① 全国私人开设的工商企业等经济实体全部收为"国有化"，之后又宣布全缅外侨及缅甸私立学校全部（除国家规定地区如当阳等，少数民族如果敢等地区仍有华文中小学校外）为"国有化"。

的叫"兴华",广东的叫"育才",此外有客属群治会馆、福州三山同乡会各一所私塾式的学校,学生较少,全满了的学生总数还不到200人。①

战前带家眷的华人华侨不多,一般都是单身谋生计,适龄儿数量少,因此学生不多,各校初、小一般都是采用复式教学:用家乡话进行教学,或者字音跟读普通话,用家乡话或缅甸话讲解和翻译。抗日战争时期,当地华人华侨关心抗战形势与国家大事,又有了救国捐献、抵制日货等多项活动,各省籍华人华侨才有较多的往来和联系,学生在这时候也走上了社会。1942年初,日本入侵缅甸,仰光一些进步文教界,曾组织"缅甸华侨战时工作队"到曼德勒开展抗日宣传工作,促进了华人华侨之间的接触交往。同年4月日本飞机对曼德勒进行轰炸,不久曼德勒沦陷,华人华侨纷纷逃难回国或疏散避居偏远乡镇,各华文学校也纷纷停办。

这时的华侨学生,有的在家自学一些汉字,有的到缅甸和尚庙里读缅甸佛教经文。日本占领期间,开办了日文学校,强迫入学。可是更多的人因不愿受日本的文化教育而散处农村或逃避入

---

① 资料来源:田野调查访谈对象赠予笔者的《缅甸曼德勒华侨中小学校建校六十五周年暨校友会复会五周年纪念特刊》,篇名《风风雨雨三十年——缅甸曼德勒华侨教育的回顾》,作者林竹,作于1980年5月福建泉州,访谈时间:2016年10月15日,访谈地点:访谈对象曼德勒家中。

学。这段时间更谈不上什么华文教育。①

1945年,日本投降,抗战胜利之后,疏散各处的华侨返回,回归祖国的也先后复员返缅重整事业,各省同乡会先后恢复活动,并组织"曼德勒华侨互助会"作为全体华人华侨组织。1946年2月,全体华侨打破省籍区域观念,共同创办了"华侨学校",经费由云南、福建、广东三省籍同乡会共同分担,各省同乡会各选代表7人,并组成"曼德勒华侨学校董事会",地址设在28条街同泰商号内,后又迁移30条福建同乡会内,由华侨互助会另建简易校舍教室,学生人数由初办50多增加到200人左右,用普通话教学。

抗日战争胜利后的曼德勒华人华侨生活渐趋稳定,事业有所发展,特别是民族自豪感提高,因而文教公益事业、新的社会团体也相应发展活跃起来。1949年,中华人民共和国成立后的当地华人华侨社会更为生机盎然,华侨学校的学生激增到400人,并在50年代初增设了一个初中班,并改校名为"华侨中学",同时华侨学校采用的课本是国内版的《新华课本》,直到1954年起为适应环境需要,才改用新加坡版的《华侨使用课本》,在此之前,凡小学毕业后读中学都需要到仰光或回国,而有条件的学生为数甚少,这是曼德勒华侨创办中学的开始。50年代末,华侨学校已办有幼儿园大、中、小3个班,小学6个班,初中3个班,学生人数已达到700人左右,初具中小学校规模,

---

① 资料来源:田野调查访谈对象赠予笔者的《缅甸曼德勒华侨中小学校建校六十五周年暨校友会复会五周年纪念特刊》,篇名《风风雨雨三十年——缅甸曼德勒华侨教育的回顾》,作者林竹,作于1980年5月福建泉州,访谈时间:2016年10月15日,访谈地点:访谈对象曼德勒家中。

并改名为"华侨中小学校"。

  学校利用暑假组织历届中学毕业生以歌剧、舞蹈、电影、球类友谊赛等各种形式，到缅甸北部地区的城镇进行巡回演出访问活动，争取缅甸北部各地侨校毕业生到曼德勒华侨中小学校就读。通过多次这样的访问活动，几乎走遍全缅甸北部大小城镇。1956 年这一次就到过 14 个城镇，时间长达 45 天，巡回演出 21 场次，中国驻腊戌总领事称赞演出"有省级的艺术水平"影响面很宽。①
  中华人民共和国成立后，国民政府迫迁台湾岛，缅甸华人华侨也受到了意识形态之苦，意见有所分歧，因此分别办了光华学校（现第七号缅文初中学校）和华侨学校（现第十四号缅文高中学校）。当时因为中华人民共和国成立，许多流亡的知识分子到了缅甸成为教师的支柱。②

  正当华侨学校欣欣向荣的时候，董事会的一部分校董对学校采取消极支持，而积极进行干预和各种限制，并抵制校董会议，最后又在经费上施加压力。部分同乡会相继退出，董事会只好以出席部分董事为基础，另行组成了一个"华侨学校校务辅助委员会"来协助学校解

---

① 资料来源：田野调查访谈对象赠予笔者的《缅甸曼德勒孔教学校 50 周年校庆（1966—2016）》，篇名《源头》，作者曼德勒孔教学校董事会秘书长冷煜东，作于 2015 年 6 月，访谈时间：2016 年 10 月 16 日，访谈地点：访谈对象曼德勒家中。
② 资料来源：田野调查访谈对象赠予笔者的《缅甸曼德勒孔教学校 50 周年校庆（1966—2016）》，篇名《源头》，作者曼德勒孔教学校董事会秘书长冷煜东，作于 2015 年 6 月，访谈时间：2016 年 10 月 16 日，访谈地点：访谈对象曼德勒家中。

决一些迫切的问题，同时表示当董事会恢复职能时，将全部交还董事会。

这时华侨学校已经有较好的社会群众基础，得到广泛的支持。从此，改变了历史上依靠三省同乡会办学的做法，调动了广大群众办学的积极性，又通过劝募工作更广泛地联系团结了侨胞，侨胞也更关心学校了，因而形成了一种新的团结气氛。经过这样一次又一次地争取，曼德勒逐渐形成为缅甸北部地区侨校、侨团、侨务的联系中心，华侨中小学校的生源也在不断增加。1960年，已有学生900人左右，外来就读的就有35个城市和乡镇，其中寄宿生40多人。

华侨中小学校贯彻"面向当地"侨务政策的办学方针，鼓励学校学好缅甸文化与历史知识，与缅甸人民同甘共苦，为缅甸社会的繁荣做贡献。中小学各班级的科目、课程都做了重大的调整，当时的计划设想是：学生在接受一定的中文基础教育后，逐步转向以学习缅文为主，中文则继续提高和巩固，因此规定：中文小学毕业后，缅文也要具有缅甸小学（四年级）毕业通行程度，而中文初中毕业时缅甸初中（七年级）的同等程度，并从1961年起，筹办缅制高中（九年级），全部科目课程均和缅甸高中学制一样，中文只保留语文、近代史2科，课时8节，3年的缅文高中毕业后，参加缅甸统考，之后就读缅甸大学。"面向当地"的方针，为华侨学生开辟更为广阔的升学与就业道路，为争取长期生存创造条件。这一改革措施，受到侨胞普遍的重视、好评与有力地支持。

据了解，缅甸当地华文学校很大一批的老一辈云南籍办学者们，都是在中国20世纪50年代末农村土地改革运动时期从云南到缅甸的。

这批人成为华文学校建立之初的教师人群中的中坚力量。

>我们家在当时是地主，我的公公奶奶爸爸都在缅甸，只留我妈妈一个人，就不容易对付……①

"地主华侨"是中国当时打击的重点对象之一，后来这个名称又改为"华侨地主"。如果是从缅甸找了钱又才在中国买地置家的，处置得就会轻一点，但是家里的全部东西还是要没收。这样的处置方法吓跑了很多人，所以"在边界这些云南人都是那时候从中国跑出去的"。

>在国内，以前的人谁都不想入缅籍，以前我公奶他们找他们入缅籍，他们不干，到时间我公公奶奶还是要回家，把钱找到回来，好好地盖盖家，五十多岁从缅甸找到钱就回来养老了，七十八十都还在做的事，以前五十多岁找到钱就回来当老板了，当老太爷。很多都是家里面有些金条，就偷偷摸摸装着来，走路跑到缅甸，政府抓不到也就在缅甸又可以生活了，那个时候查的人很少，你走你的，一个不搭理一个……②

当时进入缅甸的云南籍华侨们都可以获得外侨证，申请缅籍只需

---

① 资料来源：田野调查访谈对象，访谈时间：2017年6月3日，访谈地点：访谈对象曼德勒家中。
② 资料来源：田野调查访谈对象，访谈时间：2017年6月12日，访谈地点：访谈对象曼德勒家中。

要这份外侨证即可，但是申请的过程具有很大的不确定性，父母双方都能够顺利申请到缅籍身份证获得缅籍华人身份的概率很低，这也就直接影响到下一代子女在缅甸的就读问题。很多华人华侨家庭中的子女在就读缅甸大学前，专业选择就受到限制：每个华裔子女在申请专业时都要经过审查程序，家里父母与子女同时为正式公民（缅籍华人）才可以获得所有缅文大学专业的申请资格，因此只要有一方不是正式公民的，子女在填报专业时，无论成绩怎样优异，例如医生、律师、工程师这些缅文大学的"优等"专业都没有填报资格。

2. 华文教育的过渡时期

1962年，缅甸军事将领奈温将军（General Ne Win）发动政变并成立以军事统治的政府，所有的私人财产都收归国家所有。此前50年代的缅甸经济在东南亚具有广阔的发展前景，民众生活比较富裕。因此"国有化"的首要目标是针对工厂、公司和商店，重点举措为不能有私人财产。1964—1965，"国有化"扩展为将"学校收归国有"，包括中文学校、美国、英国、印度学校，因此华侨学校与光华学校的历史也就此结束了。

伴随着工厂没收，很多从事小本生意的华侨也统统失去了工作，当局还规定，从外国过来的东西都不可以摆出来卖，改为一律卖本地产品，很多辍学在家的华侨子女开始了白天帮父母赚钱，晚上补习的生活。一位云南籍的老人回忆自己辍学在家时的生活还历历在目：

> 我们是卖冰水，在路旁边，我去帮父母做，还有卖冰条，是

跟别人买好再来卖，还有自己调酸水柠檬水，卖给在路上想喝的人。那个时候赚多少我也没有概念，就是帮父母做，然后用来买米，生活才能继续。我做过玉石，偷偷摸摸地买卖。泰国人来买，什么人都来买，从密支那那边火车过来的，还有水路过来的，那个时候我的父母不在这，我的父母也懂玉石，因为从小我的父亲就教我这个玉石要怎么看，但是小时候只是听，但是正在做的时候，是有老板教我们怎么做，要什么颜色才好，统统教我们……①

在没有华文学校期间，老师们纷纷开始偷着为学生们补习，在自己家甚至在学生家开办补习班。1967年缅甸仰光排华事件的发生，让当局华文教育的形势更为严峻："学校被国有化了，华籍（缅甸华侨）教师被迫停职，没有了工作怎么生活？学校马上召开会议，领导大家下定决心排除万难，组织起来搞家庭补习班，当时教师们的生活异常艰苦，但是大家一切为了孩子，接受使命，要继承中华传统文化，许多侨贤把自己闲着的房子贡献出来给老师们住宿和上课。"② 凡是学习中文一律以违法论处，如果被人举报有人偷办学校将直接被抓入警局。当时真是曼德勒当地一些华文学校的重要起步阶段，很多华文教师不

---

① 资料来源：田野调查访谈对象，访谈时间：2017年6月3日，访谈地点：访谈对象曼德勒家中。
② 资料来源：田野调查访谈对象赠予笔者的《缅甸曼德勒华侨中小学校建校六十五周年暨校友会复会五周年纪念特刊》，篇名《我敬爱的"林竹校长"和曹卓焜主任》，作者李兰芳；篇名《缅甸爱国老人苏知觉校长事迹略记》，作者林竹，访谈时间：2016年10月15日，访谈地点：访谈对象曼德勒家中。

愿意放弃，依然选择偷偷进行，教书的任何工具都需要准备多套，并且书籍的封面层层包裹或是套上佛经的书皮，以便随时应付任何突发状况。

  当年商店被收，我还没有这么痛心，因为商店被收尚可另谋出路，而学校被收，华侨后裔不能受祖国文化教育，下一代自然而然地渐渐被同化了。①

  华侨中小学校中学部校舍宽敞，设备完善，国有化之后改校名为"国立曼德勒第18高级中学"。这时新校舍第三期工程，被迫中途停建。被接收后又应缅甸政府的要求，继续将该工程建完，交付使用。而设在福建同乡会里的小学部校舍则为市立小学。被国有化的华侨中小学校，已办有缅制高中3个班，中文初中6个班，小学12个班，幼儿园3个班。全校中小学总计24个班级，学生总数为1347人。而光华中学也有学生400多人，两所华侨办的学校学生总数1800多人，教职员工队伍也有120人左右。为了坚持华文教育，坚持"化整为零"的对策，一些没有获得缅籍的教师，在各自的家里办华文补习班，为华侨学生课外补习华文，仅原华侨中小学校的教师就办了52个班，原光华中学的教师也办有8个班，补习学生总人数共计千人以上。教师在空余时间会学习一两种手艺，做一点小生意来维持生活，坚持华文

---

① 资料来源：田野调查访谈对象赠予笔者的《缅甸曼德勒华侨中小学校建校六十五周年暨校友会复会五周年纪念特刊》，篇名《我敬爱的"林竹校长"和曹卓焜主任》，作者李兰芳；篇名《缅甸爱国老人苏知觉校长事迹略记》，作者林竹，访谈时间：2016年10月15日，访谈地点：访谈对象曼德勒家中。

补习班工作。

"六二六"事件后,掀起了回国潮,准备回国升学的同学们,群集在小学部内,开始上"特别班"。那时,有几位老师任教,记得教我们的是刘金柳老师,为了能够顺利回国升学,老师教我们初中国语、哲学、数学、几何代数、基础物理、化学及家电维修。为了锻炼身体,在小学部里大家一起练习打篮球,打羽毛球,打乒乓球,玩单、双杠、滑旱冰。在妇女联谊会所内看图书、小说。因为缺乏图书,我把仰光海燕书店我族兄送给我的连环画、小说全部送到妇女会,和大家一起分享。那时妇女联谊会所内,在1965年还开办了裁缝班,是由热心的侨领指导,耐心地教每位来学能维持生活的谋生手艺——"裁缝"的学员们,真是难得。①

华文补习班工作开办2年左右,形势又起了变化。1967年6月底,缅甸掀起了排华的不友好行动,华文补习班在形势逼迫下,有一部分无形中停办了,侨团侨务工作处境艰难,活动成了低潮。到了20世纪70年代,中缅关系好转前后,华文补习班虽又有活动,但比起过去蓬蓬勃勃的气势差之甚远。

---

① 资料来源:田野调查访谈对象赠予笔者的《缅甸曼德勒华侨中小学校建校六十五周年暨校友会复会五周年纪念特刊》,篇名《回忆母校国有化前后经过的点点滴滴》,作者王炎忠,访谈时间:2016年10月15日,访谈地点:访谈对象曼德勒家中。

3. 华文教育的再发展时期

20世纪80年代以来，当地华文教育全面复苏，全缅各地的华文学校进入了发展的春天。80年代末，奈温及其军人集团下台，新军人政权上台执政，并且采取了一系列的改革措施，其中就包括政治上的民主改革，以及经济上的逐步对外开放。同时，随着中国经济的快速崛起，作为当地华人华侨的祖籍国，中国高度关注广大华人华侨在域外与海外的生存和发展，大力开展域外和海外华文教育，着力开创中华传统文化，不断增强国际影响力的新局面。

中文教育经过断层30多年的时间，对缅华文艺有着直接的影响，形成教师青黄不接的现象，老者老矣，后继无人最令人忧心。

华文学校师资不足已经是缅甸华文学校长年以来一直在面临的问题，因为华文教师的薪水与福利制度，年轻教师无法长期在校服务，而一直不计代价地为缅甸华文学校付出的资深教师大部分已经年迈，因为身体健康和各种因素都会退休。另外师资不专业的问题也是华文学校的一大问题，教师的学习经验对于教师认知和教学实务有一定的影响。因此学习经验对于教师而言非常重要，但是缅甸华文学校的教师大部分都非专科班出身，虽然并非专业，而且学历也参差不齐，但也慢慢积累着他们的教学经验。近年来华文教师们都是在国内外接受专业的师资培训，提高了教师们的知识和教学水平，但是因为教师一直流动，每年都有很多新手教师加入，有的甚至是初中刚毕业而且没有受到过任何专业训练的新手教师，因此仍然没有解决教师专业的问题。

我们在云南同乡会第十三届理监事会的统筹之下，在国侨办、云南省侨办和中国驻曼德勒总领馆的指导和支持下，综合集成国内外各方资源，集教学和文化交流为一体……毕业生在完成本学院的课程后赴祖籍国继续深造，大量毕业生参加教师团队充实到缅北各华校，为缅北地区的华文教育带来新的动力。①

其中，中国国家汉语国际推广领导小组办公室（汉办）、国务院侨务办公室（侨办）以及"台湾侨务委员会"也不断地向缅甸曼德勒当地的华文学校提供派遣志愿者教师、赠送教材和教具、师资培训、经济支持等形式多元的支持。

"台湾侨务委员会"不定期地邀请缅甸华文老师前往参加台湾岛上一些知名大学所承办的缅甸华文学校教师研习班。长期以来，能争取到这种承办机会的台湾高校都具有一定竞争力，"台湾侨务委员会"将支付研习过程中的所有费用，同时在曼德勒当地的华文学校中，这样的研习机会不仅是对华文教师的提高，也能为派出华文教师的华文学校赢得名誉。

在当地的华文学校补习中文，让他们的中文水平提高，这种时候他们在缅甸政府的国民学校十年级毕业了，就可以上大学了，等大学毕业，就可以到中国去读书，用这种方式，让他们好好地

---

① 资料来源：田野调查对象，访谈时间：2016年10月6日，访谈地点：曼德勒云南会馆礼堂二楼理事会办公室。

读中文。①

当地的华裔学生可以选择参加中国大陆国家汉办水平考试（HSK），也可以选择直接参加中国台湾省的"海外招生联考"，以获得继续升学的机会。

参加中国国家汉办的汉语水平考试，不同于中国本地学生的要求，就读于曼德勒当地华文学校的华裔学生，在 HSK 中就可以考上四级五级六级，恰好他们政府的高中毕业了，或者是缅甸大学毕业了，这些毕业证书是可以获得承认的，并且凭借自己的身份享受很多例如政府奖学金、孔子学院奖学金等奖励。同时，中国目前所开设的职业教育，如厨艺、导游、酒店管理以及 MBA 班，各类教育学校、职业培训学院、中文导游班、酒店实用汉语已经开始。汉语只是作为一门语言来学习，在当地办学者看来，在长期生存方面依然存在问题，"中文导游班初高中涉及了教材，缅甸的旅游景点用英文讲，他们也可以去做导游。缅甸的旅游刚起步，也希望中国的来，中文导游紧缺，教材就用中文讲缅文的故事。"② 诸如此类的职业教育课程，让华裔学生对自己的职业规划早早有所准备，对于在曼德勒当地社会生存更为实用。

台湾侨务委员会针对海外华文教育，设有专门的侨民教育处以及教育指导与文化事业科，并在缅甸的邻邦泰国设有侨务委员会办事处，每年与缅甸曼德勒当地的华文学校有诸多师资支持与交流活动。据当

---

① 资料来源：田野调查对象，访谈时间：2016 年 10 月 17 日，访谈地点：曼德勒孔教学校东区会议室。
② 资料来源：曼德勒云南同乡会关于云华师范学院翻译班开班事项讨论会，时间：2017 年 6 月 4 日，地点：曼德勒云南会馆礼堂二楼理事会办公室。

地华文学校里的缅甸老师介绍,台湾侨务委员会在还未涉足缅甸仰光时,曾设想在曼德勒当地设立办公室,将曼德勒作为与缅甸当地华文教育建立长期联系的窗口,主管缅甸所有的华文教育,并且这个办公室就设在当地历史悠久的华文学校——孔教学校内部,但孔教学校并没有答应。华文学校的老师认为这是孔教学校已经坚定以后将往"那方面(简体字教学)"发展了。

华文教育事业在缅甸相当艰难,仍然能在困难重重的环境中维持自己的文化与语言,是一种缅甸华侨精神。①

缅甸曼德勒当地的华文学校开始为华裔学生办理手续到台湾去升学都是20世纪80年代才陆续开始的,缅北例如密支那和党阳地区会更早一些。台湾当时与缅甸华文学校的联系,还未经过政府相关部门提供的平台。在80年代,缅甸有限的交通设施情况下,缅甸华文学校开始寻求借助邻邦泰国的海运出口,送华裔学生进入台湾,在很多老一辈华文学校教育者的记忆里,那是一段让人"胆战心惊"的大胆作为。

我们当时学校里面的学生到台湾去读书不像现在的联考这样,它就是那边要招生,有台湾设在缅甸的代办,仰光的广东公司有一个代表,腊戍的有一个,从这边填表带去的话,他们批准了以

---

① 资料来源:曼德勒台湾教育展开幕式致辞,时间:2017年6月30日,地点:曼德勒市政厅。

后，他们就把这个护照带到泰国，然后我们这边的学生由边界偷渡进到泰国，到了泰国以后拿着护照，然后就作为偷渡的向当地警察自首，台湾人偷渡越境过来，他们都已经有这个套路了，然后这个学生就被扣在警察局，再被遣返回台湾，是用这个方式送去。①

后来官方对此类行为施加压力了以后，才开了持续至今的参加联考的模式，这种"套路"持续有十多年之久，现在曼德勒华人华侨子女前往台湾地区升学统一通过"台湾侨务委员会"。

"台湾侨务委员会"与当地一些华文学校通过电子邮件保持联系，华文学校中有专门的老师负责对接。他们给了当地华文学校一些活动建议，校方采纳后将其作为支持与赞助方出现在活动的宣传中，一些活动的举办形式也被缅北很多华文学校借鉴采用。台湾举办针对海外华文教师相关培训也会由华文学校的联系人负责通知到当地华文学校。

缅甸曼德勒当地的华文学校与台湾的联系主要就是通过高校和"台湾侨务委员会"。缅甸北部多所有悠久办学历史的华文学校的华裔学生所获得的学历，都被认可，即高中毕业以后所取得的当地华文学校的文凭，是通往台湾地区继续升学的基础，然后就是参加台湾地区面向海外招生的联考。联考在台湾地区的关注度类似于中国大陆的高考，它的考卷是台湾大学出题，台湾师范大学监考，暨南国际大学改卷，其中针对每个国家考的试卷都是不一样的。

---

① 资料来源：田野调查访谈对象，访谈时间：2017年3月29日，访谈地点：曼德勒孔教学校新城区教师办公室。

这个联考在缅甸、菲律宾、泰国等东南亚国家都设有考点，在缅甸设有三个考区，分别是：缅北腊戌果文学校考区，曼德勒孔教学校考区，东枝考区。缅甸仰光已经不再作为考区，即缅甸的联考考区任务全部设立在缅北地区。

> 现在台湾空虚，出生率低，大学多，没有学生，有些不信任在台湾读的跑到中国大陆去读，香港澳门有办法的都跑掉了，剩下的也没有多少，以前考大专，他们只认定收我们五十个，限制着，多要几个都不行，初中毕业也不行。①

前往台湾地区升学除了华文学校高中毕业的学生以外，针对缅甸地区也可以读到缅文大学的学生，在大二结束要读大三的时候，这些学生可以从校方开具一个学历证明，也可以作为参加联考的凭证为台湾地区高校所认可。近年来随着台湾高校对招生名额的放宽，如果觉得自己中文水平可以跟得上的华裔学生，也可以开具大学的学历证明去参与联考。

> 读到高中毕业去到台湾读中文问题不会太大，只是说用缅甸大学的证明的学生比高中毕业的学生考台湾大学的概率会小一些。今年联考，全缅甸有100人，曼德勒这边占了90，联考报名应该是从去年12月就开始报名，开始造册，二月份差不多出完题，三

---

① 资料来源：田野调查访谈对象，访谈时间：2017年3月15日，访谈地点：曼德勒孔教学校新城区教师办公室。

月份暨南大学会将试卷移交到师范大学，五月的时候再发布成绩。在考试报名之前，会先填一个志愿卡，放成绩以后会按照这个成绩去排学校。①

缅甸的华裔学生相较于马来西亚、新加坡、泰国这些东南亚国家的学生，华文教育的基础更为扎实，因此也吸引了很多台湾当地的职业学校前往缅甸进行招生，这些学校通过"侨务委员会"平台进入缅甸的学校，对于曼德勒当地的华裔学生要求不会很严苛，并且不需要参加大专联考，只需要提供初中（中一、中二、中三）的成绩单，考虑到目前在华文学校读完初中还在读缅甸国民教育体系学校的华裔学生很少了，因此笔者在华文学校接触的一位曾经担任学校教导主任的华文老师还有一份额外的"差事"——为这些即将前往台湾地区升学的学生们补以往的学习成绩单，这份繁复"差事"对于这位老师来说是一份"苦差"，然而从今年开始这份"负担"有减轻的趋势。

---

① 资料来源：田野调查访谈对象，访谈时间：2017年3月21日，访谈地点：曼德勒孔教学校东区。

曼德勒云南籍华人华侨之华文教育及其功能变迁研究

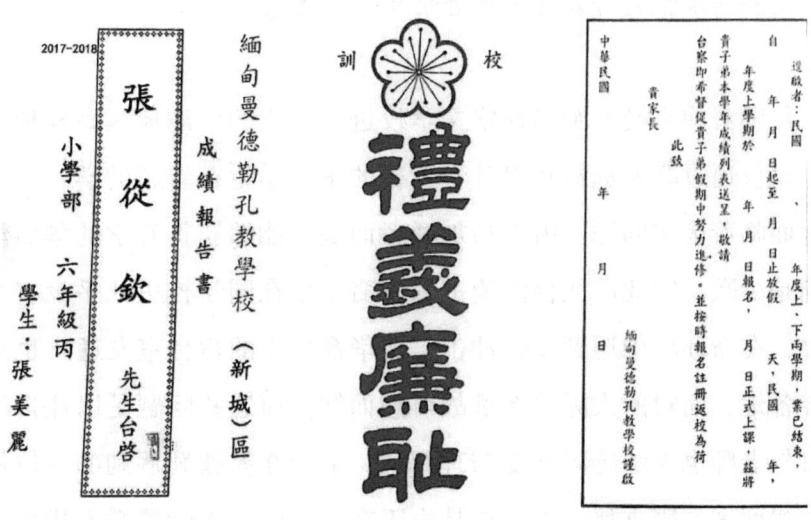

图2 缅甸曼德勒孔教学校成绩单①

近年来很多地区来缅甸地区招生，论理是一件好事，但是招生的目的和意义有所不同，有些是真正以考生录取分配到某某名校就读深造，还有若干名全是公费，若干名是私费，这才是真正为侨生着想而得到实质的照顾；另外的招生纯粹是为学校利益着想，而且把内外分作彼此不平等看待，悬殊也颇大，学费与其他费用使海外侨生和家长心理上不平衡，让我们在缅华社会的学生，压抑在心头的那种"有理讲不清"的情绪，得不到真正的缓解和释放，希望祖国要为我们多年来背负着沉重工作和心理负担的广

---

① 资料来源：由缅甸曼德勒孔教学校老师提供，笔者摄于缅甸曼德勒孔教学校，2017年5月11日。

大缅华侨校爱好教育工作者吹来一缕清风。①

伴随着前来曼德勒当地华文学校进行招生的台湾地区高校种类繁多，仅仅通过联考选拔获得升学资格的华裔学生在崭新的学习与生活中也面临着诸多问题。由于参加联考而最终能够获得升学的华裔学生依旧是少数，因此前往台湾读书的华裔学生在同学校里几乎没有缅甸同伴，在新环境中遇到文化冲击，而华裔学生的宿舍室友通常也来自世界各地，面对的人际关系挑战可想而知。而这些问题是以往自己的父母与老师也无法感同身受与理解的，笔者在曼德勒遇到的一位从台湾学习回来的密支那女生，正是由于在校期间的人际关系困扰而选择休学，目前在曼德勒进行调整与心理辅导。

我们在第二故乡办华文教育，虽然得不到当地政府的正式许可而得以注册，但是必须经过很多各种不同的外交管道得到政府的默许而得以长期维持下去，我们非常感谢政府的默认和帮忙，更要向当地一部分优良学校看齐……②

在新的形势下，华文学校及其所展开的教育必须尽快适应缅甸国情和教育发展，并考虑到华人华侨群体的实际需求，目前的缅甸曼德勒华文教育吸取了历史上缅甸华文教育多年断层的经验教训，已经逐

---

① 资料来源：田野调查访谈对象提供的王陞鸿先生回忆录文本，访谈时间：2017年4月1日，访谈地点：曼德勒孔教学校新城区教师办公室。
② 资料来源：田野调查访谈对象，访谈时间：2017年6月12日，访谈地点：访谈对象曼德勒家中。

渐从汉语教学和华文教学为主体逐渐转变为追求长期、稳定、安全的持续发展，而这种发展的途径正是"中、缅、英"的三语教学方针。在缅甸当地的国民教育体制下，当地的华文教育取得合法地位或是保障支持，最直接的途径就是申办缅文学校，作为缅甸教育部规定中的可开办的"外语"取得政府的合法办学执照，同时缅甸的高等教育已经满足不了当地华人华侨子女的教育需求，追求与国际接轨的教育资源也成为目前当地教育发展的新趋势，因此作为最实用的交流工具，英语成为华人华侨家庭的首选。

但是当地的华文学校办学者也提出了对目前教育选择的担忧。他们认为当地的孩子一定需要接受三语教育，才能让华人华侨们的子女今后进入社会没有后顾之忧。只选择读中文的孩子，他们融入不了缅甸曼德勒的主流社会；只读缅文或是英文的孩子，他们与华人社会以及华人圈的距离会越拉越大，无法进行沟通则无法融入。目前很多家长对于英文学校始终抱有一丝崇拜，并且表示能够讲一口流利英语是一件极其有优越感的事，但是很多家庭在把孩子送出国之后一两年就已经没有经济能力再继续支撑孩子的花销了，这样的孩子回来会更加困难，国外的环境所培养出的"绅士淑女派头"在缅甸曼德勒当地"完全没用处"，没有办法融入主流社会。而这些都是华人华侨家长在选择时所很难考虑到的。因此华文学校办学者们的观点是："首先一定要把我们的中华传统文化传承好，让学生具备中华传统文化的素质，把中华的这个伦理道德灌输到他的脑子里面，以后他才能在社会上做事……首先你就要把中华传统文化的精髓灌输给孩子，中华传统文化的忠孝仁义礼智信，我们一定要讲信誉，否则在商场上就混不下去了。"

  我们中国的第一个理念就是要有信用，你搞这个经济，你做生意，人家对你要有信用，你自己要自立，所以现在缅甸一般的华人，在经济这个范畴里面，骗人的也有，但是太少太少。如果一个印度人和一个华人同时去和缅甸人做交易，他们首选的是华人，他卖给你的这个东西，他可以赊给你，不付钱他放心你。印度人不同，印度人骗人的比较多，他们对印度人好像是没有那么多信任，华人他就信任你。我们华人的历来的作风就是比较讲究信誉，在商场上说一是一，说二是二，人家给多少，我一定五分钱都不会欠……①

目前当地多家华文学校都已经开始开设缅文部，同时英文作为日常课程或是培训加入华人华侨子女的华文教育当中。因此，当地华人华侨社会对于"落地生根"融入主流社会的更进一步尝试，无可避免地让家长与学生在不同的学习环境中转换身份。

  我们立身在缅甸，生活在他乡异地，华人华侨的子女，要接受多元化的语言和文化教育，每天两个小时的中文学习，英缅文课每天接受七个小时的学习，到家放下英缅文书包又背起中文书包再到中文学校，所有在当地的学生还要接受各种各样的补习，

---

① 资料来源：田野调查访谈对象曼德勒孔教学校理事会理事，访谈时间：2017年6月2日，访谈地点：曼德勒孔教学校新城区。

为了在第二故乡求生存，不得不学习当地文化，为了种种学习问题，孩子们披晨星到学校、戴月亮回家的艰苦学习环境，让家长增加了很多接送的麻烦。①

期中考的第一天早上，在学校门口维持秩序的时候，有两位学生家长和一位退休教师在门口的饵丝店的闲凳上坐着一块儿聊天，其中一位家长感慨道："今天的社会，不单是比吃比穿，比首饰，比轿车，比住居，还比家用电器等等，近来又好像多了一样，比孩子读书，去哪里有名的电脑学习班，又是谁家的孩子进了大学，甚至到国外深造。尤其是小学生的家庭补习方式，一天到晚上补习，缅文老师才走，英文老师又来，一小时的英文会话和书写还弄不清楚，背起书包又去上政府学校，下午放学，再背起那个书包急急忙忙送进中文学校，有时书包还会拿错，实在给家长弄得头昏脑涨，哭笑不得，苦了孩子不说，连家长也伤透了脑筋。"话音刚落，身旁诸多等候的家长纷纷加入了讨论，不难发现这样的感慨引起了大家的共鸣。

每个华人华侨家庭多多少少都对自己的孩子抱有深远的希望，孩子们从幼儿园开始，就开始承受各类家长们"希望"两个字的长期压力，家长千方百计地为孩子找重点学校或素质好的教师补习，想方设法地为孩子的学业而不辞辛劳地经营各种行业，全力以赴为孩子找各种补习辅导教材，请补习老师等。

---

① 资料来源：田野调查访谈对象，访谈时间：2017 年 6 月 3 日，访谈地点：访谈对象曼德勒家中。

资料来源：笔者摄于缅甸曼德勒，2017年6月23日。

图3 补习班广告

在与学校里孩子们的接触中，笔者发现他们对于学习、文化的概念其实很模糊，取而代之的印象是像"赶场"一样的奔波，以及对于在学习的"夹缝"中有一丝休闲娱乐时的难以控制的兴奋。在幼儿园以及小学的教学过程中，其实很多学生都会多多少少展现出一些自己在某些方面的专长和偏好，但是往往由于繁忙的课程任务和紧迫的教学时间，老师们会选择忽视和压制，以更好地完成自己的教学任务。

四、曼德勒华文教育发展过程

调查发现，缅甸曼德勒华文教育发展过程中，当地的华人华侨通过华文学校、华人华侨家庭与社会组织对华文教育的教育功能进行着能动的调适。文化调适是一个过程，也是一种结果，既有个体调适与适应的特点，也代表了群体的倾向性。笔者将从曼德勒当地华文教育在学校、家庭以及当地社会组织中的呈现形式对教育功能的变迁情况进行逐一分析。

1. 学校教育

对于身处异国他乡的华人华侨，所使用的语言是他们身份最直接的名片。作为当地的云南籍华人华侨，云南方言是他们身份认同最直接的体现，也是他们与祖籍地保持联系的重要纽带。而对于华人华侨子女而言，语言的塑造与使用的语境即在华文学校中对于日常所使用语言的处理，他们有着自己的选择与取舍。

缅甸曼德勒当地的华文教育发展虽然经历了不同的历史时期，也为华文教育在当地的生存提供了挑战，但同时也为华文教育的发展提供了多样化的机遇。

当时排华主要集中在缅南,也就是仰光这部分。当时只要是说汉语,或者说自己是华人,就会遭到政府或是缅甸人的排挤,甚至是打压。所以从家庭来看,他们就远离了汉语,就慢慢被缅化了,他们宁愿说缅语也不愿意说汉语了,所以他们的孩子对于汉语就越来越陌生。而缅北就没有那么严重的问题,家里家长基本上都用汉语交流,这里的交流不是普通话,而是云南方言,或是像果敢那边一样的临沧方言,与孩子交流。当时也有一些华人的领导人,他们受到排华以后暗地里以补习的方式继续教汉语。后来渐渐地补习的学校越来越多了,但依然不敢以汉语学校这样的名称来开办,依然是以佛经学校来开办。①

华文教育的起步时期,因为受到了一系列"排华事件"的影响,华文教育以补习班或者是佛经补习班的形式来教学,最开始的时候是以四书五经,以及简单的三字经、百家姓这样的文本进行教学,目的是为教学龄儿童认识文字。对于缅甸的华人华侨来说,曼德勒属于缅北地区,而缅北地区华文教育的发展与缅南地区是完全不一样的。这些学校的前身是佛经补习班——用传承中华文化的传统文字来传播佛教的思想,是基于缅甸作为一个佛教国家,对于以佛经、佛教为传播载体的教育方式在当地社会是不受排挤和打压的,所以通过补习佛经的方式来传播中华传统文化,可以被当时的政府所接受。

---

① 资料来源:田野调查访谈对象,访谈时间:2016年10月8日,访谈地点:曼德勒果敢会馆办公室。

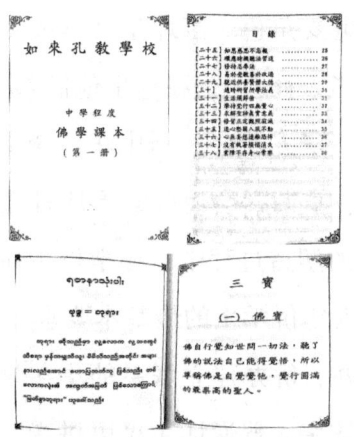

资料来源：图片由曼德勒孔教学校学生提供，笔者摄于校内，2017年6月1日。

图4 曼德勒孔教学校自编佛经课本

但是也是睁一只眼闭一只眼的形式，因为政府其实也知道没有任何的法律可以来禁止，他们也就以这样的形式存在几十年，后来也从补习班成为了佛经学校。在曼德勒当地有很多学校都是以佛经学校取名的，像美苗、抹谷，也都有这种性质的学校这样来教汉语，后来慢慢地政府也可以来接受了。只是以文化为主，语言为辅，或是以语言为主，文化为辅。而旨在教授中国文化的华文学校，里面学生的母语或是认同的母语都是中文，所以不是以语言为主而是以文化为主。①

在缅甸曼德勒当地的华文学校中，学校教育在促进华人华侨学生

---

① 资料来源：田野调查访谈对象，访谈时间：2017年6月12日，访谈地点：访谈对象曼德勒家中。

社会化过程中扮演着重要角色。当地华文学校为当地的华人华侨学生塑造了一个小型的"华人社会",在这里他们参与生活并成为"社会"的一员,从而在这个"华人社会"与中华传统文化环境中,学习社会知识、获得价值规范、掌握社会经验、形成社会行为,并最终发展自我。而这个"社会"的塑造过程中,在学校中所使用的语言是华文学校对于每个在校的华人华侨学生的最基本要求。

曼德勒当地与汉办、侨办建立联系的华文学校中,在学校开学时就已经明确要走"简体字+普通话+汉语拼音"的教学路线,学校里面由于有大量的云南籍华文教师,习惯在学校的日常生活中与学生用云南话进行沟通,学校因此硬性制定了一个规章制度,要求在学校范围内,除了私人空间,其他时候一律要讲普通话,不可以讲任何方言与外语,学生与学生之间、老师与老师之间都应遵守。

文字作为中华传统文化的传播载体,也是海外与域外华人认识中华传统文化最直观的接触渠道。在缅甸曼德勒华人华侨创办华文学校之初,对于中华传统文化中文字的传承是当务之急。而在当时的历史背景之下,当地华文学校尽其所能让学生能够重视中文以更好地传承中华传统文化,针对当时的教材、学生的识字措施以及所使用的日常用语,都采取了一系列适应当时环境的措施。

资料来源:笔者摄于缅甸曼德勒孔教学校东区书法教室内,2016年10月20日。

图5 华文学校中学生展示的中华传统文化

当时我们的学校,本是按部就班办得不错的,初中课本是腾冲省立中学购得的一部分教科书,另外的一些教材则是搜集一些乡村所必需或常用的应酬类的应用文。在课余时间,我们用白棉布订成书本,天天埋头抄写,得以经常练习毛笔字,所以在我们的所有同学当中,我认为大家的字体还是不错的。①

以华语为母语的缅北华文学校,注重中华传统教育。其中,台湾为当时所采用的华文教材提供了重要支持,并且直接形成了当地大部

---

① 资料来源:田野调查访谈对象提供的王陛鸿先生回忆录文本,访谈时间:2017年4月1日,访谈地点:曼德勒孔教学校新城区教师办公室。

分华文学校所采取的最直接措施——以写繁体字、学注音字母为主要原则，国音注音成为学生必学的课程。需要注意到的是，通过国音注音学习汉语是建立在引进台湾教材的基础上。在当地华文教学过程中，学习国音注音与学习繁体字是一种学习体系，与此同时的汉语拼音与简体字教学，是建立在引进大陆教材的基础上，因此学习汉语拼音与学习简体字通常情况下也是一种学习体系。在当地的华文学校中，学前班①已经有开设国音的识读课程，幼儿园需要掌握简单字句的国音注音的朗读、拼写以及繁体文字的朗读与书写，小学一、二年级，注音字母的系统学习已经完成。对于该类学校毕业的学生，国音注音是他们最为熟练的一个强项。

		第一節	第二節	第三節
星期一	大班	弟子規	寫字	英文
	小班	注音	英文	唐詩
星期二	大班	緬文	寫字	注音
	小班	唐詩	三字經	英文
星期三	大班	數字	寫字	緬文
	小班	緬文	英文	數字
星期四	大班	自然	寫字	弟子規
	小班	英文	注音	自然
星期五	大班	唐詩	寫字	英文
	小班	三字經	英文	緬文

资料来源：笔者摄于缅甸曼德勒孔教学校学前班内，2017年3月9日。

图6　学前班课表

---

① 缅甸曼德勒华文学校中，按照学前班、幼儿园、小学、初中至高中依次进行排列，学前班属于学生进入幼儿园之前的早教课程。

这样的学校培养出的学生，最值得钦佩之精神就是他们学习繁体中文与国音注音是凭他们有着热爱祖先文化的一颗热心而想为实现传承中华文化之理想而努力学习的精神。同学们不顾繁体字与注音字母在社会里有没有用，就只凭热爱民族文化的热情，努力学习民族的传统文化——繁体字与注音。①

与台湾一直保持联系的华文学校，一直将毕业生送到台湾升学作为自身的重要任务与对华人华侨家长的承诺。虽然在如今这个升学机会多元化的社会这样的情况已经不足为奇，但是台湾作为当地华人华侨学生唯一的升学渠道有着较长的历史。当地使用台湾版教材的华文学校同时还利用自己的使用繁体字与国音注音的优势，加强了缅甸曼德勒当地与台湾的联系，受到台湾教材训练的华人华侨学生在今后的台湾升学过程中能够更好地适应，并让当地的华人华侨学生受益其中。

我以前在火车路这一带，我读共产（党）书，我写简体字，后来来到他这里我又写繁体字，当时张老师，我写一个简体字他就给我一板，把我敲伤了，他还让这些学生监视我……②

在当地华人华侨办学之初，选择繁体字或是简体字作为华文学校

---

① 资料来源：田野对象访谈对象，访谈时间：2017年3月12日，访谈地点：曼德勒孔教学校新城区教师办公室。
② 资料来源：田野调查访谈对象，访谈时间：2017年5月18日，访谈地点：曼德勒孔教学校新城区教师办公室。

教授文字与当时的办学者所处的历史环境与获得的华文办学支持密切相关。当地华文学校在教学与教材方面受到了多种因素的限制，在办学之初是通过国音注音与繁体字来教导学生认识中华传统文化，到后来华文学校所选择的教授文字类型还带上了一定的政治色彩。但是在当地众多华人华侨看来，这个有别于当今更多便于教授与传播的教学阶段，更能符合当时当地人对中华传统文化继承与传播的决心。

目前当地受到台湾惯用的传统注音拼音方式的华人华侨正在经受着现代认字方式的挑战，并且已经逐渐认同于以汉语拼音来支持学生进行基础识字。

> 台湾目前所用的输入法有仓颉、无虾米、速成，仓颉并不是注音，这些输入法后来证明并不适用。我们读书的时候就是用注音的ㄅ[1]、ㄆ[2]、ㄇ[3]、ㄈ[4]，一直学的就是这个，台湾完全是注音，现在汉语拼音也通用了，双用的，我们现在的书也用的，这个东西是针对全世界的，学了汉语拼音你就懂，无论是全世界哪个国家的，能够把一个字准确地拼出来，这个的贡献很大，它用英文字母来表示。[5]

---

[1] 即汉语拼音字母"b"。
[2] 即汉语拼音字母"p"。
[3] 即汉语拼音字母"m"。
[4] 即汉语拼音字母"f"。
[5] 资料来源：田野调查访谈对象曼德勒孔教学校新城区教师提供的印发给学校国文老师的《以国音注音学习汉语拼音》教材，访谈时间：2017年5月7日，访谈地点：曼德勒孔教学校新城区图书馆。

在一些华文学校教师看来，汉语拼音更便于当地的华人华侨掌握中文，最主要的原因就是汉语拼音由英文字母组成，不需要在学习中和学生解释过多，但是国音注音更像是让学生"以字学字"，以往学生对于国音注音的认知难度较大，也减弱了对于学习中文的兴趣。推动汉语拼音的学习有效减少了学生们对于在认知中文方面的压力。笔者在孔教学校任职期间，学校教导主任曾邀请笔者加入学校董事会所决定的汉语拼音普及教育的教学计划中，他们认为笔者接受的中国大陆的教育中，对于汉语拼音有过正规系统的学习，作为汉语拼音课程的教师有利于学校学生们对于汉语拼音的掌握。同时，孔教学校高中部的教导主任还编写了利用国音注音学习汉语拼音的教材，教材的开篇便对学习汉语拼音的理念进行了解释。

资料来源：笔者摄于缅甸曼德勒孔教学校图书馆，2017年2月27日。
图7　华文学校中针对语言文字学习的自编教材

汉语拼音采用英文字母，利用英文字母代替注音符号将汉语所有发音一一拼出，对汉语初学者有着"简单、方便、容易、快速、准确"之理想效果。利用汉语拼音帮助发音，有了准确的发音标准……今天汉语拼音的用处已远远超出了当时的目的。因为今天不只是外国人用汉语拼音，中国人也脱离不了汉语拼音的应用，甚至比别人都更加需要。汉语拼音已经不仅仅是学习汉语发音才用，它已成为现代科学技术的一种文化工具，成为全世界华人电脑用户、手机用户非用不可的一种中文输入工具，是输入中文至电脑、手机的中文输入法。①

那百分之十的学生来到孔教学校，主要是想学习中文，很多也是他们父母的需求，他们的父母希望他们能够今后到中国去发展。还有，他们的父母认为想让他们学会中文就要到我们学校，课程难一些，就会学得好，这种说法在华人和缅族人中都有。②

很多人都觉得像数学物理化学这些科目在缅文学校已经上过，为什么还要在中文学校上，我们认为这种想法就是被同化的结果。虽然中文教这些科目受到质疑，但是我们不是在用中文教数学，而是在用数学教中文。一个功课在缅文学校学过了，但是在中文学校还学，不是想让学生把数学这个课程学好，而是希望他可以

---

① 资料来源：田野调查访谈对象曼德勒孔教学校新城区教师提供的印发给学校国文老师的《以国音注音学习汉语拼音》教材，访谈时间：2017年5月7日，访谈地点：曼德勒孔教学校新城区图书馆。
② 资料来源：田野调查访谈对象，访谈时间：2017年3月15日，访谈地点：曼德勒孔教学校新城区教师办公室。

用数学等科目来加深他的中文，希望让中文成为他的第一语言。①

以上对于在华文学校教授非语言类课程的看法，得到了很多华文学校教师的共鸣。他们认为，如果一个学校只是教一门汉语而不教其他科目，那么汉语将成为他们的第二语言。学校希望学生在校期间都尽量说汉语，从而让汉语成为学生的母语。同时华文学校也认为，学生需要学习的科目多，是目前繁体字的执行已经不严格了的一个重要因素，学校只针对华文老师有书写繁体字的要求，对于学生的限制已经放松。

一些学生对于繁体字中笔画多的字就用简体，有的学生是从其他教简体中文的学校转学过来的，就用简体写，老师们只能接受，也不是完全不能用简体字，但是让他们写简体字时也要知道，平时尽量用繁体，并没有强制地要求。当地华文学校老师的解释是，以前有强制规定要用繁体字，但这一两年开始有所放宽，现在的学生既用简体也用繁体的很多。缅甸与大陆离得也很近，一般到大陆或是就在边境上做生意，用的都是简体，如果不让学生懂简体这也不行，因此这更是一种趋势，要让他们都懂。在教国文的时候，主要是在应用方面，能够尽量让他们去认识繁体，在生活中能够对他们有所帮助。

这种情况同时也表现在学生进行写作的时候，习惯写简体字的学生对于汉语的掌握程度比较差，他们很难看得到在繁体字以外，尤其是对用繁体字写成的古文的理解是比较差的，这些学生对古人的认知

---

① 资料来源：田野调查访谈对象，访谈时间：2017年6月12日，访谈地点：访谈对象曼德勒家中。

或是近代文学的掌握程度比一般用繁体字阅读的学生要薄弱。此外，用繁体字写作的学生逻辑思考架构会更有深度。学生们和老师们的沟通，在文字方面有时会不太懂，因为繁体字的造字原则，有时候是靠部首，或是形音，来做辨别，这样可以比较方便做记忆和联想，或者你看到这个字就可以知道这个字大概的意思，但简体字拿掉了很多东西，所以他们有时候会不太懂。

  比如说冲动的"冲"和冲水的"沖"，在简体字上是一样的，但在繁体字上是不一样的，因为一个是做动作，一个是跟水有关系；或者是游泳的"游"和遊玩的"遊"，一个是用走路的，一个是水里面的，从繁体字上面你就可以很清楚地知道用在哪里，但是简体字就会混用，一些字就消失了，因此他们看到的时候就会不懂。①

由于不知道为什么要用这些部首，学生们没有办法理解，因此他们在询问相关问题的时候老师就会给他们做一些讲解。在现在这个社会，简体字是主流文化，而且文字是传播信息的载体，阅读信息上用简体肯定会比较方便。学生在书写的时候，如果不懂这个字词的意思，华文老师都会耐心用繁体写给他们看，告诉他们本来的意思是怎么样的，后来引申的意思是怎么样的。需要注意的是，很多字变简了，意思也就跟着减了。繁体字你可以从形、音、意来理解，而简体字更像

---

① 资料来源：田野调查访谈对象，访谈时间：2017年3月21日，访谈地点：曼德勒孔教学校东区。

是一种符号。

> 大道之行也，天下为公。选贤与能，讲信修睦。故人不独亲其亲，不独子其子。使老有所终，壮有所用，幼有所长。鳏寡孤独废疾者，皆有所养。男有分，女有归。货恶其弃于地也，不必藏于己。力恶其不出于身也，不必为己。是故谋闭而不兴，盗窃乱贼而不作。故外户而不闭。是谓大同。
>
> ——《礼运·大同篇》

从事多年国文教师工作的贾老师对《礼运·大同篇》做了自己的解释：当"大道"实行的时候，天下是公共的，不是哪一部分的人所能够私有的。选拔贤良，委任才能，讲求信义，修习和睦，所以那时候的人，不仅仅把他自己的父母当作父母，也不仅仅把自己的儿子当作儿子，使老年人都有赡养终老的地方，壮年人都有出力服务的机会，幼年人都有教养成长的场所，鳏夫、寡妇、孤儿、没子女的老人，以及残废疾病的人都有抚恤疗养的设备。男的，各有本分的职业，女的，各有归宿的家庭。世间的货物和财宝不被浪费在地下，可也不必收藏在家里。人们的能力和血汗，总要让其在身上发挥出来，可也不必单为自己。这么一来，一切阴谋诡计，都收起来，用不着了。强盗、小偷、乱徒、贼党，都自然肃清了。那么，人家的大门也就永远不用关上了。这就叫作"大同"世界。[①]

[①] 吴力生：《黎锦熙先生的语法规制和图解法——〈大同与小康〉》，《信阳师范学院学报》（哲学社会科学版）1982年第2期。

在孔教学校内，大家耳熟能详的《礼运·大同篇》又被称为《孔子·大同篇》，是记载于中国先秦时期《礼记·礼运》中所描述孔子理想世界的作品。孔教学校将其作为学校校训，在学校晨会中先于校歌进行全校唱诵。除了来自孔教学校所敬仰的先师孔子的缘故之外，还由于其被孙中山先生所赞同并手抄，学校的教师办公室内裱有这篇文字的多幅临摹版本。

《礼运·大同篇》的开篇部分，提出以考试、选举的方式选拔出品学兼优的人才，组成一个能为人民服务，使人人享有平等的社会。文字在现在看来虽然与其出处的历史背景有所差异，但寄托着当地华人通过当地的教育环境以实现美好未来的殷切期望。"故人不独亲其亲，不独子其子。使老有所终，壮有所用，幼有所长。鳏寡孤独废疾者，皆有所养。男有分，女有归。"是一个"各得其所""各遂其生"的理想社会，使人人发挥伦理与博爱的精神，当地华人们期待无论是华人个体还是华人团体，都能够相互扶持，安居乐业。"货恶其弃于地也，不必藏于己。力恶其不出于身也，不必为己。"为当时孙中山先生"人尽其才，地尽其利，物尽其用，货畅其流"所用，也寄托了当地华人追求人人享有平等经济权利的经济理想。无论是作为《礼运·大同篇》开篇的"大道之行也，天下为公。选贤与能，讲信修睦"，还是结尾的"是故谋闭而不兴，盗窃乱贼而不作。故外户而不闭。是谓大同"，都是指大同世界里，没有国界与战争，讲求信义与和平。这与华人在当地所秉承的世界观、人生观与价值观是相吻合的，也是身处缅甸曼德勒期望与当地人融洽相处的华人们的共同愿望。孔教学校将《礼运·大同篇》作为每位学校师生所熟识的校园文化进行传承，也代表了当地华人对于承载未来华人社会希望的华文教育的一种期待。

笔者在孔教学校任职老师期间，无意中发现了一份多年前全校家长会的发言稿，上面记录了校方曾多次提及家庭教育，并对家长提出了具体要求：

> 第一，家长要让小孩子从小认识良好的伦理道德风气，大人带头教他们尊敬老人、爱护小孩，与人和睦相处，不做违背良心的事，不影响别人的工作与生活；
>
> 第二，要教他们树立艰苦朴实勤俭持家的风气，要认识清楚会节约的光荣，浪费可耻的思想，不买零食吃，不买不必要的东西，会帮大人省钱，要知道大人赚钱是何等的不容易；
>
> 第三，要教小孩子会做事和认识健康的重要，不赌博，不喝酒，不抽纸烟，不接触毒品，不嚼槟榔，凡是有损健康的不接近；
>
> 第四，要学会有规律有秩序地日常生活与学校的群体生活，饮食起居、进校时间要随人随伴不能经常迟到；
>
> 第五，在家尽量多学讲汉语，要教他们多学会我们本民族的传统礼节，不讲粗话，热爱自己的人格，热爱自己的家庭，热爱学校，热爱群体生活，尊敬师长，热爱同学，提高孩子们的人格素质。

学校还专门对"素质"进行了定义，认为在思想上和行为上都应该加强重视，思想上的内外方面，都是要通过家庭教育、学校教育和社会教育，使年轻人更热爱家庭，知道尊卑老幼，喜欢勤劳做事学会省钱不浪费。同时对"诚实"与"虚伪"、"公正"与"偏私"、"正义感"与"非正义感"等道德观念都进行了强调。目前曼德勒的诸多华文学校董事会或其他校方领导，均为无偿尽义务兼职于岗的其他行业精英，对于管理学校的理念与方式都并非是按照经过规范教育系统模式下形成的成熟的方式方法，更多的都是自己在其他行业所积累的以及自己的日常为人处世之道。此类家长会上分享的这些经验之谈，对于学生家长们来说更容易理解，这些内容看似是以简单直白的方式表达主观见解，其中诸多的要求实际则是包含了建立在曼德勒华人华侨社会中所约定俗成的一些传统道德规范与文化观念。传统文化以及道德观念通过这样的方式很自然地以家庭教育、学校教育与社会教育的方式进一步加以传承。

当地的一批办学历史悠久的华文学校，教学的部分华文学校都使用台湾给本地生使用的教材，直接在华文学校使用，教学科目设置与台湾正规学校基本相同。在当地华文学校的办学初期，教学所使用的课本以及日常的图书都是稀缺之物。当时的很多杂志书籍都从泰国进口至缅甸仰光，再传到曼德勒以及缅北其他地区。只要有一本原版华文教材，使用台湾教材的华文学校就可以去任意复印需要的教材数量，并且需要印的书也是当地华文学校自行取舍，华人华侨聚集的缅北多地的书局，都曾负责过此类印书业务。对于在曼德勒建立华文学校之初的社会环境下，这套教材是学校师生所公认的当时最实用与珍贵的教学资料，当地的大量华人华侨都是接受以这套教材为媒介认识中华传统文化。

> 我们学的时候都是台湾课本，当时学的都是正装版，果文学校上的课本是最老的，是当时"中华民国"五十多年的，我们上的时候差不多是六十多年了。①

但是对于华文程度介于全母语和非母语的华文地区而言，教材的难度和内容的陌生度都让学生和教师们在学习教学上有一定困难，尤其是中文已变成外语的地区，多年从事国文课程教育的老教师们一致表示，"若依然使用相同的教材，学生和教师必定无法将有成就地学习或教授华文"。

> 我们中国这边早期的课本都不太能够接受，课本里面有关于政治性的东西比较多，尤其是老的一辈，曾经受到过共产党这边的教育，他们的思想比较顽固，接受不了，所以早期都是认同繁体字，但是我们曼德勒这边的台湾课本比台湾的还要晚，是已经停用的课本，内容比较老，与目前台湾正在使用的教学内容并不同步，像缅北其他一些地区现在使用的教材还是三十多年前的。②

台湾教材的使用促使繁体字在当地华文学校中得以延续，而对于使用来自大陆版教材的华文学校来说，这些台湾教材所选用的教学内

---

① 资料来源：田野调查访谈对象提供的王陞鸿先生回忆录文本，访谈时间：2017年4月1日，访谈地点：曼德勒孔教学校新城区教师办公室。
② 资料来源：田野调查访谈对象，访谈时间：2016年10月8日，访谈地点：曼德勒果敢会馆办公室。

容是这些华文学校选择放弃的重要原因。尤其是文科科目,例如能够直接接触中华民族传统文化的"国文",以及涵盖历史地理生活常识的"社会",教材中牵涉政治领域的一些敏感问题以及针对台湾社会的教学内容,对于缅甸华裔学生并不适用。

然而身处缅甸曼德勒当地的华文教师们对于教材的意见很难反映到台湾提供当地华文教材的编者中,因此前往台湾进行缅甸华文学校教师研习班的老师们开始利用与"台湾侨委会"的接触,不断提出缅甸当地的教材处境,以寻求编者能够设计出更适用于当地社会的华文教材。在此之前,"侨务委员会"驻泰国办事处已经针对泰国华文学校的情况,专门编写了一套泰国版的华文教材。了解到这个情况后,缅甸当地华文学校的华文教师们明确向"台湾侨务委员会"提出编写缅甸版华文教材的请求。

> 我们去(台湾)的时候就提议,因为泰国都有的,我们要搞缅甸的版本,我们去年就说要改了,去年开始编,今年他们才发。①

目前"侨务委员会"已经编写出缅甸版华文教材,其中国文课本里已经加入了若干有关缅甸当地文化的课文,例如讲述蒲甘地区的"千塔之城"以及大和尚讲故事,教材里这些相关内容包括文字与图片,均由缅甸当地的华文教师提供。但是除了国文以外,与风俗文化

---

① 资料来源:田野调查访谈对象,访谈时间:2017年3月29日,访谈地点:曼德勒孔教学校新城区教师办公室。

牵涉更多的社会课,在小学教材中依然是关于台湾的地理、历史以及生活方式的讲述,与缅甸当地的生活环境截然不同,尤其是其中的学生们所使用的课本是在台湾语言环境与该语言环境下所建构的逻辑思维下的台湾文化读本,而非中国文化读本,学生们的理解能力十分有限。

2. 家庭教育

当地老一辈的云南籍华人华侨对于儿孙辈的华文教育有着自己的见解。掌握普通话与云南方言都是一种对于中华传统文化的一种传承,但是在学校教育中,能够让孩子接受规范化的华文教育,并使用普通话进行规范的沟通,对于老一辈华人华侨而言是一种无形的安慰。

> 两个孙孙以前是在我们这边规模最大资历最老的华文学校,从幼稚园就开始去上了,他们到家都不讲普通话,都讲(云南)方言,有段时间两个人和他们妈妈竟然都是讲缅甸话,我们说这个恐怕不可以。现在他们去了我们学校以后,缅甸话也不讲了,我们这种云南方言话也不讲了,都要讲国语话(普通话),和我说话的时候他们还说他们和我们讲不通呢。像我们讲"你为什么不穿鞋(hái)子?"他们会说不是"鞋(hái)子",应该讲"鞋(xié)子",不然人家会笑我们的,去了我们学校以后变化很大,学得很快……①"

---

① 资料来源:田野调查访谈对象,访谈时间:2017年6月12日,访谈地点:访谈对象曼德勒家中。

弟弟在家跟哥哥讲话都是普通话，他们和我都是讲普通话，他们跟他们父母讲，有的时候是云南话有的时候是普通话，这些都是我们给他们的训练机会。他们讲的如果我们不懂，他还要笑我，说太笨了。小孙孙才读一年级，和他哥哥下象棋，他说他哥哥"心急吃不了热豆腐"，还要说成语呢，我和他说他太棒了。所以我们学校在这一块对学生的教育，家长很认可，家长将我们学校作为现在上学的首选，但是我们也希望所有的学校水平都提高，这样缅甸的华文教育才会欣欣向荣共同发展。①

但是在为孩子选择何种教育方式的过程中，一个家庭里代际的考量标准依然有所差异。很多的华人华侨家长表示，当听到孩子从学校回来所使用的语言不是自己的"母语"中文，而是在用缅语与自己的亲人进行日常沟通时，老一辈的家长们会产生一种危机感。他们在后辈的华文教育中，选择默认并支持他们在当地社会中熟练运用缅语并尽可能地适应当地的民俗文化，但是回到家中，他们更希望能够创造一种氛围能够让全家人使用中文进行交流。

学龄阶段的后辈会被重视于中文以及中华传统文化认知的培养，普通话此时就成了比熟识自己的家乡方言还要重要的检验他们华文教育成果的标准与手段，而已经踏入社会谋求生存的后辈他们的要求可能已经不再构成一种约束，但是老一辈在与其交流中，无论后辈选择何种语言进行交流，老一辈都会坚持回之以自己的"母语"——家乡

---

① 资料来源：田野调查访谈对象，访谈时间：2017年6月3日，访谈地点：访谈对象曼德勒家中。

方言或是普通话。因此是否运用规范化的语言进行华文教育的教授，成为当地华人华侨家长为子女选择当地华文教育资源的重要衡量标准，也代表了他们所认可的中华传统文化传承的能力与可能性。

  我那个孙子是念新加坡背景的国际学校，中文学校则是另外再上中文幼儿园，我也管不了（孩子家长）他们，他们自己选，他们主要就是以英文为主，中文的话给孩子念一点，目前是这样，以后就不知道了。①

当地办学历史悠久的一批华文学校将中文作为第一语言上课，但是现在已经受到了"在家庭中父母与子女均用缅语进行沟通"的缅语逐渐成为当地华人华侨子女的第一语言的挑战。面对这样的情况，这些华文学校采取了相应措施，比如在学校里明确规定不讲缅语。但是在华文学校的课堂中也很难有效落实，很多学生在表达有困难时，会夹杂缅语进行解释；或者有时老师在和学生们举例时会认为使用缅语的谚语俗语会更利于学生理解。

  我们在20年前，学校里面的孩子们都是讲中国话，同学间交谈都是讲中国话，学校一直有要求，对老师和学生都有要求，而现在，孩子老师都在被缅化。②

---

① 资料来源：田野调查访谈对象，访谈时间：2017年6月3日，访谈地点：访谈对象曼德勒家中。
② 资料来源：田野调查访谈对象，访谈时间：2016年10月16日，访谈地点：访谈对象曼德勒家中。

针对这些语言矛盾的现象，华文学校中的一些教师认为这与家庭中的父母的作用密切相关。华人华侨子女们每天既上缅文学校又上华文学校，在语言方面其实很难转换，加之接触到的人都是缅甸人讲缅语，日常生活中所接触的社会环境里华人终究是少数群体。

一些家长在一定程度上认为，被缅化是一定的，被缅化也可以说是华人融入到了当地社会。被缅化的华人他们只有一个概念就是自己只是血统上属于中国，生活、语言都已经是缅甸的了，这样的学生在所有的华文学校都在这种被同化的危机中挣扎。

在对于曼德勒当地云南籍华人华侨的访谈中，谈及家庭教育时，长辈们的教导是让他们最印象深刻并受用一生的，而这些教育很多是来自于对于中华传统文化中对于传统习俗与道德在缅甸曼德勒华人华侨社会中的新的解读。长辈们运用自己的生存智慧，并将其运用于家庭教育中，潜移默化地传递给家庭中的晚辈们。

一位华文学校的华文老师认为自己的家庭教育受到过自己父亲的深远影响。这些华人华侨老一辈们写着一手漂亮的毛笔小楷字，而且经常对家庭中儿女们的家庭教育作出重要讲话：对古今历史名人的发愤图强、对国家的贡献的诸多比喻，以及对当今社会的一些混乱局面背后的不法人物义正词严地批评……家庭中的老一辈们殷切地希望后辈们长大成为有建树的人、正直的人、清洁廉明的人。

记得读初中一年级的时候，家里人常常提出过些让我们深深记住的几句话，而且比喻也相当深刻，"言出如箭，不可乱发，一入人耳，无法来拔"，还说到"一言可以兴邦，一言可以丧邦","言语可以暖如三月之阳光，也可冷如严冬之飞雪"。家长们告诫我们做人的道理与原则，随时随地不可以信口开河，尤其做领导人更是无不谨慎言语。①

当地的华人华侨们清楚地明白，知识程度、文化水平、家庭教育和学校教育、社会教育都是连带关系，语言的艺术在中华传统文化中已经总结得当，并且在他们的生存经历与生活过程中影响深远。

我们侨居的地方是多民族多信仰的地方，讲话要先尊重人家，要说的话辞达则止，不可多言，讲清楚说明白就可以了，只要句句落实，不可诳语，喜欢快乐之时也好，愤怒不平之时也罢，都不必多言，言多难免失礼，也必然会失信。言不由衷，言不及义，讲出来失证失据，白话无根底，喋喋不休地讲得天花乱坠，自己认为讲得过瘾，实际别人把它当作废话，废话令人生厌，虚言受人轻视，轻言惹人侮辱而看不起，狂言则往往容易招祸和惹是非。②

家庭教育中对于传统习俗与道德的传承，更像是曼德勒当地的华人华侨在当地社会的不断变迁下，所总结的生存之道：

---

① 资料来源：田野调查访谈对象提供的王陞鸿先生回忆录文本，访谈时间：2017年4月1日，访谈地点：曼德勒孔教学校新城区教师办公室。
② 资料来源：田野调查访谈对象提供的王陞鸿先生回忆录文本，访谈时间：2017年4月1日，访谈地点：曼德勒孔教学校新城区教师办公室。

  我们这个社会上有三种人，一种人是毫无担当责任的勇气，永远是只能受制于人，他们没有独立的性格，就像石磨一样，推一下转动一下，不推就不会动了；第二种人是有担当的勇气，可是经不起挫折和打击，随便遇着一些受挫折的麻烦事情，没有坚强的意志不能坚持到底；第三种人则是既有担当的勇气，更有锲而不舍的毅力和永不服输的个性。纵观当地华人华侨社会，值得尊敬的那些前辈们无一例外的都是第三种人，"山重水复疑无路，柳暗花明又一村"的心态让他们能够在这里向前迈进。①

  曼德勒当地华人华侨从缅北的农村地区迁移到曼德勒市内，所积累的生存经验与处世之道，通过家庭教育的形式，将中华传统文化的教育理念与传统习俗与道德不断传授给自己的子女以及后辈们，形成他们在"丛林密布的缅甸社会"中被潜移默化影响着的生存方式。

3. 社团与其他社会组织

  翻译现在很贵，中文、缅文、英文，昨天来找，150万，给是给了但是找不到人，因为三语翻译，很不容易的……②

  曼德勒当地的经济生活经常需要与中国尤其是陆路接壤的云南省发生联系，近年来，同时通晓缅语与汉语并能够熟练切换的人才在当

---

① 资料来源：田野调查访谈对象提供的王陞鸿先生回忆录文本，访谈时间：2017年4月1日，访谈地点：曼德勒孔教学校新城区教师办公室。
② 资料来源：曼德勒云南同乡会关于云华师范学院翻译班开班事项讨论会，时间：2017年6月4日，地点：曼德勒云南会馆礼堂二楼理事会办公室。

地社会十分抢手，尤其是在生意联结于自己祖籍地与缅甸曼德勒当地的华人华侨社会中。云南同乡会目前希望在云华师范学院设立专门的翻译课，主要服务于官方与当地的经济事务。此次讨论由云南同乡会会长牵头，参会的还有目前云南同乡会产业组长，原总领馆工作人员的翻译行业资深老师，以及当地华文学校热心于此的教务主任。

> 目前曼德勒地区，大部分华裔学生有一定的缅文和中文基础，但是说不好。另外，从果敢地区来的学生，他们的缅文基础等于零，不同程度的也不能放在一起教，比如像有一些果敢地区来的，他的缅文基础很差，跟我们瓦城地区这边的没有办法比。我们瓦城这边的你教得太容易，他觉得不合适，缅北地区来的你教他太难的完全跟不上，这个难易度还是要调整，不同基础的学生要用不同的课程，这些都需要不断地在教中学，不可能一下子就定下来做，而且这种来得更实际，所以弹性和开放的心胸更重要，不要说这个就是最好的，一定要有弹性，要以实用为主。①

在翻译的教材内容选择上，讨论认为主要从日常用语、工作上的经贸用语、政治用语、国家与国家之间外交的用语方面进行教材编订，同时还需要以缅甸历史为背景的用语，也就是翻译教材内容里面的文化范畴部分。作为本次翻译讨论会议的组织者，云南同乡会希望的翻译人才兼顾能够为"官方"所用，因此如何界定规范的翻译标准也成

---

① 资料来源：田野调查访谈对象，访谈时间：2016年10月8日，访谈地点：曼德勒果敢会馆办公室。

了大家讨论的重点。

  有些词汇，中国人缅甸话怎么说，华人缅甸话怎么说，华侨怎么说，有的人没有这个规范，所以头脑很混乱，有时候你讲错掉，在私人场合没有关系，但是在官方不行，你不能讲错。现在很多人就是代表一个华人华侨的团体去讲，他就混为一谈，就很危险的。基本上就是对我们的下一代，要给他翻译的这个意思规范。①

  你到达一定的深度那你一定要谈到文化，地理、历史背景，所以就是要以缅甸文化的历史、地理翻译词汇，还有就是我们翻译地理，我们不要去创新，要根据以前的，历来的。②

文化范畴的部分也是翻译教材编订过程中最有难度的，在曼德勒当地的华人华侨们对自己的自称有：缅甸公民、缅甸的华人、缅籍华人等，当别人问到他们：你是缅甸公民吗？他们回答是，自己是缅甸公民，缅甸就是自己的祖国。而这样他们跟中国的关系又是什么？他们的回答是：中国是自己的祖籍国，这其中对于"祖籍国"的翻译，如果他们熟悉的话，对于这些他们便可以随心所欲地翻译出来。

  还有就是缅甸的行政结构，一些民族的用语，一些机构中国

---

① 资料来源：田野调查访谈对象，访谈时间：2017年6月12日，访谈地点：访谈对象曼德勒家中。
② 资料来源：曼德勒云南同乡会关于云华师范学院翻译班开班事项讨论会，时间：2017年6月4日，地点：曼德勒云南会馆礼堂二楼理事会办公室。

是没有的，但是我们要根据《金凤凰》报上面的一些翻译，以《金凤凰》报为准来写。缅甸和中国的一些国情不同，我们在第三册上就要把缅甸官方的这些很齐全地编出来，因为现在学生很需要，有些部分中国没有的缅甸有，一定要用适合的中文翻译出来，教的人一定要懂双语，都有文化的，中文掌握程度一定要好，不能使用方言，缅甸的方言这一块，比如说一些学术用语，比如说计算机、医学，学术用语基本都是英文，缅文的基本都是英文的，80%都是英文的发音。①

此外在教材编订过程中，大家普遍达成共识的是缅文与中文的翻译次序与排列问题。在界定教材的性质时首先要确定是"中缅"还是"缅中"翻译教材，而大家最后一致认定将翻译教材定为"缅中"，意味以缅甸为主，作为身处缅甸曼德勒当地的华人华侨，需要把缅甸放在上，这样以缅甸人的视角来审视这些翻译材料时，便会认为当地的华人华侨们是尊重缅甸当地人的。

我们现在做这个，要以缅文为主，以缅甸的方式为主，不要以中文去带动缅文，要以缅文来带动中文，这样我们学生更能够学好。用中文带动缅文好像是以中文为主，缅文为辅，你在编写的过程中一定是要缅中，先写缅文，发音书本上不要写，就是一些主题，然后缅文的思维为主，由缅文带动中文，我们把缅甸的

---

① 资料来源：曼德勒云南同乡会关于云华师范学院翻译班开班事项讨论会，时间：2017年6月4日，地点：曼德勒云南会馆礼堂二楼理事会办公室。

一些问候语适当翻译成中文，那么中缅的交流会更融合在一起。①

缅甸一些专有的用词，除了翻译以外，在每一页的下面可以有一些小故事，比如说我们人死了有不同的用法，死有好几种说法，皇帝是用什么，这种我觉得教语言其实更是教一种文化。②

对于翻译人才的需求，可以直观反映出当地华人华侨社会尤其是其中的精英们对于缅甸文化与中华传统文化的认知，一场翻译事务的讨论最终落脚于对于文化的讨论，只有将翻译过程中语言的沟通看作是一种文化的交流，才能更好融入在当地社会里。对于曼德勒的华人华侨子女们，他们基本上具备一定的中华传统文化的基础，但是对于缅甸文化的渊源其实还相对陌生，以缅甸文化为载体的翻译内容，在同乡会理事们看来是让他们更好融入缅甸文化的好机会。

其实真正的缅甸词汇还是很多，不要轻视缅甸文化，每天学习一个小时的缅文，中国谚语成语，用缅文都可以学，缅甸的成语翻译成中文，有些翻译的是很恰当的，有时候可以中文英文都带进去，所以到最后我们缅甸的成语中国的成语达到文化之间的互动，这是最后一个级别。③

---

① 资料来源：曼德勒云南同乡会关于云华师范学院翻译班开班事项讨论会，时间：2017年6月4日，地点：曼德勒云南会馆礼堂二楼理事会办公室。
② 资料来源：曼德勒云南同乡会关于云华师范学院翻译班开班事项讨论会，时间：2017年6月4日，地点：曼德勒云南会馆礼堂二楼理事会办公室。
③ 资料来源：曼德勒云南同乡会关于云华师范学院翻译班开班事项讨论会，时间：2017年6月4日，地点：曼德勒云南会馆礼堂二楼理事会办公室。

能够掌握缅甸文化，并在与他人进行沟通的过程中加以运用，可以直接使人"高人一等"，尤其越是文化水准高的人，大家认为他们所说出来的话"都是很好听的"，因为在中文都没有这种讲法，使用这样的语言在与人交流当中，在当地华人华侨们看来是一种与缅甸文化调适的理想结果，这与一个人的文化水平关系不大，但是可以视为你在当地社会中能够在缅甸文化与中华传统文化中游刃有余，是广泛受到华人华侨社会所认同与称赞的。

> 缅甸当地再大的华文学校，在政府上没有公开地注册，就没有合法的法律依据，如果别人来问你们有没有政府的办学许可或者是执照，现在虽然是在办学但是什么许可都没有，只要说缅甸局势随便有一点变动，就会被封了……①

曼德勒华文学校在教育资源多元化的今天，竞争已经愈发激烈，很多华人华侨家长们为了子女能够减少来往于各类学校的奔波，宁愿将自己的孩子送到价格昂贵的私立学校进行学习。据了解，这些私立学校的学费一年总计 860 万左右，并且正在打算上调至 1000 万左右。家长认为，在华文学校读中文一天也就一至两小时，而在路上接送孩子上中文和缅文学校的时间花费很大，这样对比后家长更倾向于让自己的孩子去上补习，而把更多时间放在读缅文学校上，因此也就造成了现在华文学校读书的学生迟到与早退的人越来越多。曼德勒当地的华文学校看到了

---

① 资料来源：田野对象访谈对象，访谈时间：2017 年 3 月 12 日，访谈地点：曼德勒孔教学校新城区教师办公室。

这些现象背后的危机，意识到在学校内开设缅文学校的重要性：办缅文学校是目前华文学校在当地长久生存下去的必然趋势。

孔教新城区缅文部报名通知

报名时间：2017年5月15日星期（一）至2017年5月31日 星期（三）
　　　　　早上7:00 至 11:00.
报名地点：教学大楼二楼缅文部办公室.
开办班级：缅文幼稚园至七年级.
一年学费：幼稚园至四年级：20 万元；五年级至七年级：30 万元.
　　　　　（*** 可以分两次付款.）
开学日期：2017年6月1日星期（四）.
上课时间：上午9:00 至 下午3:15.

图8　当地华文学校第一届缅文部的招生报名通知①

现在我们走的不是新路，以前我们仰光南中、华中也在走这条道路，是人家已经走过的老路，我们只要沿着好好走。按照现在的缅甸的教育制度，我们在法律的范围内走就行。当时南中华中的时候教育政策比较宽松，允许你办缅文办中文，但是现在的教育政策不允许我们办中文，有一条就是私立的缅文学校，你可以加一科外语，我们这个就是走这条路。我们现在在办缅文学校，我们加的一科是华文，就行了，我们是在法律范围之内，所以办缅文学校对我们学校是一个法律的保障，要走向这个合法性。②

---

① 资料来源：笔者拍摄于缅甸曼德勒孔教学校，2017年5月19日。
② 资料来源：田野调查访谈，访谈时间：2017年6月12日，访谈地点：访谈对象曼德勒家中。

目前在缅甸曼德勒开设的缅文部华文学校中，缅文部学生人数都面临减少的趋势。华文学校中开设缅文部，在曼德勒当地的华人华侨社会中始终存在着争议，曼德勒当地的云华师范学院开设缅文部一年有余，目前在云南同乡会中争议的声音依然存在，缅文部学生人数的不稳定也使得这些声音有"抬头"的趋势。但是办学者认为这样的流失十分正常，并解释为"在曼德勒当地华文教育的竞争中有所减少，但是以后进来的学生相信会不断增多"。

我们所有的曼德勒的华校，大一点的学校有八所，但是它们的办学理念规章制度上的一些做法都不同，这个要看学生家长选什么。但是我相信走三语教学，这条道路办得好的话，多数的家长肯定会选择，因为这个是最实用，而且学生的负担、家长的负担都比较轻，家长一天接两趟就行了，现在的三语每一个都要接一次，学生家长都在路上跑，好像是投入很多，学费很多，三语教学把三语压缩在一个学校上，经济上、时间上、精神上都会减轻很多，如果说这个道路能够顺利的话，一定是学生家长的首选。①

曼德勒当地的华人华侨家长们现在都在观望，都在看当地的这些华文学校、私立学校办的缅文部办得效果如何，从而在一定程度上影响着对于自己子女华文学校的择校去向。

---

① 资料来源：田野调查访谈对象，访谈时间：2017年6月12日，访谈地点：访谈对象曼德勒家中。

孩子送到我们学校有这样的认可，但是对缅文学校这一块还有疑虑，还在观望，所以这个学期我们缅文部要加大力度。缅文部要办好，相辅相成，缅文越好中文就越强。有的家长会说："我的孩子送去缅文，能行吗？"他的"能行吗"就表示有疑虑，主要是像新世纪和昌华这些学校，他们的缅文没有办成功，外面的传言就是只要是中国人办的缅文都不行啊，好几个家长来跟我讲。其实这个是误解，我相信一定要超过缅甸人办的，这个是内部讲的，但是在外面不能讲，一些学校听到会骂我们的……①

曼德勒当地两所享有知名度的私立学校均开设了缅文部，但是结果都不太理想。为了便于学校的管理以及应付缅甸政府相关部门的"不定期登门拜访"，在当地华文学校设立的缅文部都设立独立的缅文部校长，并且全部任用缅甸老师进行教学。在其他华文学校的办学者看来，这与学校在建立缅文部当初选用的缅文部校长不无关系。

办缅文学校，缅文校长不能管（整个华文学校的运作），他就是一尊大佛，供着就好了，缅文学校一管就乱套掉了，要不然就是像我们学校一样，（同乡会）理事长直接对（缅文）校长作指示，他只是执行就好了。②

---

① 资料来源：田野调查访谈对象，访谈时间：2017 年 6 月 3 日，访谈地点：访谈对象曼德勒家中。
② 资料来源：田野调查访谈对象，访谈时间：2017 年 5 月 12 日，访谈地点：曼德勒云南会馆。

华文学校们所担心的是缅文校长一来，很多在缅甸学校内部约定俗成的东西就带着来了，缅文学校校长的一些负面做法，正是因为他们已经对教育事业不再有积极性。缅甸曼德勒当地的缅文学校校长大部分都已经是就职几十年的中老年人，在缅甸这些政府学校养成了"替上卖命"的习惯，做得不好的话会受到处分，因此多一份的工作都不会愿意去。

> 他们来了，那些送礼的、互相请客的就来了。所以我也跟我们缅文校长讲，这种事情你最好不要在我的学校发生，你要带这种人来可以，我这边就立马开除。这次我开除了两个，他们那边带的，我不管，这个必须要这样，不能讲人情，就跟他们说我们这边老师多了，误人子弟这个是万劫不复的，做教育的要有这样的感情啊。①

华文学校想要向政府相关部门申请办缅文部，从申请到办好缅文学校大概需要花一年的时间。曼德勒当地准备设立缅文部的华文学校，在其他华文学校设立缅文部办学顺利之后，都会向这些华文学校"取经"，尤其是争取一个理想的缅文部校长人选，校长人选最终将会由所"取经"的华文学校缅文部校长进行推荐，然后由"求经"的华文学校派出专门的人士登门拜访。推荐的缅文部校长人选可能会是多人，华文学校会预先通过各方面打探到各校长的基本情况，必要的时候需

---

① 资料来源：田野调查访谈对象，访谈时间：2017年5月12日，访谈地点：曼德勒云南会馆。

要举办相关面试以最终确定人选。在与其交流的过程中,华文学校校方会向其明确学校建立在华人管理的基础上,并确定缅甸政府相关部门的检查时,缅文部校长将是应付其检查的关键人物。可见当地华文学校对于建立缅文部以及缅文部校长选定方面的谨慎。

同时,对于缅文部缅文教师的管理方面,在华文学校的华人华侨办学者们看来,是"不能用缅甸人那一套的":

> 学校不教书,就随便他们来,反正你要来补习,不来补习就不给你及格,不来补习就被老师打。我认识的一个人,他们学校就是不上补习的经常被打,经常被骂,强迫你必须要去补习。如果你不去级任老师那里补习,就会在学校里面找你茬,就糟糕了,老师们都有记着。所以政府的那一套一定不能进来我们学校,之前有抓过这种现象,但是现在还是这样的。①

在一次与当地华文学校初中部中三学生聊天时,她这样描述自己所在的缅文学校:

> 我们同学补课都要到级任老师那里补,三点半放学,四点五点六点这段时间开补习。这段时间你必须要去,今天教什么就帮你复习什么。在补习那里都学不到什么,但是必须要去,我们都是去那里混时间,考试需要考什么,补习那里会带的更多,学校

---

① 资料来源:田野调查访谈对象,访谈时间:2017年5月18日,访谈地点:曼德勒孔教学校新城区教师办公室。

的话不给，只有补习那里才有。①

　　缅甸曼德勒当地华文学校中缅文部的陆续设立，使得华文学校目前面临的外界竞争更为激烈。缅甸当地政府学校的开学时间为6月份，但是笔者所在的华文学校在申请完设立缅文部不久的5月中旬就决定开展招生工作。据了解，当地已设立缅文部的华文学校均会赶在缅甸政府学校开学之前争抢生源，为了能够争取更多的华裔学生选择自己，学校在中文部已经多次召开家长动员会，目前就读于学校的华裔子女选择在同一个学校继续就读成为学校的动员目标，甚至是在不考虑盈利与政府能否正式批准缅文部文件下达的情况下。当地华文学校的外界竞争对手已经不止是原来的当地其他华文学校、私立学校、国际学校，当地的办学质量优良的缅文学校也成了华文学校的强劲竞争对手。然而在当地的办学者看来，华文学校在曼德勒当地生存与发展需要这样的竞争，"和谐共存，良性竞争"，而最终回归于让当地的华人华侨家长与华裔学生受益。

　　在华文学校中，语言与文字作为中华传统文化的传播载体，在其塑造与使用过程中，当地的华人华侨们经历了多样化的挑战，并在其中进行着自己的选择与取舍。当地的华文学校通过在办学理念与校园文化的实践过程中，不断在继承中华传统文化与适应当地社会文化之间寻找平衡，并让华文学校中的课程与教材在满足华裔学生对于中华传统文化进行继承与发扬的同时，能够更好地与当地社会环境相适应。

---

① 资料来源：2017年3月曼德勒孔教学校老师访谈资料。

华裔学生在学校的中华传统文化环境中,学习社会知识、获得价值规范、掌握社会经验、形成社会行为并最终发展自我的小型"华人社会"。

在当地华人华侨家庭中,对于中华传统文化的传承加入了更多的祖籍地文化的元素。同时,家庭中对于华文教育认同的代际差异也有所体现,针对华裔子女对于日常用语的选择,不同代际的家庭成员具有自己的考量与期望,而最终倾向于一种规范化的教育模式,让子女或后辈充分享受华文教育资源的同时,具备中华传统文化的传承的可能性。

当地华文教育社团与其他社会组织在华文教育中的影响同样不能忽视,为了让当地华人华侨子女能够更好地适应当地社会,针对当地热门的相关翻译工作的需求,当地华人华侨的社会组织针对翻译人才的培养以及使用教材的编写,如何在保存中华传统文化精髓的前提下,能够让华裔子女更好地为当地社会服务而出谋划策。同时,在缅甸曼德勒教育资源多元化的社会环境之下,针对教育资源的竞争与合作也在悄然进行。当地的教育社团,如华文学校的董事们与校友会中的华人华侨,以及云南同乡会理事会,都在充分运用自身的社会资源与社会网络,为当地华文教育事业能够更好地应对缅甸当地社会环境的变化而献计献策。华文教育中设立缅文部的举措,让当地华文教育能够为当地华人华侨们提供诸多便利的同时,也为华文教育未来的发展提供更多的可能性。

五、曼德勒华文教育的社会功能

英国社会学家安东尼·吉登斯（Anthony Giddens）认为，现代社会的大众教育与机会平等的理想有关，机会平等是每一个人均可因自己的才能得到适当的社会地位。透过教育，人们在获得知识的机会上取得了立足点的平等，同时也在社会体系中创造了阶级流动的可能性。因此，自古至今，人们视教育为个人、家庭、社会乃至国家兴盛的根基，其重要性不言而喻。曼德勒当地的华人华侨群体更需要足够的资源，方得维系与祖籍国的联系，延续祖籍国的教育与中华传统文化。

1. 故乡情怀

在问及缅甸当地的华人华侨同化现象时，当地云南籍华人华侨对此的理解极为相似，他们认为在缅甸社会中，被同化实为正常，曼德勒在内的"上缅甸"地区，以云南籍华人华侨们为例的"上缅甸人"始终无法忘记中华传统文化。此外，"下缅甸"人数比例中还是缅甸人占多数，很难不讲缅甸语进行日常交流。云南人比较重视中文，比较不忘记自己的中华传统文化，最大的原因还是"云南人的比例比较多，出门就讲"。

在下缅甸，缅甸人占大多数，你接触到的人都是缅甸人。我们以前在上缅甸的时候，每天出门也讲摆夷话，自己会一点，那边靠近中国可能也是一个大原因，中国人的比例比较密集一点。你跟哪一个讲，比较少，以前的山芭的人都是去南中、华中去念书，他们就会了，但是他们的家人不一定会，你去下缅甸你才知道为什么中国人都在讲缅甸话……①

云南籍华人华侨的群体性特征让其所重视的中华传统文化尤其是由祖籍地带入曼德勒的故乡优秀传统文化的继承与发扬成为可能，最终成为在缅甸社会乃至华人华侨社会中极具文化自信的文化标签。

这些群体心系祖国，具体指展现最为人所称道的、为教育的兴办与坚持，之所以如此，要以国人素来怀有溯源寻根的历史传统，普遍重视母国文化的传统与发展使然。惟因海外侨居环境的殊异，海外华文教育也因时空背景或文化差异而有不同样貌乃至于侨民学校的形态亦因地有别。为了在海外延续，传承中华文化。同时母国对于全球华文教育的长期关注、协辅海外华文教育永续发展，从教材及师资等方面提供多元化的辅助措施，与时俱进，历时不辍。

---

① 资料来源：田野调查访谈对象，访谈时间：2017年3月21日，访谈地点：曼德勒孔教学校新城区教师办公室。

缅甸曼德勒孔教学校的前任校长王陞鸿校长曾在自己的散文集中，对缅甸曼德勒当地的华文教育与目前中国海外华文教育的现状进行如上总结。海外华文教育虽然根据各地的社会政治经济环境与当地华人华侨社会发展现状直接联系，但是海外华人华侨素来对于中国历史传统的追崇与对于寻根溯源所抱有的故乡情怀，让华人华侨在各异时空背景与社会文化背景下，极为重视以传承中华传统文化为目的的华文教育。缅甸曼德勒当地的华人华侨中，所占比例最大的云南籍华人华侨对于中缅两国胞波深厚的情谊十分重视，同时借由缅甸与云南的地缘优势，当地云南籍华人华侨们始终与祖籍地云南保持着或多或少的联系。

在云南享有"教育之乡"美誉的腾冲与缅甸之间具有深厚的历史渊源，云南会馆曾以腾越会馆命名，云南同乡会历届职员资料中，祖籍为云南腾冲的华人华侨祖籍为云南保山腾冲一带的华人华侨占据云南同乡会中的95%以上（数据来自2007年《缅甸曼德勒（瓦城）云南会馆史略》），当地云南籍华人华侨的故乡情怀在很大程度上可以说是通过华文教育在不同教育形式中的展现，从而对云南腾冲这一祖籍地的文化辐射出的中华传统文化传承的情怀。

云南同乡会的一些理事曾提出云南同乡事务日益繁杂，同乡会组织日益庞大，撰写云南会馆史略实有必要，但始终未能实现。2004年，云南同乡会第十一届理监事会特邀云南同乡父老及同乡会顾问，决定趁同乡当中尚有很多德高望重的老年华人华侨健在之际，书写云南会馆历史。除了对云南籍先侨先贤们的史料进行翔实记录之外，旨在将秉承着诚信谦和处世准则的云南籍华人华侨历史，能够对年轻的华裔后辈们予以启示。《缅甸曼德勒（瓦城）云南会馆史略》历经三年时间完成，其中的大量资料来源于腾冲政协文史资料编辑委员会出版的《腾冲文史资料选辑》中，云南省的相关华侨与华侨事务组织也参与其中。《史略》的问世，在缅甸曼德勒云南籍华人华侨历史上又添一笔，也了却了当地一些由于特殊原因没有机会重返故乡的华人华侨们的一份心愿。

曼德勒当地云南籍华人华侨的社会文化生活中，对于故乡文化的传承的例子屡见不鲜。其中具有代表性的云南同乡会中的桂香会，又名洞经会，得名于洞经曲调音谱中主要名词之一"桂香腔"，谈演大洞真经缘起于明朝以前，洞经音乐是民间音乐的重要组成部分。1954年成立的桂香会，当时爱好洞经音乐的云南籍华人华侨前辈们在桂香会成立前就时常在馆内聚集，一起练习、交流、研究洞经曲调。曼德勒云南同乡会也因此成为当地传承中华传统文化的社会组织，同时也为曼德勒当地有关于云南独特传统文化遗产提供了重要教育传播平台。

据腾越地方史志记载，远在1200多年前，唐朝御史赴滇，为南诏王邀到大理厚礼招待，随御史前来的还有各种技艺人才，洞经这一朝廷上层礼乐也随之传入大理，后于南诏元封时期，御史儿子奉命开发越赕（腾冲），首立腾冲府，大理洞经音乐随之传入腾冲，并为腾冲府官的礼乐。战争的缘故使得大量洞经艺人流散于民间。城乡各地有喜爱洞经音乐的人士，先后外出学习或迎聘外地师傅来传授，所用经典书籍流传到腾冲发扬传承，腾冲历代洞经会在城保、洞山、和顺、绮罗、碗窑、固东、顺江都有组织。①

腾冲作为文墨之乡，文化先进，洞经音乐传入后遍及各处，兼具儒家色彩和民间文艺特点，在当地人心中称得上是"礼乐之最"，代表着中华传统文化的美好特征。流传在民间的桂香会是民间业余音乐团体，是儒释道三教合一的产物，作为服务于宗教的音乐载体，最终回归到净化人心、良化社会的目的，是具有中华传统文化精髓的文化载体。在改革开放后，云南的洞经音乐和全国的新老文艺活动渐渐恢复，桂香会也在云南同乡会形成分组管理和健全组织的基础之上，更名桂香组。中华传统与古典文化的传承与发扬在曼德勒当地云南籍华人华侨社会中发挥着重要作用。

近年来，在国务院侨办组织与云南省侨办承办的联合邀请并承驻曼德勒总领事馆的推动下，组成了"缅甸华文学校校长访华团"，八个地区十四所学校共十六人组成，前往大理、昆明、北京三处，进行参观、访问与交流的大学、中学、小学共十三所，被随行的老师们称为"文化长征路"和"东方取经之旅"。在推动当地社会华文教育发展的过程中，云南省组织每年在曼德勒一个星期的师资培训，同时鼓励缅华青少年寻根之旅夏令营活动。在近年曼德勒当地华文学校与中国尤其是云南省内学校开展的访问交流过程中，以"寻根"为主体的夏令营活动成为交流合作中的必选项。

---

① 资料来源：曼德勒云南同乡会所提供的《缅甸曼德勒（瓦城）云南会馆史略》，2016年10月6日。

2017年4月，由曼德勒金多堰慈善总会、缅甸和顺联谊会、益群校友会老主席老乡长李祖才先生率领，联合曼德勒华助中心主任与缅北中华商会，由曼德勒出发，经昆明转机，当日抵达祖籍地腾冲，开启"返乡"之路。此行意为"寻找南方丝绸之路足迹"，同时为金多堰慈善总会在2017年11月18日即将举办的第九届世界缅华同侨联谊大会以及即将开幕的"胞波博物馆①"寻找历史依据。

近年中国海外交流协会推出的一系列旨在增进海外华裔青少年及其他各界朋友体验中华传统文化的品牌活动，其中"中华文化大乐园"在曼德勒当地的华文学校以及华人华侨社会中是备受关注的。

2011年，缅甸首届"中华文化大乐园"活动在缅甸仰光举办，中国驻缅甸大使馆文化处及仰光当地的孔子课堂联合主办。次年，"中华文化大乐园"走进缅北，由中国云南省海外交流协会承办，中国驻曼德勒总领事馆和曼德勒福庆学校协办，缅甸曼德勒当地的诸多华人华侨子女们选择学习中华和体验中华传统文化来丰富暑期生活。活动在缅甸曼德勒当地的华人华侨群体中获得良好评价，并在之后的每一年都如期举办，国内诸多高校尤其是云南当地高校的师生都会如约而至，与当地诸多华文学校的师生通过中华传统文化相识并结下深厚的友谊。在2017年，"中华文化大乐园"首次由云华师范学院与缅北华文教育协会协办，活动课程涉及舞蹈、歌曲、武术、书法、绘画、手

---

① 胞波博物馆，建立在汉、缅两族乃至中缅两国之间用以称呼对方的专属词汇"胞波（paukphaw）"的基础上，博物馆的建立受到了云南大学技术指导支持，馆内的展览包含"共同的命运""共同的利益（生活）"与"共同的责任"，"胞波"的历史溯源在展览中得以充分体现。资料来源：胞波网，《以博物馆表现"胞波"——缅甸"胞波博物馆"在曼德勒成立》http：//www.webaobo.com/index.php？m=article&f=view&id=4439

工、乐器等。活动费用均为活动承办方提供，报名与培训无需交纳任何费用，无论是在校的师生或是当地热爱中华传统文化的人士都可以积极参与。在此类与祖籍国所合作定期组织的活动中，当地华文学校办学者、华文教师，以及身为父母的华人华侨群体们的支持，已经构成了当地华人华侨与祖籍国取得联系的重要渠道，同时通过中华传统文化，作为与祖籍国保持稳定性联系的媒介。

2. 共享社会资源

2018 年初，云南省保山学院组织缅甸交流访问团来到缅甸曼德勒，在尊重当地风俗习惯与维护祖国形象的前提之下，利用有限的境外停留时间访问了曼德勒大学，以及两所曼德勒华文学校——云华师范学院与福庆学校。在访问曼德勒大学当天，缅甸中央电视台等 10 余家新闻媒体到场，访问团对此次访问也进行了解释：

> 中国有句俗话叫做"亲戚越走越近，感情越走越近"。中国与缅甸山水相连，胞波情深，文化大致相同，风俗习惯相近；保山学院与曼德勒大学是距离最近的两所跨国高校，具有得天独厚的地缘区位优势，尽管已经是老朋友了，但还是要多来往，多聚一聚，这样才能不断增进我们的感情……①

在访谈中，访问团多次对缅甸曼德勒与云南省之间的地缘联系进

---

① 资料来源：保山学院缅甸访问团文本资料。

行强调，并将此作为双方增进联系的纽带，并且利用区域上所面临的共同课题，如跨境民族文化多元性等课题上肯定了双方合作开展科学研究的空间和前景。在教育资源共享方面，双方对学生交换与教师交流达成共识，语言文化学习方面互派学生开展新学习模式。值得一提的是，对于相关历史课题的研究也得到了双方的关注，无论是与缅甸历史学会合作，还是对于滇缅抗战与华人华侨历史研究，都列入了合作计划之中。

保山学院在2017年被国务院侨办批准成为国家级的华文教育基地，在对曼德勒当地华文学校的访问过程中，访问团强调形成了"重大战略合作伙伴关系"，并在对当地华文学校华文教育状况的了解后，提出了"大华文教育的概念"，以"文化艺术活动和科研项目研究为抓手，以大型文艺交流和高端学术会议为契机"。

> 曼德勒当地的华文教育与我们有相通之处。华文教育应该有所突破，不能局限于纯粹的语言教育。①

华文教育在新的时代背景之下，被赋予了更为深远的内涵，在教育开展的过程中，培养一批能够适应曼德勒当地社会，并且熟知中国并了解中华民族传统文化的学生显得尤为重要。曼德勒当地的华文教育正在利用自身的各类教育资源争取教育上的进一步拓展，当地华文教育的办学历程、办学理念以及华人华侨师生都在成为拓展教育资源

---

① 资料来源：保山学院缅甸访问团文本资料。

的重要文化标签,华文教育在曼德勒华人华侨社会与其和祖籍国之间的联系中,已经不再是停留于某种教育方式的文化组成部分,而是作为"大华文教育"的理念,成为维系共同利益的教育资源渐渐深入华人华侨社会中。

> 中缅有很多的"共同文化",包括好事共享、共爱红色、敬老扶幼、边民文化、佛教文化……何尝不应该"挖掘出来"?这何尝不是携手共建"命运共同体"当中"民心相通"的最好理念信仰的基础。①

在 2018 年曼德勒华人春晚中,曼德勒省省长提出"中缅共有的亲恩相聚好事共享的共同文化",以寻找中缅的"共同点",中华传统文化中的"套近乎"被应用于此描述作为"值得学习的一种方式与手段",以"共同文化"作为连接当地华人华侨与缅甸社会的新桥梁。

随着缅甸政府的开放,缅甸华文学校受到更多国内外的关注,近年来缅甸华文教师都有机会接受台湾的师资培训课程。这些师资培训课程也因为教师们的需求有越来越有针对性的课程,不但开始分级,也开始分科。在培训课程中,包括诗歌教学(古典诗歌部分、新诗部分)、文言文教学(文意理解部分、字词解析部分)、语文知识(语法知识部分、文体知识部分、修辞知识部分、识字知道部分)、现代文教学(小说部分、散文部分)等。

---

① 资料来源于胞波网:《缅甸精英的思维转变:再解曼德勒省长近期讲话》http://mp.weixin.99.com/s 1bDqbpcAQxgijx_siph25LA

目前因国际化社会来临，政府于许多国家发展重点计划中，强调致力于推动教育国际化，侨务委员会积极配合政府政策办理了多项海外教师研习及参访活动，中学中文教育为基础教育的重要一环，国文教学为推动学生基础文化学习扮演重要角色，在教学内涵上，现在教师除了重视学业上的教学，更需关注学生人格教育与生活教育的养成。台湾教育当局已经积极在中学强化生活中的语文教学，注重其生活、语文与文化教育，更希望引导学生有正确的中文能力。①

台湾当地的教育资源一方面通过侨务委员会的平台与缅甸曼德勒的华文学校直接进行对接，例如曼德勒华文学校中所举办的各类由台湾侨务委员会赞助的诸如"文化节"等华文教育系列活动；而另一方面就是通过一些台湾当地的非营利性社会组织进入缅甸与当地华文关系建立进一步联系，近年来在缅甸曼德勒以及缅北多个地区具有一定影响力的"教师生命成长营"就是这种形式。

教师生命成长营是台湾福智文教基金会于1993年所举办的教育培训活动，已于缅甸举办多年，在当地的华文学校中享有一定的知名度。近年来在曼德勒附近所举办的教师生命成长营，更是拉近了与曼德勒华文学校的距离，其中包括缅北很多华文学校，都将其作为对于学校教师华文教育教学水平提高的重要途径。

成长营在宣传资料中明确提出，缅甸教师成长营旨在"认识儒家

---

① 资料来源：田野调查访谈对象提供的曼德勒孔教学校提供的往年台湾华文教师训练营培训资料，访谈时间：2017年4月29日，访谈地点：曼德勒孔教学校教师办公室。

思想的价值以及对现代教育的意义，引发教师对传统文化与传递教育的使命与热情，激发想当快乐老师的欢喜并找到方法不断学习"，报名的老师食宿完全免费并辅助往返交通费用。成长营所针对的培训学员是目前任职于当地华文学校的校长、主任与老师，活动通常会依托当地的宗教文化平台，缅甸当地知名的宗教文化场所为培训活动提供食宿。例如2017年的教师成长营设在美苗亚洲光明寺，同时联合曼德勒洞缪观音古刹慈善小学共同举办，为期3天。

图9　缅甸教师成长营邀请函①

---

①　资料来源：由缅甸曼德勒孔教学校老师提供，笔者摄于2017年6月5日。

缅甸教师成长营的报名申请十分简便，只需要留下自己的个人信息与任职岗位即可。笔者在学校中还恰逢一位正在书写本次成长营邀请函的华文老师，据了解这位老师与这次成长营的合作方洞缪观音寺的住持是好友，受到其委托，希望这次的活动能够让缅北更多的华文教育者们获益，这位老师因此撰写邀请函给他的母校腊戌果文高级中学的校长与全体老师，邀请他们共同前往。可见这样的华文教师培训活动同时也是当地华文学校搭建沟通与联系的重要平台。

> 现在台湾的少子化很严重，目前小学生的人数是15万，陈老师上学的时候是30万，少了一半左右，所以就是说台湾的170所大学人都不够，所以现在的很多大学都在向海外招生，包括中国大陆来的学生，泰国、菲律宾、马来西亚，还有就是缅甸。去年来第一次办教育展，今年可能还会有第二次，缅甸的侨生算是蛮多的，而且这边的出生率还是蛮高的，所以大家都有在抢这边的学生，而且相比于菲律宾、泰国，缅甸学生的华语程度要更好，主要是这边的华校比较严格吧。这里当时在创立的时候，听说是有侨委会派老师到这里教，教这边的老师教这边的学生，后来慢慢成长起来就回去了。①

台湾依靠"台湾侨务委员会"以及民间交流平台，凭借与缅甸曼德勒华文学校的历史渊源，根据目前曼德勒当地华文教育的教学情况

---

① 资料来源：田野调查访谈对象，访谈时间：2017年3月21日，访谈地点：曼德勒孔教学校东区。

为华文学校提供支持，同时以中华传统文化作为沟通与传播的媒介，在近年台湾教育资源"过剩"的局面下让更多的台湾教师来到华文学校，对当地华文教育教师素质与教育水平有所帮助的同时，进一步建立与巩固当地缅甸华人华侨社会的联系。

在缅甸曼德勒举办教育展是两岸华文教育资源共享的另一种表现形式。来自中国的教育展目前分为两种：中国高等教育展和中国台湾教育展，两大教育展不约而同在2016年首次登陆缅甸曼德勒。曼德勒缅中友好协会主席曾表示：

> 缅甸正处于转型时期，国家需要发展，首先要大力发展教育事业，增强缅甸国民的素质，与国外加强教育合作是提高国民素质，培养高水平人才的一个重要方式。①

中国高等教育发展的同时，建立在文化与教育基础之上，曼德勒华文教育发展与华裔学生的情况让开拓海外教育资源的中国看到了无限的潜能。

"中国近年来高等教育事业蓬勃发展，为世界各地的莘莘学子提供了诸如国家政府奖学金、孔子学院奖学金、各级省政府奖学金、各类高校奖学金，为世界各国或地区培养了大批优秀人才。中缅胞波友谊源远流长，中缅两国人民是好邻居、好朋友、好伙伴、好兄弟，加

---

① 资料来源于缅甸掸邦第四特区咨询网，中国高校在缅甸——缅甸第二届中国高教展在曼德勒举行，http://blog.sina.cn/dpool/blog/s/blog_ 161012a9d0102wz7g.html.

强两国民间的文化与教育的交流与合作，有助于促进中缅关系。"①

其中，中国高等教育展目前由曼德勒福庆学校孔子课堂主要承办，其间缅甸曼德勒缅中友好协会、曼德勒当地华人华侨社团、华文学校、私立中学领导及学生家长与学生均会参加，活动截至目前已举办三届，其中包括首都师范大学、西南交通大学、上海大学与云南大学等高校已经成为每次高教展的固定参展高校。第三届中国高等教育展展出期间，恰逢云南大学建校94周年，福庆学校孔子课堂还专门布置了云南大学图片展区，相较中国的其他高校，相隔最近的云南大学也受到了诸多华人华侨家长与华裔学生的关注。

> 由于近年缅甸学生赴台已经取消名额管控机制，简化赴台申请手续，同时"外交部"已经政治致函驻泰国代表处有关缅甸学生来台的合法性，取消区分"华裔"及"非华裔"身份限制等，因此缅甸学生得以"外国学生"身份向台湾各大学申请就读。②

台湾教育展是由"台湾侨务委员会教育部"号召，台湾驻缅甸经济文化办事处协办，由当地高校联合组织的海外联合招生委员会负责主要举办，活动目前已经举办两届。由台湾"海外联招会"主办招收缅甸华裔学生以"侨生"身份赴台升学已行之多年，过去均以巡回讲座的方式到华人华侨聚集的城市如曼德勒、腊戌、密支那及东芝等地

---

① 资料来源于缅甸掸邦第四特区咨询网，中国高校在缅甸——缅甸第二届中国高教展在曼德勒举行，http://blog.sina.cn/dpool/blog/s/blog_161012a9d0102wz7g.html。
② 资料来源：缅甸掸邦第四特区咨询网，中国高校在缅甸——缅甸第二届中国高教展在曼德勒举行，http://blog.sina.cn/dpool/blog/s/blog_161012a9d0102wz7g.html。

进行宣导。第一届台湾教育展设于缅甸曼德勒大学礼堂内，第二届则设于缅甸曼德勒市政厅，台湾方面"教育部"国际司、技职司以及高教司的相关领导均前来参加教育展，与台湾保持合作关系多年的一些曼德勒当地华文学校也组织师生前来参加，缅北其他地区例如美苗、腊戌、东枝等地的华文学校也专程赶往参加，并举行隆重的剪彩仪式。

可见，教育展成为一种可以持续建立教育资源共享的途径，缅甸当地多家媒体均对教育展的开展情况有所报道。同时，关注不同教育展中来自缅甸曼德勒当地的各方支持，可以发现大陆与台湾地区在当地的不同社会网络资源，同时大陆与台湾地区也利用教育展的机会充分发挥各自的在获取当地学生资源的优势，在每一年的教育展中互相竞争。另外笔者发现，在大陆与台湾地区双方各自的教育展结束后，鲜有对对方活动开展情况的报道，有所报道的新闻中还存在信息错误及信息滞后的问题。

可见，曼德勒当地的云南籍华人华侨透过华文教育，从地缘背景辐射出多种对于故乡情怀的表现形式。为获取当地华人华侨社会所需要的资源，通过与祖籍国与故乡的联系，延续当地华文教从而达到传承中华传统文化的目的。

曼德勒当地云南籍华人华侨的故乡情怀很大程度上是对云南腾冲这一作为文化之乡的祖籍地所辐射出的中华传统文化的传承，通过完成对当地云南籍华人华侨历史进行较完整记载的云南会馆史略、在云南同乡会中成立桂香会以传承祖籍地的社会生活文化、返乡寻根活动以及中华大乐园，进一步实现当地云南籍华人华侨充分利用当地权威资源在缅甸社会中实现文化共享。华文教育作为一种资源共享中介，成为当地华人华侨社会与祖籍国建立持续性联系以及拓展教育资源的手段，在与中国大陆与台湾联系的过程中，大陆与台湾为缅甸曼德勒当地提供的教育资源依然伴有竞争关系。

六、结论与讨论

在缅甸繁衍生息并经历着缅甸的历代社会变革的云南籍华人华侨群体，虽然已经在缅甸繁衍生息数代，但依然保存着自己所认知与认同的中华传统文化，为当地华人华侨的文化事业尤其是华文教育的开展提供可能性，同时也为当地华文教育依靠当地社会组织进行创办与发展的思维模式奠定了重要基础。调查发现，曼德勒华文教育在学校教育、家庭教育以及当地的华人华侨社会组织中对于中华传统文化的实践中进行着调适，透过华文教育，获取当地华人华侨社会所需要的资源，通过与祖籍国与故乡的联系，延续当地华文教育从而达到传承中华传统文化的目的。在华文教育已经逐渐被视为是传播中华传统文化及塑造中国形象的重要方式的今天，华文教育的功能变迁与华人华侨的生存境况微妙地契合在一起，构成自身独特的华人华侨文化并成为曼德勒当地的"精英"的这部分云南籍华人华侨，对于华文教育的发展正在进行着新的探索。

当地学校与教育者正在通过华文教育，形成与当地社会共同发展以及与祖籍地加强联系的文化资源，并从中搭建有利于当地华人华侨的人脉资源。对中华传统文化的认同被当地云南籍华人华侨带入其中，将华文教育功能在当地社会文化中的各个层面能动地进行调试，通过华文教育，为当地华人华侨社会培养诸如"翻译人才"等一系列所需的人才资源，来提升自己在当地社会中的竞争力，并在华文教育的变迁中形成当地云南籍华人华侨自身独有的文化，这样的文化具有强大的竞争力，体现了当地云南籍华人华侨的生存智慧，在某种意义上这种文化已经成为当地人认识华人华侨群体，乃至东南亚国家认识中国的一种重要途径。